湖北省学术著作
Hubei Special Funds for Academic Publications 出版专项资金

丛书主编　李建中

体：中国文体学的本体论之思

李锋　著

WUHAN UNIVERSITY PRESS
武汉大学出版社

图书在版编目(CIP)数据

体:中国文体学的本体论之思/李锋著.—武汉:武汉大学出版社,2019.10

中华字文化大系/李建中主编

湖北省学术著作出版专项资金资助项目

ISBN 978-7-307-20367-9

Ⅰ.体…　Ⅱ.李…　Ⅲ.汉语—文体论—研究　Ⅳ.H152

中国版本图书馆 CIP 数据核字(2018)第 162408 号

责任编辑:白绍华　　责任校对:李孟潇　　整体设计:汪冰滢

出版发行:**武汉大学出版社**　(430072　武昌　珞珈山)

(电子邮箱:cbs22@whu.edu.cn　网址:www.wdp.com.cn)

印刷:湖北恒泰印务有限公司

开本:720×1000　1/16　印张:20.5　字数:285 千字　插页:1

版次:2019 年 10 月第 1 版　2019 年 10 月第 1 次印刷

ISBN 978-7-307-20367-9　定价:69.00 元

总序　字孳字乳的文化：中华文化的“字”生性特征

李建中

人类轴心期五大文明(古巴比伦、古埃及、古希腊、古印度、古中国)，惟有华夏文明传承至今，生生不息，个中缘由非常复杂，但文字的特性无疑是重要因素之一。同为轴心期文明，拉丁语的最小单位(字母)是无意义的，而汉语的最小单位(包括部首在内的字)则能显现独立甚至全息的意义，一字一世界，一字一意境。在漫长的历史演变之中，方块字既没有被梵化，也没有被拉丁化，中国文化因之分久必合，华夏文明因之亘古至今。

东汉许慎(约56—147)《说文解字·叙》曰：“字者，言孳乳而浸多也”①，孳者孳生，乳者哺乳。从观念和思想的层面论，方块字是中华文化之母，不仅孕生而且哺育了中华文化，会意指事、形声并茂地建构起中华文化的意义世界。《周易》讲“鼓天下之动者存乎辞”，许慎讲“盖文字者，经艺之本，王政之始”，刘勰讲“心生而言立，言立而文明”，金圣叹讲“以文运事，因文生事”，一直到鲁迅讲“自文字至文章”和陈寅恪讲“凡解释一字，即是做一部文化史”，均可视为从不同层面揭示中华文化的“字”生性特征。

中华文化产生、传承并能在长久历程中与多种外来文化交流而生生

---

① (汉)许慎撰，(清)段玉裁注：《说文解字注》，上海古籍出版社1981年版，第754页。

不息，与汉字密切相关。汉字是一种世界上非常独特的文字，每个汉字独立且集音形义于一体。在上古，汉语以单音词为主，其中有些单音词成为中国文化的核心词，作为中华文化之元(本原与起源)，在其后不断的演变中扩展、丰富。我们这套《中华字文化大系》，精选奠基华夏文明、代表中国文化特征的100个汉字(又可以称为“中华文化关键词”或“中华文化核心词”)，一个字一本书，对每个字既作“原生—沿生—再生”之源流清理，又作“字根—坐标—转义”之义理阐释，从而在文化思想、社会政治、智性审美、民族心理乃至民风民俗、日常生活等多元面向，标举中华文化的“字”生性特征，建构中华文化的话语体系，彰显中华文化的巨大影响力和恒久生命力，为海内外广大读者奉献中华字文化高远的美学意境和深广的意义世界。

南朝刘勰(约465—521)《文心雕龙·序志》曰：“若乃论文叙笔，则囿别区分，原始以表末，释名以章义，选文以定篇，敷理以举统，上篇以上，纲领明矣。”①“原始以表末”四句，既是《文心雕龙》的理论纲领，又是刘勰文学理论批评的基本原则。刘勰的“文学”是广义的文学，与我们今天所说的狭义的“文化”(即小文化或称观念形态的文化)大体上是相通甚至是重合的。因此，刘勰《文心雕龙》“论文叙笔”的四项基本原则，完全适用于我们这套《中国字文化大系》对汉字的诠解与阐释。字文化大系各分册对所选汉字(以下简称“本字”)的解读，大体上在“释名章义”、“原始表末”、“选文定篇”和“敷理举统”等层面深入展开。

第一，释名章义。名不正则言不顺，言不顺则事不成。“字”的定义(内涵与外延)尚未厘清，文化阐释从何谈起？本大系所精选的汉字，大多是上古时代以单个方块字为词的核心观念或术语，既有形、声、义三大基本要素，又有从殷商卜辞到六国文字到篆、隶、草、行的历史演变，其语义还有词根义、引申义、转借义、修辞义以及词性活用的不

① 本书所引《文心雕龙》，均据范文澜：《文心雕龙注》，人民文学出版社1958年版。下不另注。

同。凡此种种，各分册在诠解本字时，都是需要讲清楚的。

第二，原始表末。不述先哲之诰，无益后生之虑。本字的语义嬗变，既标识不同时代的文化观念，又贯通不同时代的文化命脉，故须从历史的层面对本字的语义嬗变作出阶段性清理和分时段呈现，尤其要注意在外来文化(如古代的佛学和近现代的西学)影响下，本字与异域文化的冲突与融合。

第三，选文定篇。单个的字，活在文本之中。这里所说的“文本”，既包括传世文书如文史哲经典等，也包括出土文物如简帛、铭器等，还包括民间的和日常生活的口传文化。各分册对本字的解读，须借助多类文本以及由文本所构成的复杂语境，依凭丰富多元、详实鲜活的语言材料，叙述并阐释本字所涵泳的智性审美、民族心理乃至民风民俗等多重旨趣。

第四，敷理举统。本大系所精选的汉字，大多具有全息特征，一字一意境，一字一世界，会意指事、形声并茂地呈现出中华文化高远的美学意境和深广的意义世界。故各分册对本字的诠释和解读，还需要从思想文化的深度，剖析本字所包蕴的哲学、伦理、宗教、政治、文学、艺术等多重语义内涵，概括并揭示本字对于中国文化乃至世界文明的独特价值和意义。

在囊括上述四项基本内容的前提之下，本大系的各个分册的入思路径、整体框架、章节设计乃至撰著风格等，既因“字”(本字)而异，又因“人”(著者)而异，但在总体上具有鲁迅《汉文学史纲要》所称颂的汉字三美：“意美以感心，一也；音美以感耳，二也；形美以感目，三也。”

一、文字乃经艺之本，王政之始

许慎的《说文解字》，其《叙》称“文字者，经艺之本，王政之始”。陈梦家(1911—1966)《中国文字学》指出，汉代以前，“文字”的名称经历了三个时期：首称文字为“文”(如《左传》有“夫文止戈为武”、“故文反正为乏”和“于文皿虫为蛊”），次称文字为“名”（如《论语》“必也正名乎”皇疏引郑注“古者曰名，今世曰字”），末称“文”“名”为“文字”（如秦始皇《琅琊台刻石》“同书文字”）并沿用至今。①章太炎（1868—1936）《国故论衡》曰：“文学者，以有文字著于竹帛，故谓之文。论其法式，谓之文学。”②这里所说的“文学”是广义上的，与狭义的“文化”（即观念形态的文化或曰小文化）大体重合。从字面上看，章太炎似将文化与文字等同；究其奥义，则是从源头（竹帛）处找到汉语文化与汉语文字的内在关联。章太炎又称“凡文理、文字、文辞，皆称文”，可见“文字”还包括了“名”、“言”、“辞”等。在中华文化的产生、生成乃至生生不息之中，汉语的文字扮演着“名”正言顺、一“言”九鼎和“辞”动天下之重要角色。

章太炎《国故论衡》称“榷论文学，以文字为准”③，“以文字为准”是中国文化及文学研究的一大传统，这里的“准”既有标准、法式之义，亦有本根、源起之义。刘勰的“文章”颇类似于章太炎的“文学”，也是广义上的，与“文化”重合。刘勰著《文心雕龙》，专门辟有《练字》一篇，叙述“字”的历史，表彰“字”的伟绩，楬橥“字”的诸种功能。《练字》篇论“字”从仓颉造字说起：“仓颉造之，鬼哭粟飞；黄帝用之，官治民察。”仓颉造字是华夏文明史上伟大的文化事件，动天地泣鬼神，孳文明乳文化。汉字的历史也就是中华文化的历史，汉字的功绩也就是中华文化的功绩，故《文心雕龙·序志》讲“文”之功德时称“君臣所以炳焕，军国所以昭明”，亦即《练字》所言“官治民察”。刘勰之前，东汉许慎曰：“盖文字者，经艺之本，王政之始，前人所以垂后，后人所以识古。故曰‘本立而道生’，‘知天下之至啧（赜）而不可乱也’。”④许慎

---

①　陈梦家：《中国文字学》，中华书局 2006 年版，第 255 页。

②　章太炎：《国故论衡》，上海古籍出版社 2003 年版，第 49 页。

③　章太炎：《国故论衡》，上海古籍出版社 2003 年版，第 49-50 页。

④　（汉）许慎撰，（清）段玉裁注：《说文解字注》，上海古籍出版社 1981 年版，第 763 页。

“故曰”所引两段文字，前者出自《论语·学而》，后者出自《周易·系辞上传》。由此可见，从《论语》到《易传》，从《说文解字》到《文心雕龙》，中华元典对“字”之文化本根义的体认是一以贯之的。

《文心雕龙·练字》称“字”乃“言语之体貌”“文章之宅宇”，汉语的方块字是言语的生命体，是文章的宅基和家园。《尔雅》有“言者，我也”，“我”以何“言”？字。故《练字》篇说“心既托声于言，言亦寄形于字”。无言，心何以托？无字，言何以寄？《文心雕龙·章句》赞“字”，称其“振本而末从，知一而万毕”，亦即许慎所言“经艺之本，王政之始”。字乃统末之本，驭万之一。《章句》篇胪列“立言”的四大要素（字、句、章、篇），“字”居其首，“字”立其本：“夫人之立言，因字而生句，积句而成章，积章而成篇。”无论是单篇的文章还是观念形态的文化，其创制孳乳，其品赏识鉴，都是从一个一个的方块“字”开始。①在源起与流变、创制与识鉴、传播与接受等多重意义上，“字”皆为文化之“始”或“本”，故在此意义上可以说“字生文化”。

许慎《说文解字》对“字”这个汉字的解释是“乳也。从子在宀下，子亦声”。段玉裁（1735—1815）注曰：“人及鸟生子曰乳，兽曰产。引申之为抚字，亦引申之为文字。《叙》云：‘字者，言孳乳而浸多也。’”②字者，孳乳也。“孳”是生孩子，“乳”是哺孩子。由“字”我们想到“孕”，两个汉字都是会意：“孕”还只是十月怀胎，“字”则不仅是一朝分娩，更是含辛茹苦地将孩子抚养成人；“孕”还只是怀一个孩子（胎），“字”则是生产并哺育一个又一个的孩子，引而申之，则表明一个字可衍生出许多个词和短语。段玉裁为《说文解字·叙》“字者，言孳乳而浸多”作注时，还将“字”拿来与“名”和“文”相比较，先讲“名者自其有音言之，文者自其有形言之，字者自其滋生言之”，后说“独体曰文，合

① 民间将文人著书立说称之为“码字”，将接受者的文化解读称之为“识文断字”，亦可见对文化活动中“字”元素的高度重视。

② （汉）许慎撰，（清）段玉裁注：《说文解字注》，上海古籍出版社1981年版，第743页。

体曰字”，强调的都是“字”的“孳乳”、“浸多”、“滋生”、“合体(再造)”之功能。

当然，许慎和段玉裁说“字”，还只是在小学(文字学)的场域内讨论“字”的孳乳性或繁衍力。如果我们将“字，孳乳也”放在广阔的文化领域，来追问并验明“文字”与“文化”的血缘关系，则不难发现中华文化的字生性特征。《文心雕龙》开篇“原道”，追溯“文”即文化之本原与起源，《原道》篇在为“文”释名章义即解决了“文”的本原问题之后，继之回答“文”的起源问题：“自鸟迹代绳，文字始炳，炎皞遗事，纪在三坟”，从“唐、虞文章”到“益、稷陈谟”，从夏后氏“九序惟歌”到周文王“繇辞炳曜”，从周公旦“制诗辑颂”到孔夫子“熔钧六经”，刘勰为我们描述的这一部上古文化史，分明滥觞于“文字始炳”，分明嬗变为文字的“符采复隐，精义坚深”，又分明完成于先秦圣哲的“组织辞令”、“斧藻群言”。

《原道》篇的上古文化史在论及商周文化时，称“逮及商周，文胜其质，雅颂所被，英华日新”，这是伟大的《诗经》时代，这是辉煌的风雅颂时代。商周始祖的“英华”记录在《雅》《颂》文字之中。商的始祖是契，契建国于商；周的始祖是后稷，后稷的母亲是姜嫄。再往上追问：契乃谁生？姜嫄如何生后稷？幸好，我们有《诗经》的文字：《商颂·玄鸟》说“天命玄鸟，降而生商”，《大雅·生民》说“(姜嫄)履帝武敏歆，攸介攸止。载震载夙，载生载育，时维后稷”。玄鸟生商(契)，姜嫄履帝之足迹而生后稷，这是《诗经》的文字所记录的商周历史。就历史的真实而言，玄鸟不可能生商(契)，姜嫄亦不可能履帝迹而生后稷；就文化(神话与传说)的真实而论，“玄鸟生商”、“姜嫄履帝迹生后稷”则不仅是“真”的，更是“美”和“善”的。而关于商周始祖的真善美的历史，与其说是《诗经》的文字所记录，还不如说是《诗经》的文字所创造。关于“字生文化”的例证，除了“玄鸟生商”和“履帝武敏歆”，还可以举出后羿射日、女娲补天、皇英嫔虞、伏羲画卦、仓颉造字……中华文化史上这些动天地泣鬼神的壮美故事，这些孳文明乳文化的伟大事件，无一不是我们的方块字所创造出来的，字生文化是也。

“文化”和“文字”的“文”，被许慎解释为“错画也，象交文，凡文之属皆从文”①。东汉的许慎虽读过《庄子》却未见过殷商卜辞，故不知道这个“文”就是《庄子·逍遥游》的“越人断发文身”之“文”。甲骨文中的“文”，从武丁时期到帝辛时期，均有“文身”之义：“象正立之人形，胸部有刻画之纹饰，故以文身之纹为文。”②纹身所具有的符号性、象征性、修饰性、结构性和文本化，使得“文”这个独体象形的汉字成为人类最早的文化产品之一，亦成为汉语言“字生文化”的最早例证之一。如果说，人在自己身体上的交文错画是人类最早的文化行为，那么“以文身之纹为文”则是人类最早的文化识鉴和文化交往，是人对“字生文化”的感性鉴赏和理性批评。交文错画着形形色色之“文”的龟甲兽骨，虽然被掩埋在殷商帝辛的废墟之中，但“字生文化”作为华夏文明的重要特征却生生不息，历经数千载而不朽。我们今天从文明、文化、文字、文辞、文献、文学、文章、文艺、文采、文雅等众多中国文化的诸多关键词之中，从诗、词、歌、赋、曲、文、说、剧、碑、诔、铭、檄、章、奏、书、记等各体文学及文化产品之中，不难窥见掩埋在殷墟小屯的“字生文化”之元素及景观。

二、心生而言立，言立而文明

“文字”与“文化”都有一个“文”，“文”既是独体象形的上古汉字的典型代表，也是字生文化的典型例证。《文心雕龙》以“文”肇端(《原道》篇首句“文之为德也大矣”)，以“文”终章(《序志》篇末句“文果载心，余心有寄”)，可谓始于“文”而终于“文”。《原道》篇追原“文”之“元”(原本与源起)，在很诗意也很哲理地阐释了“天之文”和“地之文”之后，水到渠成地引出“人之文”的定义：“心生而言立，言立而文明，

① (汉)许慎撰，(清)段玉裁注：《说文解字注》，上海古籍出版社1981年版，第425页。

② 徐中舒主编：《甲骨文字典》，四川辞书出版社2006年版，第996页。

自然之道也。”“人”(天地之心)诞生了，“字”(语言文字)才会被发明被创立；语言文字创立之后，“文”才会彰显、章明、刚健、灿烂。作为天地之心的“人”，以自己所独创的“字”(“名”“言”“辞”等)，去彰明“自然之道”，这一彰显的过程、结果及其规律就是“文”(文章、文学和文化)。如果说，《原道》篇“鸟迹代绳，文字始炳”，《章句》篇“人之立言，因字生句”“振本末从，知一万毕”讲的都是文字对于文化之产生即历史起源的决定性价值，那么这里的“心生言立，言立文明”讲的则是文字对文化之生成即逻辑本原的规定性意义。

鲁迅《汉文学史纲要》亦借刘勰“心生言立，言立文明”论汉语“文章”即狭义文化的本原、起源及流传，其首篇《自文字至文章》讲文字乃文章之始：“专凭言语，大惧遗忘，故古者尝结绳而治，而后之人易之以书契”，“文字既作，固无愆误之虞矣”①，连属文字而成文章，即刘熙《释名》所云“会集众字以成辞义”，字生文化是也。汉娜·阿伦特《人的境况》讲人生在世须做三件事：活着，工作着，说(书写)着。② 人的工作，制作出各种文化产品，创造出灿烂的文明。而只有当人类用文字“立言”之时，才真正创造出“人之文”。或者说，人类只有凭藉“立言”这种文化行为，才能创造出“言立”的文化。《左传》讲三不朽——立德、立功、立言。就“德”和“功”的历史传承而言，前人如何垂后？后人如何识古？立言。何以立言？言寄形于字，因字而生句。故刘勰的“心生言立，言立文明”是对中华文化“字”生性特征的高度概括。

汉语“文学”一词有文献可征者，始见于《论语·先进篇》：“文学：子游，子夏。”孔子(前551—前479)的这两位高足，既不创制诗歌更不杜撰小说，何来“文学”之名？杨伯峻(1909—1992)《论语译注》将此处的“文学”释为“古代文献，即孔子所传的《诗》《书》《易》等”③。这里的

---

① 鲁迅著：《鲁迅全集》第九卷，人民文学出版社1982年版，第343-345页。

② [美]汉娜·阿伦特著，王寅丽译：《人的境况》，上海人民出版社2009年版，第14-17页。

③ 杨伯峻译注：《论语译注》，中华书局1980年版，第110页。

“文学”实际上是我们今天所说的“文献学”，是观念形态之“文化”的重要组成部分。中国古代，小学(文字学)是经学的根基(故十三经有《尔雅》)，经学家首先是小学家(字乃经艺之本)。《世说新语》据《论语》孔门四科而列“文学”门，叙述的是马融(79—166)、郑玄(127—200)、何晏(？—249)、王弼(226—249)、向秀(约227—272)、郭象(252—312)这些学者注经的故事。精通小学和经学的文化大师们，统统被划归于孔儒的“文学”之门。

夜梦仲尼、以孔子为精神导师的刘勰本来是要去传注儒家经典的，但他觉得自己在经学领域很难超过马融、郑玄，就转而去撰写《文心雕龙》，其《序志》篇坦陈：“敷赞圣旨，莫若注经；而马郑诸儒，弘之已精，就有深解，未足立家。唯文章之用，实经典枝条，五礼资之以成，六典因之致用，君臣所以炳焕，军国所以昭明，详其本源，莫非经典。”可见以“敷赞圣旨”即弘扬孔儒文化为人生理想的青年刘勰，实际上是从经学(包括小学)切入“文”的研究，或者说是从经学(包括小学)与文章之关系入手建构其“文”本体。以五经为标准来考察他那个时代的“文”，刘勰很容易发现“(时文)去圣久远，文体解散，辞人爱奇，言贵浮诡，饰羽尚画，文绣鞶帨，离本弥甚，将遂讹滥”。坚守儒家文化的经学立场和小学本位，青年刘勰敏锐地看出他那个时代的“文”(时文)在“言”与“辞”(即语言文字)方面出了大问题，而问题之要害则是严重背离了儒家五经“辞尚体要”的传统：“盖周书论辞，贵乎体要；尼父陈训，恶乎异端：辞训之异，宜体于要。于是搦笔和墨，乃始论文。”批判时文的“言贵浮诡”，回归元典的“辞尚体要”，竟然成了刘勰撰写《文心雕龙》的文化心理动因。

如果说《序志》篇是在“文心(为文用心)”的深潜层次讲“辞尚体要”，那么《征圣》篇和《宗经》篇则是在“雕龙(创作技法)”的精微领域讨论如何以圣人和经典为师来“辞尚体要”。二者虽有巨细之别，但其经学立场和小学本位(即“字本位”)则是一致的。《征圣》篇连续三次讲到“辞尚体要”，要求文学家学习春秋经的“一字以褒贬”和礼经的“举轻以包重”，其文字方可“简言以达旨”；学习易经的“精义以曲隐”和左传的“微辞以婉晦”，其文字方可“隐义以藏用”；学习诗经的“联章以积句”和礼经的“缛说以繁辞”，其文字方可“博文以该情”。《宗经》篇则针对“励德树声，莫不师圣，而建言修辞，鲜克宗经”之时弊，大讲特讲儒家五经在“言”“辞”即文字上的优长：易经的“旨远辞文，言中事隐”，诗经的“藻辞谲喻，温柔在诵”，书经的“通乎尔雅，文意晓然”，礼经的“采掇片言，莫非宝也”，春秋经的“一字见义，五石六鹢，以详略成文”。“五经之含文也”，宗经征圣落到实处，是要学习五经的文字功夫即雕龙技法，这也是刘勰撰著《文心雕龙》的用心之所在，苦心之所在。

青年刘勰“征圣立言”的经学立场不仅铸就其文学本体观的“字本位”，同时也酿成其文学史观的“字本位”，即从“字”的特定层面来考察文学的历史嬗变。《章句》篇讲诗歌的演变，称“笔句无常，而字有条(常)数”，诗歌句子的变化似无常规，而(每一句)字数的多少则是有规律可循的：“四字密而不促，六字格而非缓，或变之以三五，盖应机之权节也。”在刘勰的眼中，中国古代诗歌的发展演变史，落到实处，就是“字”数之多少的应变史：“二言肇于黄世，竹弹之谣是也；三言兴于虞时，元首之诗是也；四言广于夏年，洛汭之歌是也；五言见于周代，行露之章是也。六言七言，杂出诗骚；两体之篇，成于西汉。情数运周，随时代用矣。”《明诗》篇对诗歌史的描述，也是以“字有常数”为演变规律的：“四言正体，则雅润为本；五言流调，则清丽居宗。……至于三六杂言，则出自篇什；离合之发，则明于图谶；回文所兴，则道原为始；联句共韵，则柏梁馀制。巨细或殊，情理同致，总归诗囿，故不繁云。”总之，一时代有一时代之诗歌，彼一时代与此一时代的诗歌之异，或短或长，或密或疏，或促或缓，或多或寡，完全取决于字数的或增或减。王国维《人间词话》说“著一字而境界全出”，对于诗歌创作而言，增(或减)一字则格调迥别、境界迥异，“字”之多寡，岂能以轻心掉之？

三、鼓天下之动者存乎辞

《周易·系辞上》讲到《周易》的四大功用，首条便是“以言者尚其辞”①。《周易》的文化符号包括了两大系统：卦爻象系统与卦爻辞系统，借用王弼《周易略例》的话说，前者是“象者，出意者也”，“尽意莫若象”；后者是“言者，明象者也”，“尽象莫若言”②。但是，“象”之出意尽意，完全有赖于“言”之明象尽象，若无卦爻辞的文字阐释，《周易》那么多的卦爻象究为何意是谁也弄不清楚的。因此，《系辞下》要说“是故《易》者，象也；象也者，像也”，《周易》就是象征，象征就是通过模拟外物以喻晓内意，而拟物喻意离开了“辞”是根本无法进行也无法完成的。作为修辞手法，象征有两个端点：一头是物一头是意，物何以达意指意或明意？必须有“辞”，故《周易》的经与传要用“辞”来拟物(人物、事物、景物等)出意(意义、价值、情志等)。《周易》作为中国的文化经典，其生生不息的奥秘在于斯，其动天地泣鬼神的感染力亦在于斯，故刘勰要借用《周易》的话来浩叹：“鼓天下之动者存乎辞！”

在因“五经皆文”而征圣宗经的刘勰心目中，《周易》无疑是最好的“文”(即文化经典)之一，故《文心雕龙·原道》讲述上古文明史以《周易》的原创与阐释为主线，所谓“庖牺画其始，仲尼翼其终”。《周易》的创卦者，观物而画卦，“系辞焉以尽其言，变而通之以尽利，鼓之舞之以尽神”；《周易》的观卦者，尚辞而解卦，“观其象而玩其辞”，观察卦爻的象征意味而探究玩味其文辞，或者反过来说，通过品味卦爻辞而领悟其象征及修辞。“辞”对于《周易》的意义是无论怎么强调也不为过分的：无“辞”何以识训诂？无“辞”何以明象征？无“辞”何以成易道？无“辞”何以定乾坤？

---

① 本书所引《周易·系辞传》，均据(清)阮元：《十三经注疏》，中华书局1980年版，第75-92页，下不另注。

② (魏)王弼注，楼宇烈校释：《王弼集校释》下册，中华书局1980年版，第609页。

《周易》是象思维和象言说，而《周易》的象思维和象言说，是靠“辞”(小学之训诂加上文学之修辞)来完成的。受《周易》的影响，中国古代文化历来有“尚辞”之传统，笼统而言是讲究语言文字的艺术，具体而论是注重象征、隐喻、比兴、夸饰等修辞手法。《文心雕龙》创作论二十多篇，有超过一半的篇幅是专门谈“字”说“辞”的：属于谈“字”(即讨论语言文字)的篇目有《声律》《章句》《俪辞》《练字》等，属于说“辞”(即讨论文章修辞)的有《比兴》《夸饰》《事类》《隐秀》等，属于通论二者的有如何《通变》与《定势》，如何《指瑕》与《附会》，如何《熔裁》与《总术》。广而论之，中国古代文论的批评文本，数量最巨的是历朝历代的诗话、诗式、诗格、诗法等。明清以降，继海量的“规范诗学”或“修辞诗学”，又出现热衷于作法和读法的小说戏曲评点。金圣叹《第五才子书》讲《水浒传》的创作是“因文生事”，“只是顺着笔性去，削高补低都由我”①，故“因文生事”是在叙事层面对“字生文化”的经典表述。

汉语的方块字孳生了文化，也哺乳了文化，字是文化之母。就“文字”创制与“文化”创造之关系而言，汉字的六书作为“字”的构造规律，深情地也深度地哺乳了中华文化，并成为观念形态之文化的创造规律。刘歆、班固将“象形”置于六书之首，并将六书前四项表述为“象形”“象事”“象意”“象声”②，无意中触到字乳文化之要害。鲁迅《汉文学史纲要》亦论及“六书”尤其是“象形”与文化的关系：“文字初作，首必象形，触目会心，不待授受，渐而演进，则会意指事之类兴焉。”③

我们以文字与文学的关系而论。汉字六书对汉语文学的孳乳，若概而言之，则是鲁迅所言“意美以感心，一也；音美以感耳，二也；形美

---

① 陈曦钟、侯忠义、鲁玉川辑校：《水浒传会评本》上册，北京大学出版社1981年版，第16页。

② (汉)班固撰，(唐)颜师古注：《汉书》第6册，中华书局1982年版，第1720页。

③ 《鲁迅全集》第九卷，人民文学出版社1982年版，第344页。

以感目，三也”①。若分而言之，其“象形”之“画成其物，随物诘诎”既是汉字区别于拉丁文的标志性特征，也是文学的标志性特征，方块字的象形孳乳了文学的形象性和意境化，此其一。如果说“指事”的“视而可识，察而见意”，养育了文学之“赋”的直书其事，体物写志；那么，“比类合谊，以见指撝”之“会意”，与“本无其字，依声托事”之“假借”，则分别孳乳了文学的“比显”与“兴隐”，此其二。此外，“转注”的“同意相受”启迪了文学的互文性，而“形声”的“取譬相成”成就了文学的谐音之趣与声韵之美，此其三。至于具体的创作过程之中，文学家如何推敲，如何练字，如何捶字坚而难移，如何语不惊人死不休，亦可见出“字”对于文学的特殊意义。

被称为现代语言学之父和结构主义之鼻祖的费尔迪南·德·索绪尔(1857—1913)，视“文字”为“语言”的表现或工具；与此同时，索绪尔又不得不承认：“书写的词跟它所表现的口说的词紧密地混在一起，篡夺了主要的作用；人们终于把声音符号的代表看得和这符号本身一样重要或比它更加重要。”②把书写的词即文字看得比口说的词即言语更加重要，这在表音体系(如拉丁语)中或许不太正常，但在表意体系(如汉语)中却是非常正常也是非常真实的。

或许是看到了表意体系的这种独特性，宣称“我们的研究将只限于表音体系”③的索绪尔，却在《普通语言学教程》中用了整整一节的篇幅，专门讨论表意体系中“文字的威望”及其形成原因：“首先，词的书写形象使人突出地感到它是永恒的和稳固的，比语音更适宜于经久地构成语言的统一性”；其次，“在大多数人的脑子里，视觉印象比音响印象更为明晰和持久”；再次，“文学语言更增强了文字不应该有的重要

---

① 《鲁迅全集》第九卷，人民文学出版社1982年版，第344页。

② ［瑞士］费尔迪南·德·索绪尔著，高名凯译：《普通语言学教程》，商务印书馆1980年版，第48页。

③ ［瑞士］费尔迪南·德·索绪尔著，高名凯译：《普通语言学教程》，商务印书馆1980年版，第51页。

性。它有自己的辞典，自己的语法”，并最终形成自己的“正字法”，“因此，文字成了头等重要的”；“最后，当语言和正字法发生龃龉的时候，除语言学家以外，任何人都很难解决争端。但是因为语言学家对这一点没有发言权，结果差不多总是书写形式占了上风，因为由它提出的任何办法都比较容易解决。”①我们看索绪尔从罗格斯中心主义立场出发的对“文字威望”的批评，在某种意义上恰好是对汉字这种典型的表意体系的表扬。书写形象的永恒和稳固，视觉形象的明晰和持久，文字威望对语言统一性的塑造和维护，尤其是文学语言如何以“头等重要”的身份来解决文字与语言的矛盾等，表意体系的这些特征及优长，构成了“字生文化”的文字学根基。

解构主义大师、后现代理论家雅克·德里达(1930—2004)，其《论文字学》解构索绪尔语言学的二分结构，认为“文字并非言语的‘图画’或‘记号’，它既外在于言语又内在于言语，而这种言语本质上已经成了文字”②，故“文字学涵盖广阔的领域”，甚至可以用文字学替代语言学，从而“给文字理论提供机会以对付逻格斯中心主义的压抑和对语言学的依附关系”③。逻格斯中心主义又称语音中心主义，声音使意义出场，不同于汉字的书写使意义出场。德里达《论文字学》在批评索绪尔对文字与言语作内外之分时指出：“外在/内在，印象/现实，再现/在场，这都是人们在勾画一门科学的范围时依靠的陈旧框架。”④我们今天研究中华字文化，应该打破陈旧的框架，以一种跨学科的宏阔视野来说“文”解“字”。

① ［瑞士］费尔迪南·德·索绪尔著，高名凯译：《普通语言学教程》，商务印书馆1980年版，第50页。

② ［法］雅克·德里达著，汪堂家译：《论文字学》，上海译文出版社1999年版，第63页。

③ ［法］雅克·德里达著，汪堂家译：《论文字学》，上海译文出版社1999年版，第50页。

④ ［法］雅克·德里达著，汪堂家译：《论文字学》，上海译文出版社1999年版，第45页。

文字乃经艺之本，就人类轴心期文明的典型代表华夏文明而言，以“经艺”为代表的汉语元典，用一个一个的方块字(中华文化关键词或中华文化核心词)，建构起轴心期华夏文明的意义世界。中华文化是字孳字乳的文化，华夏文明是字孳字乳的文明。观念意义上的中华文化，其源起是“鸟迹代绳，文字始炳”，其元典是或“一字以褒贬”或“联章以积句”的经艺，其楷模是情见文字、采溢格言、辞尚体要、辞动天下的圣贤文章，其种类是肇于经艺、著于竹帛的所有文体。字生文化，上古汉语的方块字从起源与本原处孳乳了中华文化，孳乳了华夏文明。追问并验明文字与文化的血缘关系，揭示中华文化的“字”生性特征，可为“文化”的释名章义，为文化研究的选文定篇，为文化理论的敷理举统，乃至为文化史的原始表末，提供新的路径并开辟新的场域。

绪 论

体，《说文解字》解为："总十二属也。"段注将十二属分为"顶"、"面"、"颐"、"肩"、"脊"、"尻"、"厷"、"臂"、"手"、"股"、"胫"、"足"。① 十二属三者一组，分归"首"、"身"、"手"、"足"。简言之，"体"就是外在形态的统合，且本指人体。而远古先民在探索自然的过程中发现，万物皆有其体，于是在"以己度物"这种诗性思维的指引下，遂将人之"体"扩展至指自然万物之体。而且，不仅是用人之体的外在形态来理解、看待万物之体，而且亦将人之体所包蕴的生命气息、精神气质、思想感情灌注到万物之体当中，遂形成万物无不有体、万物无不有灵、万物无不有情的观念。可见，"体"字经历了从指涉个体到指涉全体从指称外在形态到指称全部生命的含义的扩展，从这个意义上而言，"体"字本身就带有本体论的本原性、普遍性意义。

文体之"体"，既借用了"体"的显性含义，即身体之义，来指称"文"的外在形式，包括体裁及其所关涉的结构、偶对、音韵、用典、比喻、夸张、排比、起兴等问题，亦借用了"体"的隐性含义，即生命之义，来指称"文"的内在精神，包括风格及其所关涉的思想、阅历、时代、审美、体性、文气、文运等问题。因此，对于"文体"的讨论，就必然不能停留于形式层面，而要深入探讨其思想精神层面的意义。对其本体论的讨论，即是这种探讨的一个角度。

---

① （清）段玉裁：《说文解字注》，上海古籍出版社1981年版，第166页。

一、选题的理由及意义

自从20世纪80年代，文体学研究复兴以来，对中国古代文体学的研究已经走过了30个春秋，据笔者的不完全统计，截至2011年底，出版的有关古代文体学的专著超过50种，论文6000篇，① 就研究之兴盛、成果之丰硕而言，中国古代文体学是名副其实的“焦点”与“热点”。但同样毋庸置疑的是，这种研究仍然存在着较多的空白和争论，例如“文体”一词，到目前为止，还没有一个完全被学界公认的定义，并造成对古代文体学的研究也存在界定不明、内涵不清的情况。再比如，关于古代文体学对文体进行分类的依据，虽然有很多学者提出了自己的看法，但也还没有一个完满的答案。这说明文体学还有很多的“疑点”和“难点”。中国古代文体学的本体研究也是这样一个“疑点”和“难点”。

展开中国古代文体学的本体研究至少有三重意义：首先，从研究的角度看，本体研究，一方面已为一些文体学研究者所注意，如李建中、吴承学、钱志熙等学者均在各自的研究中对此问题有所阐述，② 并提出

① 在中国知网全文数据库，以各种有关文体学的学术专词，如“文体学”、“文体分类”、“文体批评”、“尊体”、“辨体”、“破体”等，各种有关文体学的批评形式，如诗话、词话、文话等，以及各种有关文体学的学术专著，如《文心雕龙》、《诗品》、《文章正宗》、《文章辨体》、《文体明辨》等为主题词，搜索到1978年至2012年间有关中国古代文体学的论文超过6000篇。需要说明的是，这里的统计包括以研究中国古代文体学为主的期刊论文、学术史论文、会议论文、优秀硕博论文、书评等，但是不包括关于文体翻译、文体教学、中西比较、非汉语文体学的论文。同时，由于20世纪80年代的硕博论文和会议论文均未收入数据库，而且90年代开始，部分会议论文虽被收入数据库，但仍有大量的会议论文并未上传数据库，故这些论文都无法统计。

② 就笔者所了解的情况，对此选题相关的研究成果有：吴承学、沙红兵的《中国古代文体学学科论纲》(《文学遗产》2005年第1期，该文后收入吴承学的专著《中国古代文体学研究》，人民出版社2011年版)，吴承学《中国文体学：回归本土与本体的研究》(《学术研究》2010年第5期)和李建中的论文《文体学研究的路径与前景》(《江海学刊》2011年第1期)、《中国古代文体学范畴的理论谱系》(《北京大学学报》2011年第6期)、钱志熙《论中国古代的文体学传统——兼论古代文学文体研究的对象与方法》(《北京大学学报》2004年第5期)等少数几篇。

文体学的研究应该向“本体”回归，认为文体学的本体研究会“将文体学研究由局部引入整体、由表层导向深入”。① 可以说本体研究将逐渐成为文体学研究的重点和热点；另一方面就整个文体学的研究现状来看，对此问题的讨论还非常有限。② 因此，通过文体学的本体研究，将有助于改变目前以文类学、语体学、风格学等研究为主导的固有视野，为古代文体学的研究提供了一种新思路，也说明了本选题在研究角度上的前瞻性和创新性。

其次，从学科本身来看，本体的研究对于文体学而言具有重要的意义，正如吴承学所言：“文体学不仅是文学体裁的问题，也是古代文学的核心问题，是本体性问题。……‘体’兼有作品的具体形式与抽象本体之意，是形而下与形而上的有机结合；既有体裁或文体类别之义，又有体性、体貌之义；既可指具体章法结构与表现形式，又可指文章或文学之本体。”③多年来的研究实践也表明，如果仅仅将文体作为一种意义表达的平台，将文体学视为关于表达技巧的学问，而忽视其自身内蕴丰富的信息，就很难揭示文体学的本质特征，④ 而文体学的学科价值也就难以完全展现。因此从本体研究入手，透过纷纭复杂的表象，探索文体学的本质特征及其发展规律，文体学的学科建设才能有更大的突破。同时，本体研究必然以一种跨学科的姿态展开，将文体学与史

① 李建中：《文体学研究的路径与前景》，《江海学刊》2011 年第 1 期。

② 需要说明的是，很多主题为本体研究的文体学研究，其本体实指本身、本位，其研究关注点在文体的独立性，与本书所说之本体（本原、本质、主体）并不相同。

③ 吴承学：《中国古代文体学研究·绪论》，人民出版社 2011 年版。

④ 如上文所言，对文体定义的混乱和文体分类缺乏统一的依据等都是这一现状的表现。

学、哲学和文化学广泛结合,① 这将进一步拓展文体学的研究视野和发展空间。

再次，从现实针对性上看，本体研究在揭示中国古代文体学本原、本质及其独特面貌的同时，也就发现了中国古代文体学的核心价值，及其与西方文体学的根本区别所在，从而为传统文体学的现代转换，为当代中国文体学乃至文学理论的建设提供借鉴和切实可行的思路。

二、研究现状及本书的创新之处

(一)研究现状分析

目前，关于中国古代文体学的研究，大致可分为总体研究和分体研究两种思路。

文体学的总体研究主要因循两种研究途径展开，一种主要致力于文体分类理论的梳理和分析。传统文体学萌芽于先秦，其标志之一就是开始关注文体的分类，并进行文体特征和功能的分析，如《周礼·春官·大祝》云:“作六辞以通上下亲疏远近”，这里的“六辞”分指祠、命、诰、会、祷、诔，所谓“通上下亲疏远近”，就已经涉及文体功能理论。及至汉代，郑玄又在注中对这六辞的功用和命名进行了详细的解释，并

① 关于文体学的跨学科研究，目前有两种观点，一种是在泛文学学科的内部展开跨学科研究，如刘世生提出文体学与语言学、文学批评的结合。(《文体学的跨学科特点》,《外国语言文学研究》2003 年第 2 期)；还有吴承学认为中国古代文体学研究要与古代文学史、西方文体学相结合。一种是注重从文化学、历史学的角度审视文体学，其研究成果有过常宝《楚辞与原始宗教》(东方出版社 1997 年版)、罗宗强《魏晋南北朝文学思想史》(中华书局 2006 年版)、韩高年《礼俗仪式与先秦诗歌演变》(中华书局 2006 年版)等。文体的本体研究，与后者的思路有相通之处，但是目前从文化学、历史学角度所展开的文体学，多注重于分析具体文体的发生、发展过程，而文体的本体研究，意欲借助文化、历史、哲学的“他者目光”，揭示文体的本质特征和发展规律。

分别举例说明。① 从此开始，对文体进行分类并分析说明便逐渐成为中国传统文体学的主要课题之一，班固《汉书·艺文志》、曹丕《典论·论文》、陆机《文赋》、刘勰《文心雕龙》等著述都是这类研究的成果。② 当代学者对于中国古代文体学的研究，其途径之一就是通过对各种文体分类理论的梳理、分析，发现这些分类理论的思想来源，总结其分类的原则、宗旨，解读其中所包含的文体批评思想、理论主张及其影响，如郭英德在《中国古代文体学论稿》中，通过对文献的分析，提出古代文体学的分类方式经历了由行为方式向文本方式的转变，即由早期根据不同文体的言说行为及其社会功能来进行文体分类，转变为后期根据文本中所载的文体进行文体分类。同时，他还指出传统的文体分类存在着“泛文学观”、“因文立体”、“异中求同”等特征。

中国古代文体学总体研究的另一途径是从宏观上分析古代社会文化、自然环境乃至思维方式对文体学的影响，或者是从批评方法角度总结文体批评的特征。前者如吴承学在《中国古代文体学研究》中，从经

---

① 郑玄注引郑众之说曰：“‘祠当为辞，谓辞令也。命，《论语》所谓为命裨谌草创之。诰，谓《康诰》、《盘庚之诰》之属也。盘庚将迁于殷，诰其世臣卿大夫，道其先祖之善功，故曰以通上下亲疏远近。会，谓王官之伯，命事于会，胥命于蒲，主为其命也。祷，谓祷于天地、社稷、宗庙，主为其辞也。《春秋传》曰，铁之战，卫大子祷曰：“曾孙蒯聩敢昭告皇祖文王、烈祖康叔、文祖襄公：郑胜乱从，晋午在难，不能治乱，使鞅讨之。蒯聩不敢自佚，备持矛焉。敢告无绝筋，无破骨，无面夷，无作三祖羞。大命不敢请，佩玉不敢爱。”若此之属。诔，谓积累生时德行，以锡之命，主为其辞也。《春秋传》曰：“孔子卒，哀公诔之曰：闵天不淑，不慭遗一老，俾屏余一人以在位，嬛嬛予在疚。呜呼哀哉尼父！无自律。”此皆有文雅辞令，难为者也，故大祝官主作六辞。或曰诔，《论语》所谓：“《诔》曰：祷尔于上下神祇”。’”郑玄自己又补充道：“辞者，交接之辞。……会，谓会同盟誓之辞。祷，贺庆言福祚之辞。”应该说《周礼·春官·大祝》已经开始有文体意识，而郑玄的注解则将这种意识明确化。

② 需要说明的是，中国传统的文体分类研究，主要有两种方式，一种即是上文所说的理论分析方式，还有一种是选本的方式，如《文选》、《文章辨体》、《文体明辨》、《古文辞类纂》、《经史百家杂钞》等这样的总集或选集。另外，这些总集或选集的序言也包含有理论分析的特征，只不过其主要的文体研究方式是通过选本的形式完成的。当代的文体学研究，主要继承的是前一种研究方式。

学传统、人物品评、自然环境、地域文化等不同角度，考察中国古代文体学特征形成的原因及其表现，认为正是在多元因素的作用下，传统文体学形成了“辨体”与“破体”对立统一的文体理论。① 李建中的《古代文论的诗性特征》②从思维方式上回顾了中国古代文论的诗性特征，并从言说方式(文体)的角度论述了这一诗性特征。后者如张伯伟《中国古代文学批评方法研究》从思想方法和实践方法两个维度，总结了中国文体批评的特征，就思想方法而言，“以意逆志法”导致文体功能理论(美刺说)的兴起；“推源溯流法”使得文体批评习惯性地追溯文体的源头，并相应地形成了拟古、尊体的理论。就实践方法而言，张氏对中国传统文体批评的典型方式，如选本、摘句、诗格，以及批评文体，如论诗诗体、诗话体、评点体等进行了特征的分析和解读。另外，研究者们还越来越多地将文化学、哲学、史学的研究视角和方法引入古代文体学的研究当中。

与总体研究相比，分体研究无疑是当代中国古代文体学研究的主流，并主要沿着“时代”、“文体”、“著作”(批评家)三条路径展开。以“时代”为视角进行的分体研究，将目光集中于某一时代中文体学的发展情况，如任竞泽《宋代文体学研究论稿》，通过对《沧浪诗话》、《文章正宗》、《玉海·艺文》、《辞学指南》的个案分析，试图说明宋代文体学的总体特征及其对后世的影响，并注重其与时代背景、社会文化的关系。以“文体”为视角的分体研究，则以某一类批评文体为研究对象，更多地从批评文体内部去挖掘和梳理其理论的生成、发展及特色形成的原因，其代表著作如张褒全《诗话与词话》、蔡镇楚《中国诗话史》等。以“著作”(批评家)为切入点的分体研究，主要从某一经典性文体理论

① 这里提出的观点，在吴承学早期的研究中已经出现，如“破体与辨体”和“中国古典风格学”，在1991年便已提出，此处为了表述的方便，将其集于一书之中。(分见《文学评论》1991年第4期；《古典风格学的形成及特点》，《学术研究》1991年第2期)

② 李建中相关的研究成果还有《中国古代文论诗性特征研究》一书。

著作，或批评家的批评实践入手，分析其理论形成的原因，阐释其理论的内涵及意义，这一研究方法在分体研究中最为常见，产生的研究成果也最多，主要原因在于采取这种研究方法使其研究的对象往往限定于一部著作，或一位批评家，因此论点相对集中，对研究对象的讨论也往往较易走向深入。同时，借由对经典著作或批评家的研究，还可以将研究视域扩展到整体时代，乃至整个中国古代文体学，达到由小见大、管中窥豹的效果。采取这一方法的代表性例证就是对刘勰及《文心雕龙》的文体学研究，其代表性成果有詹锳的《〈文心雕龙〉的风格学》、张少康《刘勰及其〈文心雕龙〉》、胡大雷《〈文心雕龙〉的批评学》等，这些研究从不同的研究角度切入，力图揭示刘勰和《文心雕龙》中文体学思想形成的原因、特色及其对后世的影响。除此之外，还有一种思路是将“时代”和“文体”、“著作”之中的两者或者三者相结合，即选取一定时代中的一定文体作为对象，或者以某位作家某一时期的文体为对象。这一类研究，吸取了分“代”研究、分“体”和分“人”研究的优势，既强调从具体时代及其社会文化等外因的角度去审视文体学的发生、发展，同时也非常注重文体学自身演变和发展的内因，其代表有林岗的《明清小说评点》、① 杨晖的《古代诗“路”之辨：〈原诗〉和正变研究》等。

经过30余年的发展，总体研究和分体研究都取得了丰硕的成果，分别从溯源探流、特征分析、分类理论、思维方式、批评方法、批评思路、文献考订②等多个角度对古代文体学进行了深入的挖掘。但这两种思路也存在一些不足，如总体研究虽然能够对整个文体学的发展进行梳理，并从宏观角度讨论社会文化、自然环境等对于文体学的影响，但常常失之于泛泛而论，缺乏深入的个案分析；而分体研究，虽然对文体学个别领域的研究有新颖的视角，但往往忽视了宏观把握。更为重要的

① 这一类研究中还有一些特例，如郭绍虞的《宋诗话考》，对宋代主要诗话著作的作者、版本、内容等信息进行考证和考订，不同于后来侧重分析和阐释的分体研究。

② 此处的考订真伪，主要指对新发现的文体材料进行考订。

是，这两种研究路径中，都还没有学者对中国古代文体学进行系统的本体研究，因此本课题的研究将在一定程度上弥补这个缺陷，而且本体研究，不仅需要从宏观上审视文体学的发生和发展，揭示文体学的本质特征及其发展规律，也要从微观上通过对具体文体学理论的深入分析来说明本体的普遍存在，因此，本体研究将在一定程度上缝合总体研究和分体研究之间的罅漏。

1980—2011 年中国古代文体学论文统计

	1980	1981	1982	1983	1984	1985	1986	1987	1988	1989
期刊论文	12	20	14	13	25	33	20	43	40	35
会议论文										
优秀硕博论文										
	1990	1991	1992	1993	1994	1995	1996	1997	1998	1999
期刊论文	64	54	48	45	56	41	66	79	80	81
会议论文				1			2	1	1	3
优秀硕博论文	7	23	30	69	77	79	118	162	177	
	2000	2001	2002	2003	2004	2005	2006	2007	2008	2009
期刊论文	100	128	153	178	209	217	293	321	362	403
会议论文	3	3	14	5	20	3	4	15	15	5
优秀硕博论文	7	22	30	68	76	79	117	162	178	172
	2010	2011								
期刊论文	403	415								
会议论文	9	5								
优秀硕博论文	151	182								
合计：6146 篇，其中期刊 4051 篇，优秀硕博论文 1986 篇，会议论文 109 篇										

(二)本书的创新之处

本书的创新主要体现在两个方面，首先是研究思路的创新。本书既没有简单沿袭对文体学的整体流变史进行梳理和分析，或者从分类理论、批评方法等入手进行研究的思路，也没有完全遵循以具体时代的具体文体学为研究对象的研究思路，而是力图从文体学的整个发展历程中提炼出能够反映文体学本质特征的本体。如果说，过往的文体学研究局限于文体学的内部，关注的是文体学中具体理论的特征分析，那么本书正是要突破这种思路，通过宏观的观照和微观的理论解读，证明具有普遍意义之本体的存在，直面传统文体学的灵魂。如本书所列的“生命本体”，就是通过对中国古代文体学理论的综合考察以后得出的结果，即生命意识贯彻于文体批评的始终，它不是一两种文体学理论的特色，而是整个传统文体学的精神，因此理解了这种生命本体的存在，也就找到了一把打开中国古代文体学的钥匙。

其次是研究角度的创新。本书从经典理论与批评倾向两个角度进行传统文体学之本体的论证。经典理论，是传统文体学之所以成立的基础，通过对文体批评中经典理论的阐释，可以有力证明“生命”、“经学”两大本体意识在传统文体学中的存在及其重要地位。批评倾向，是文体批评过程中所表露出来的倾向、主张，它犹如潜意识一般，包蕴在具体的批评之中，并指导着批评实践，通过对文体批评倾向的分析，有利于更加深入地说明本体作为文体学的灵魂所在。

本书希望通过对文体学的终极意义和价值的追问，揭示文体学的本质特征，确立文体学的主体品格，将古代文体学的研究引向深入。

(三)本书研究的重点和难点

通过对中国古代文体发展史的考察，本书确立了“生命”、“经学”两大本体，对这些本体在文体批评实践和文体批评倾向中的表现及其原因的分析将是本书的研究重点所在。

本书研究的难点首先是中国古代文体仅类型就有几十种，细加分类更有百种之多,① 相关的理论亦是汗牛充栋，可以说有多少文体，就有多少种文体理论，而且这些理论的讨论范围也非常广泛，某一类文体的体裁规范、语言系统，还有章法结构、表达形式、风格风貌等都是其讨论的内容，因此要对其进行全面梳理，就本人的水平、时间和论文的篇幅来说，都是不可能的。本书拟通过对代表性理论的分析来解决这一问题，即在文体的批评理论中，选取一两个有代表性的理论观点进行分析。但这又带来另外一个问题，即选取哪种或哪几种文体批评理论作为切入点，对此文体批评理论之本体的揭示能否适用于其他文体理论。

其次，对“本体”内涵的界定和表现都有很大的困难。如前所述，本体是一个多义性的概念，而就本课题所说的本体而言，通过什么方式、什么视角来表现亦是一个难题。

三、本书的研究内容

(一)对选题所涉两个概念的说明

本书的主题是“中国古代文体学的本体研究”，因此有两个关键词必须厘清。

首先是“中国古代文体学”。这个概念又包括两层内涵：一层是共时性的，即“中国古代文体学”在理论空间上所涵盖的范围。中国的传统文论，对“文体”理解非常宽泛，大致可分为三类②：一指体裁；二指具体的语言特征和语言系统，即“语体”；三指由作家运用这些语言系统所构成的作品风格，即“体貌”。这实际上是从不同层次对文体做出的理解，中国古代文体学所研究的文体即包含有这三种含义，相应地，本书所指的文体学，其研究对象也包含以上三种定义在内，而在具体的论述中，本书所说的文体学会根据不同的语境侧重指由某一种文体

---

① 《文选》分为37种，明人吴纳的《文章辨体》分为59种，徐师曾的《文体明辨》总结的文体有127种。

② 此处对文体的分类，主要参考了吴承学、沙红兵《中国古代文体学学科论纲》(《文学遗产》2005年第1期)和郭英德《中国古代文体学论稿》中的分类方法。

含义产生的理论。一层是历时性的，即"中国古代文体学"在时间上所涵盖的范围，本书将讨论范围主要划定在先秦至六朝之间，因为这一时期是中国文体学由萌芽到确立的时期，是中国古代文体学的源头所在。

其次要厘清的概念是"本体"。"本体"一词，其希腊原文是 ousia，英译为 substance(或 Being、On)。① 其内涵较为复杂，举要而论之，大概有三层，即本质性、本原性和主体性。亚里士多德是较早对本体展开研究的哲学家之一，他认为本体的主要含义是"本质"。② 从知识论上讲，本体是事物的本质，对本质的认识方法是下定义。从存在论上讲，本体作为本质，是事物存在的根据、前提和原因。从本质这个基本义出发，本体还派生出本原的含义。柏拉图的理念说认为，事物是理念(相)的派生物，这就将"理念"这一本体确立为万物的本原。主体性是本体的根本属性。黑格尔认为："一切问题的关键在于：不仅把真实的东西或真理理解和表为实体，而且同样理解和表述为主体。"③本书对本体的理解，也是综合了这三种含义。即对中国古代文体学的本质特征及其来源的分析，从而揭示中国古代文体学何以形成其独特的理论品格，并对中国当代的文体批评乃至文学批评提供借鉴。

(二)研究内容

英美新批评的代表人物兰塞姆提出了"文学本体"这一术语，而对于这一本体的体认则可以通过不同的途径，如作家本体、作品本体、读者本体等。④ 同样，对于文体之本体的认识，也可以通过多个角度达成，本书通过对中国传统文体学的梳理，拟从生命本体、经学本体两个

---

① 在亚里士多德的著作中，"ousia"常常与"to on hei on "相通用，后者在英文中常被译为"being as being"或"being as such"，即"作为存在的存在"、"存在之为存在"，因此 Being 和 On 也有"本体"之义。

② 关于亚里士多德对于本体的认识经历了一个发展的过程，具体可参看《范畴篇》和《形而上学》，另外汪子嵩《亚里士多德关于本体的学说》一文对于亚氏本体理论的发展也有较详细的介绍。

③ 黑格尔：《精神现象学》，商务印书馆 1997 年版，第 10 页。

④ 张荣翼：《文学的本源、本质和本体》，《江海学刊》1994 年第 2 期。

方面进行分析。

首先，选择“生命本体”与“经学本体”作为切入点，是因为通过对文体学的起源、现象和本质的分析，可以看到这两者对于中国传统文体学的影响甚深。就生命本体而言，从曹丕的“文以气为主”到《文心雕龙》中大量以生命之体喻文章之体的例证，① 从“文如其人”的探讨到“文分南北”的辩论，可以看到生命意识对于文体学的影响体现在各个方面。同时，生命本体也是中国古代文体学的灵魂所在，是“本体之本体”。刘勰在《文心雕龙》的一开头便感叹“文之为德也大矣”。文之所以能“与天地并生”，就是因为文(纹)天然地包含有文饰的属性，② 它用富于生命力的形象展现了自然万物，表达了宇宙众生，由这种文化因子激发而生的中国文学，自然也充满了生命的隐喻。因此，生命本体就成了讨论一切文学问题的起点，文体学也不例外。

就经学本体而言，中国文体理论中早就有“文源五经”的说法，通过对文体学发生史的考察，可以发现，在“五经”之名成立之前，儒家的经典就已经从文体的角度对于诸子百家产生了深刻的影响，汉代以降，随着经学的兴起，儒家经典更是成为文体批评的标准所在。除此之外，经学本身的实用性品格，促使文体学中功能理论的发达，经学化的美学趣味，又使得文体批评形成了“尊古”、“崇雅”、“尚简”等倾向。

其次，“生命本体”与“经学本体”之间呈现为相联系又相区别的关系。两者的关联性体现在两个方面：

从宏观上看，生命本体是文体学的元根，而经学本体是文体学的主

---

① 从《原道》篇将文体与天地之体做类同式的比拟，从而建立了文体的泛生命观，再到以后诸篇的生命之喻，如《附会》篇：“以情志为神明，事义为骨髓，辞采为肌肤，宫商为声气。”《体性》篇：“辞为肌肤，志实骨髓。”《风骨》篇：“辞之待骨，如体之树骸；情之含风，犹形之包气。”等等，无一不体现了刘勰文体观中的生命意识。

② 对于“文德”意义的解释还有争论，如周振甫在《文心雕龙注释》中提出“德”是功用、属性的意思，而王元化在《文心雕龙创作论》中则就认为“德者，得也”，提出“文之为德”就是“文之所由来”的意思。本书取前一意。

干。生命本体意识普遍地存在于中国传统文体学当中，广泛而深刻地影响着各种文体学理论，经学领域的文体学理论亦不例外；经学本体意识下的文体学理论，自汉代以后，凭借着权威的话语地位，始终是中国传统文体学的主体所在。

从微观上看，生命本体意识下的文体理论，有一部分，如史传文体理论等，十分强调文体对于群体(社会)生存状态、生命状态的言说，强调文士对于群体的责任感和使命感，而经学本体意识下的文体批评从明道论、教化论、讽谕论角度理解文体功能，也是在强调文体对于群体生命状态的展现和规范作用，以及文士的责任感和使命感。此外，经学本体意识下的文体批评，非常强调文体的“教化”、“讽谕”功能，而生命本体意识下的文体批评强调文体对于人的反作用，这两者实质上是一致的，即都强调文体作为生命之体对于人之生命的干预作用。

两者的区别亦体现在两个方面：

就批评的角度而言，从生命本体意识出发的文体批评，多从审美的角度着眼，亦即将文体理解成一种生命之美，并以生命之美的诸多特征、要素去解读、衡量文体，如强调文体中的“气”、“神”，将文体看作完整的生命体，在批评实践中强调“悟”；从经学本体意识出发的文体批评，多从实用的角度着眼，亦即将文体看作“明道”和“宣教”的工具，造成其文体功能理论特别发达。

就批评的倾向而言，生命本体意识下的批评倾向于“求新”，即强调文体在语体、风格上的创新；经学本体意识下的批评倾向于“尊古”，即强调文体在语体、风格上的摹古。前者强调向前看，后者强调向后看。

正是考虑到两者既紧密相联，又迥然有异的关系，并在讨论的过程中，注意对两种本体理论关联性的表述。

“生命”与“经学”两大本体共同支撑起了中国传统文体学这座煌煌巨厦，它们是传统文体学的根基所在，贯穿于传统文体学发展的始终。本书从这两个方面切入，正是试图从根本上把握传统文体学的内涵，揭示其核心精神。

目　录

第一章　心生而言立：生命之体与文之体

从辞源学的角度切入“文体”释义，不难发现中国古代文体学的生命意义。

“文”，《说文解字》解曰：“错画也，象交文”。段玉裁注：“黄帝之史仓颉见鸟兽蹄迒之迹，知分理之可相别异也。初造书契依类象形，故谓之文。”①

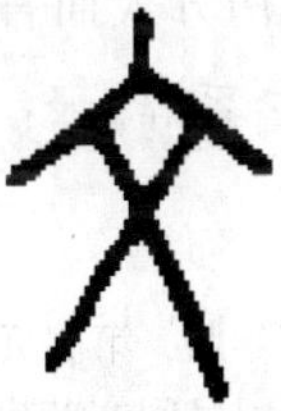
甲骨文“文”字

金文“文”字

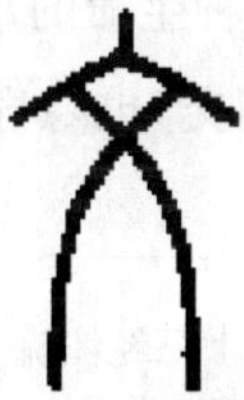
小篆“文”字

“仓颉造字”之典固然不足为据，但是仓颉造字中对于中国文字产生过程的描述却是可信的，即中国象形文字的发明，应是受到了动物蹄印、爪痕的启发。值得寻味的是，在原始文化中，这些印痕不只是动物留下的印迹，也成为鸟兽生命的一种象征，如“履迹生子”神话就是这种文化的反映。《史记·周本纪》载：

① (清)段玉裁：《说文解字注》，上海古籍出版社 1981 年版，第 425 页。

姜原出野，见巨人迹，心忻然说，欲践之，践之而身动如孕者。

姜原踏巨人脚印而生后稷，“巨人迹”直接成了生命诞生的诱因，而“履迹生子”的神话并不是姜原的“专利”，《尚书正义》孔颖达疏据顾氏引《帝王世纪》云：“伏羲母曰华胥。有巨人迹出于雷泽，华胥以足履之，有娠，生伏羲于成纪，蛇身人首。”①不仅中国有“履迹生子”的神话，西方文化中也有类似的阐释，弗洛伊德在《图腾与禁忌》一书中举例说，在亚拉尼西亚，“男孩若在路上认出其姊妹的足印，他便不再顺着那条路走。女孩亦然”。因为他们害怕踩上足迹，导致感孕。② 可见，在中西方的原始文化(或者其遗存)中，“蹄子”、“足迹”都是重要的生殖象征，③ 或者说都是生命的象征，而中国的文字正是依据这些充满了生命象征意义的“蹄印”、“足迹”被创造出来的，这使得汉字在产生伊始就带有了某种生命的寓意。另外，就“文”本身的结构方式而言，其“错画”、“相交”也隐喻了生命的运动与交合，《周易·系辞》云：“道有变

① 《十三经注疏·尚书正义》，北京大学出版社 1999 年版，第 2 页。

② [奥]弗洛伊德著，杨庸一译：《图腾与禁忌》，中国民间文艺出版社 1986 年版，第 2 页。

③ 世界上各种早期文明中大多出现了以“脚印”“蹄子”为题材的神话、传说和岩画作品等，文化人类学家通过研究发现，这些神话、传说和岩画表达了早期人类的生殖崇拜思想。需要说明的是，中国典籍中的“巨人迹”除了上述的生殖崇拜思想之外，还包含着“巨迹瑞应”的思想，如《史记·本帝纪》：“其春，公孙卿言见神人东莱山，若云‘见天子’。天子于是幸缑氏城，拜卿为中大夫。遂至东莱，宿留之。留日毋所见，见大人迹。”又《新唐书·志第二六》云：“长安元年正月，以成州有大人迹见，改元大足。”《南史·宋本纪下第三》：“泰豫元年春正月甲寅朔，上以疾未痊，故改元。丁巳，巨人迹见西池冰上，夏四月己亥，上疾大渐。”佛教流行于中土后，又出现了以佛教为背景的祥瑞记录，如《太平广记·卷三七四·灵异》：“渝州西百里相思寺北石山，有佛迹十二，皆长三尺许，阔一尺一寸，深九寸，中有鱼文，在佛堂北十余步。贞观二十年十月，寺侧泉内，忽出红莲花，面广三尺。”(参看王政：《腿·脚·鞋——生殖民众的典型符号》，《民间文学论坛》1998 年第 3 期；汤惠生：《脚印岩画与“大人迹”》，《民族艺术》2004 年第 4 期)。

动，故曰爻；爻有等，故曰物；物相杂，故曰文。”爻之连、断与相叠，亦是文。郭沫若认为：“八卦的根柢我们很鲜明地可以看出是古代生殖器崇拜的孑遗。画一以象征男根，分而为二以象女阴，所以由此而推演出的男女、父母、阴阳、刚柔、天地的观念。”①与其他象形字的具象化表达不同的是，“文”以其独有的高度简约而抽象化的方式，表达了万物的生命之美。《周易》孔疏解释《文言传》的由来时引庄氏云：“文谓文饰，以乾、坤德大，故特文饰，以为《文言》。”《周易·贲卦》卦辞亦云：“刚柔交错，天文也。文明以止，人文也。观乎‘天文’，以察时变；观乎‘人文’，以化成天下。”可见，天地万物都依“文”而显，显现的方式正如《文心雕龙·原道》所言：“日月叠壁，以垂丽天之象；山川焕绮，以铺理地之形：……傍及万品，动植皆文。”无论日月山川在自然界中呈现出如何多姿多彩的形态，“文”的寥寥几笔，就涵盖了宇宙万物的生命意义，故刘彦和有云：“言之文也，天地之心哉！”（《文心雕龙·原道》）。

“体”，《说文解字》解为：“总十二属也。”段注将十二属分为“顶”、“面”、“颐”、“肩”、“脊”、“尻”、“厷”、“臂”、“手”、“股”、“胫”、“足”②，十二属三者一组，分归“首”、“身”、“手”、“足”，简言之，“体”就是外在形态的统合，且不仅是指涉人体，更可推而广之于天地众生，故“天体”、“地体”③、“山体”、“水体”④，无物不有其体。如果说“文”是对生命的抽象化总结，“体”则是对生命的具象化总结。可见，“文”、“体”二字在中国的传统文化语境中，实被

---

① 郭沫若：《中国古代社会研究·〈周易〉时代的社会生活》，《郭沫若全集》（历史编第1卷），人民出版社1982年版，第33页。

② （清）段玉裁：《说文解字注》，上海古籍出版社1981年版，第166页。

③ 皮锡瑞《经学历史》中便有“天体浑员，地体亦员”之说。（《经学历史》，中华书局2004年版，第28页。）

④ 顾祖禹《读史方舆纪要》引丘氏语云：“山体阳而用阴，用阴故静而能深。天下之幽奇险奥，莫过于山也。水体阴而用阳，用阳故动而多变。天下之纵横恣肆，莫甚于水也。”（《读史方舆纪要·凡例》，中华书局2005年版）

赋予了丰富的生命美学内涵，也就是说，“文体”的先天基因中就已经饱含着生命之义。

小篆“体”字

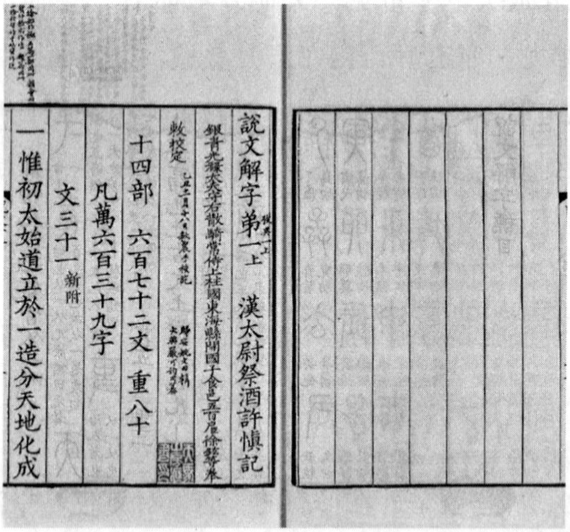

（汉）许慎《说文解字》

由于“文”、“体”二字意义之丰富与泛化，故“文体”一词在产生伊始也并非专指“文章之体”，而是指“文雅之体”，如贾谊《新书》卷八《道术》篇云：“动有文体谓之礼，反礼为滥。”阎振益、钟夏注引《容经》篇曰：“有仪而可象谓之文。”①此处的“文体”一词的含义实际上是“文”与“体”二字意义的叠加，即将“文”的“文饰”之义与“体”的“体

① 阎振益、钟夏校注：《新书校注》，中华书局2000年版，第304、313页。

态”之义相结合，指人的仪态文雅合于礼节。① 但到了东汉时期，“文体”开始被用来指称“文章之体”，如东汉卢植《郦文胜诔》云：“自龀未成童，著书十余箱。文体思奥，烂有文章，箴缕百家。”所谓“文体思奥，烂有文章”，当是形容郦炎(字文胜)的文章风格，兼具思想与文采之美，已经涉及文体学的范畴。从贾谊到卢植，文体的意思经历了一个由指称人到指称文的转变，这似乎暗示了人体与文体之间的生命共通和同构。到了六朝时期，这种共通与同构就得到了充分的发挥，出现了大量以人体喻文体的文体理论。

第一节　中国古代文体学“生命化批评”现象略述

六朝向来被称为“文学自觉的时代”，而这一时期产生的大量文体研究理论与成果，使得我们更有理由将其称为“文体自觉的时代”。六朝的文体批评最大的特色之一，就是“生命化批评”，② 即以生命之体来比类文体，并将生命美学引入文体的批评标准和思维之中，在批评过程中强调直觉顿悟和整体把握，在批评标准上有“形神相合”的倾向，并强调文体的“有机整体性”，以生命之美为文体之美，以生命之病为文体之病。这种例子俯拾皆是，如《典论·论文》之“文气说”，以生命之气息灌注于文体之中，使文之体成为生气充盈之机体的同时，也将生命美学引入到文体批评当中，故有“徐干时有齐气”、“孔融体气高妙”之评。《抱朴子》外篇《辞义》：“属笔之家，亦各有病……其浅者，则患乎妍而无据，证援不给，皮肤鲜泽而骨骾迥弱也。”《颜氏家训·文章》

---

① 与贾氏同时的孔臧《与侍中从弟安国书》论孔壁古文《尚书》道：“顾唯世移，名制改变，文体义类，转益难知。”(严可均：《全汉文》卷三十)此处的“文体”当是“字体”之意，意谓古文《尚书》之蝌蚪字体，经历几世，到了汉代已经难以识别。与文章之体的意思差别较大。

② 生命化的批评方式，其源头也许可以追溯到《诗经》，如《大雅·烝民》云：“吉甫作诵，穆如清风。”既可说是文体风格之滥觞，亦发文体批评“生命化”之轫。

则将文体与人体进行全面的比拟："文章当以理致为心肾，气调为筋骨，事义为皮肤，华丽为冠冕。"使文体的生命化显得更加具象和生动。而在今天我们仍能看到的六朝文论著作中，最为典型地体现了这一特色的是《文心雕龙》和《诗品》。

一、生命化批评的特征

这两部著作首先就批评中所使用的生命之喻体而言，呈现出非常多样化的面貌：

有以人体为喻者，如："夫才童学文，宜正体制：必以情志为神明，事义为骨髓，辞采为肌肤，宫商为声气。"(《文心雕龙·附会》)"骨气奇高，词采华茂。"(《诗品》评曹植)"才高词赡，举体华美。"(《诗品》评陆机)

有以动物之体为喻者，如："若风骨乏采，则鸷集翰林，采乏风骨，则雉窜文囿：唯藻耀而高翔，固文笔之鸣凤也。"(《文心雕龙·风骨》)"翩翩然如翔禽之有羽毛。"(《诗品》引李充《翰林论》评潘岳)

有以植物之体为喻者，如："至根柢盘深，枝叶峻茂，辞约而旨丰，事近而喻远。"(《文心雕龙·宗经》)"故论文之方，譬诸草木，根干丽土而同性，臭味晞阳而异品矣。"(《文心雕龙·通变》)"譬犹青松之拔灌木，白玉之映尘沙。"(《诗品》评谢灵运)"点缀映媚，似落华依草。"(《诗品》评丘迟)

有混合为喻者，如："夫水性虚而沦漪结，木体实而花萼振，文附质也。虎豹无文，则鞹同犬羊，犀兕有皮，而色资丹漆，质待文也。"(《文心雕龙·情采》)

就批评的倾向性而言，也表现出强烈的生命本体意识，并具体再现在"重神"、"尚悟"、"求新"三个方面。

就"重神"而言，刘勰和钟嵘都将文体视作生命之体，并强调"形神相合"，如："辞为肌肤，志实骨髓。"(《文心雕龙·体性》)"辞之待骨，如体之树骸；情之含风，犹形之包气。"(《文心雕龙·风骨》)"怨深文

绮。”(《诗品》评班婕妤)“骨气奇高，词采华茂，情兼雅怨，体被文质。”(《诗品》评曹植)

就“尚悟”而言，他们将生命体的“有机整体性”特征附于文体之上，认为文体是一个不可分割的“整体”，因此在文体的认知和批评过程中，也应从整体上去把握文体，较少使用摘字寻句、分章裂节的分析方法。同时，因为强调从整体上把握文体，又导致他们(尤其是钟嵘)更倾向于感性的“感悟”，而非理性的“解析”去领略文体之“神”。

就“求新”而言，他们还将生命体“运动”、“新陈代谢”的特征附于文体之上，认为文体亦是一个运动发展的生命之体，并强调文体的创新，如刘勰在《文心雕龙》中专辟《通变》一章，详细论述文体求变、求新的道理，所谓“设文之体有常，变文之数无方”；钟嵘在《诗品》中高度赞赏郭璞对于五言诗体风格的创新，称其“用俊上之才，变创其体”，“始变永嘉平淡之体，故称中兴第一”。评谢灵运亦道：“然名章迥句，处处间起；丽典新声，络绎奔会。”

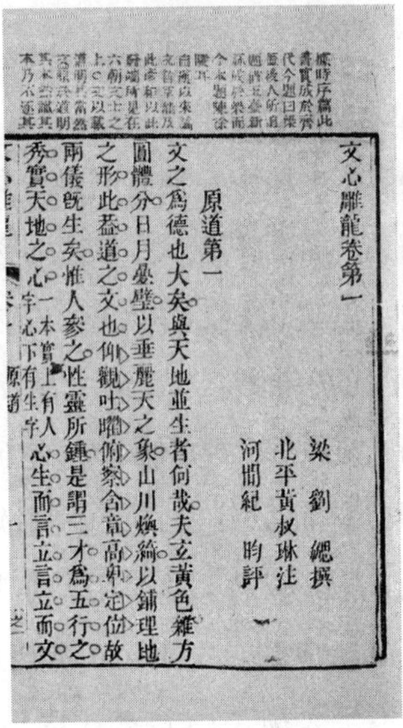
文心雕龍卷第一
梁 劉勰撰
北平黃叔琳注
河間紀 昀評
原道第一
文之爲德也大矣與天地並生者何哉夫玄黃色雜方圓體分日月疊璧以垂麗天之象山川煥綺以鋪理地之形此蓋道之文也仰觀吐曜俯察含章高卑定位故兩儀既生矣惟人參之性靈所鍾是謂三才爲五行之秀實天地之心(一本實上有人字心下有生字)心生而言立言立而文

(梁)刘勰《文心雕龙》

二、生命化批评的影响

这种“生命化批评”对后世的文体批评产生了巨大的影响，而尤以人体比拟文体的批评方式最为突出，成为中国传统文体批评的一大特色，这样的例子有很多，如旧题白居易的《金针诗格》云：“诗有三体：有窍、有骨、有髓，以声律为窍，以物象为骨，以意格为髓。”唐人徐寅《雅道机要》：“体者，诗之象，如人之体象，须使形神丰备，不露风骨，斯为妙手矣。”皎然《诗式·诗有四不》有“才赡而不疏，疏则损于筋脉”之句。题为贾岛所作《二南密旨》曰：“诗体若人之有身，人生世间，禀一元相而成体，中间或风姿峭拔，盖人伦之难，体以象显。”宋人李廌《答赵士舞德茂宣义论弘词书》：“凡文之不可无者有四：一曰体，二曰志，三曰气，四曰韵。……文章之无体，譬之无耳目口鼻，不能成人。文章之无志，譬之虽有耳目口鼻，而不知视听臭味之所能，若土木偶人，形质皆具而无所用之。文章之无气，虽知视听臭味，而血气不充内，手足不卫于外，若庵庵病人，支离憔悴，生意消削。文章之无韵，譬之壮夫，其躯干枵然，骨强气盛，而神色昏瞢，言动凡浊，则庸俗鄙人而已。”（《济南集》卷八）吴沆《环溪诗话》云：“诗有肌肤，有血脉，有骨骼，有精神。”姜夔：“大凡诗，自有气象、体面、血脉、韵度。气象欲其浑厚，其失也俗；体面欲其宏大，其失也狂；血脉欲其贯穿，其失也露；韵度欲其飘逸，其失也轻。作大篇尤当布置，首尾停匀，腰腹肥满。”（《白石诗说》）元代杨维桢：“评诗之品无异人品也。人有面目骨体，有情性神气；诗之丑好高下亦然。”（《赵氏诗录序》）杨载：“凡作诗者，气象欲其深厚，体面欲其宏阔，血脉欲其贯串，风度欲其飘逸，音韵欲其铿锵。”（《诗法家数》）明人沈承亦有“文之有体，即犹人之有体”之喻。（《文体》）胡应麟：“肉不可使胜骨，而骨又不可太露。辞不可使胜气，而气又不可太扬。”（《诗薮·内编》）王铎曰：“文有神、有魂、有魄、有窍、有脉、有筋、有腠理、有骨、有髓。”（《文凡》）等，不胜枚举。① 值得一提的是，这些例子中不仅将人体比拟文体，而且均以人体之美喻文体之美，以人体之丑喻文体之丑。

此外，中国文论的批评术语中也充满了以生命之体，或人体比类文体的例子，如“神韵”、“气韵”、“气格”、“气魄”、“气脉”、“骨力”、“骨鲠”、“骨肉”、“体貌”、“法眼”、“文心”等，这些术语中也饱蕴着生命美学思想。

第二节　梳理、溯源、比较、断代：前贤研究此问题的角度

钱锺书将这种以生命之体或人体比拟文体的作法归结为：“把文章通盘的人化或生命化”，钱先生将中国文学批评的做法与西方做一比较后，认为其异有四：

首先，西方以人体比拟文体的做法，只是偶然情况，并未成为其文论的传统，且这种比拟“只是一种显喻”，即内在的意识里还是将人体与文体截然分为二元，而“在我们的文评里，文跟人无分彼此，混同一气，达到《庄子·齐物论》所谓‘类与不类，相与为类，则与彼无以异’的境界”。其次，中国传统文体的批评中，将文体与所承载的内容、思想融为一体，也就是将作者的情志与文体合为一体，而西人则是以情志为骨髓，以文体为皮毛。再次，“我们把论文当作看人，便无须像西洋人把文章割裂成内容外表。我们论人论文所谓气息凡俗、神清韵淡，都是从风度或风格上看出来。西洋论文，有了人体模型，还缺乏心灵生命”。最后，“我们所谓气……所指是气息，西洋人所指是气压（笔者

---

① 还有一种比较特殊的情况，即暗喻与明喻相结合的方法，即以众人体暗喻文体，又以物体明喻人体。如胡应麟云：“诗之筋骨，犹木之根干也；肌肉，犹枝叶也；色泽神韵，犹花蕊也。”（《诗薮·外编》卷五）即是以人体之筋骨、肌肉、色泽、神韵暗喻诗体之语体、体格、风格等诸项，同时又以花之根干、枝叶、花蕊明喻人体之诸项。

按，气压即指气氛。钱氏举哈代小说为例，指出其小说的气压沉闷。）气息是流动在人身内的节奏，譬如说六朝人文讲究‘潜气内转’。气压是物理界的譬喻，气息是生命界的譬喻；一个是外察(extravert)，一个是内省(introvert)。”①这四种差异中，最为重要的即是第一种，即中国文体批评将文与人的同化，从而形成了文、人的生命共感与同构，使得文、人之间可以进行自由的交流，这也是中国文体批评思维的基础，在此之上，才有了后三种差异，因此可以将后三种差异理解成为第一种的补充说明和深入阐释。

一、梳理、溯源式研究

自钱先生肇端以来，中国有部分学者亦认识到此问题并从不同角度展开论述。有学者从原因、特征和影响等方面对生命化批评进行全面的梳理，如吴承学的《生命之喻——论中国古代关于文学艺术人化的批评》一文，将中国文体批评中“生命之喻”产生的原因，归结为六朝人物品评及相术对文学评论的影响，同时认为，由于中国美学素来推崇生命之美，亦使批评家将文体比拟于人体，从而使其获得与人体相类的动态的有机整体性。吴氏指出，将生命之体比拟文体，使得文体具备了两个特征：“多层次的有机整体”和“层进的动态结构”，并对后世的文体批评方式和标准都产生了深远的影响。②

有学者从文化人类学和美学角度切入，试图找到这种批评方式的审美意识学之源。如李建中认为，传统文论的生命化、人格化特征及其语言风格的诗意化，来源于原始人类的思维方式，即诗性隐喻的以己度物，诗性逻辑的想象性类概念，诗性文字的以象见义、象形会意。并进一步指出，理解和吸收这种“诗性特征”是实现传统文论当代转换的关

---

① 钱锺书：《中国固有的文学批评的一个特点》，引自《钱锺书集·人生边上的边上》，三联书店2002年版，第119-130页。

② 参看吴承学：《生命之喻——论中国古代关于文学艺术人化的批评》，《文学评论》1994年第1期。

键所在。① 韩湖初认为，人类最初的审美意识来自于对自身的观照，并辐射到一切的审美活动当中，文体批评自然也不例外。韩氏以《文心雕龙》为例，试图说明“把化生万物的生命（及其运动）和美看成是宇宙的本性”，是刘勰美学思想的核心，因为将宇宙万物均视为生命有机体，因此作为其中一员的文体自然亦是生命有机体。②

有学者则将视野集中于生命化批评的特征分析及其发展历程的梳理，如张家梅对中国传统文论的“人化”批评进行分析，③ 指出其具有审美经验的完整性和模糊性的传达，调动读者艺术想象的建构性等特征，开拓了人的生命内部审美时空，并凭此观照外部时空的审美，形成华夏美学天、地、人三才统一的整体审美格局。其后她又撰文对“人化”历程进行了梳理，画出了一条“由个体的同构—同形—同态—同质—同气向群体的社会关系设喻渐进”的路线图，揭示出文体批评中“人化”层次不断深化，由“拟物”升级到“拟境”的过程。④ 吴果中将生命之体比拟文体的方式称为“象喻批评”，并从“人的生命之喻”、“自然物象之喻”、“禅喻”三个方面进行了分析。⑤ 姚爱斌通过对中国传统文学“自觉”历史的分析，指出“汉末魏晋”作为“文体的自觉期”，其特色之一就是“生命化批评”，其意义在于“这些充满生命性的概念，一方面更具体地展现了文章的生命构成与特征，另一方面又表明了文体论与当时勃兴的个体生命的自觉意识关系密切——文体的自觉乃是汉末魏晋个

① 参看李建中：《辨体明性：关于古代文论诗性特质的现代思考》，《华中师范大学学报》2001 年第 2 期；《原始思维与中国古代文论的诗性特征》，《文艺研究》2002 年第 4 期；《反（返）者道之动——古代文论研究的文化人类学视野》，《文学评论》2004 年第 4 期。

② 参看韩湖初：《生命之喻探源——对一个中、西共同的美学命题的认识与思考》，《文学评论》1995 年第 3 期；《略论〈文心雕龙〉的生命美学思想》，《华南师范大学学报》1999 年第 1 期。

③ “人化”批评实即生命化批评之一种。

④ 参看张家梅：《人化批评的民族特色与审美价值》，《佛山大学学报》1997 年第 1 期；《人化批评发展的历史脉络与表现形态》，《暨南学报》2000 年第 1 期。

⑤ 吴果中：《象喻批评的理性分析》，《中国文学研究》2002 年第 1 期。

体生命自觉的文化土壤上结出的一颗文论之果”。①

二、比较、断代式研究

亦有学者从中西比较角度出发对其进行研究，如邓红梅提出中国文论的“生命化批评”不同于西方文论注重理论建构和逻辑层次，更注重对文学现象及规律的整体性把握，反映了传统思维方式对其的巨大影响。② 而李有光等人，则将焦点对准一个范畴，如“心化批评”，认为“心”是中国文论的核心范畴，对中国美学的认识应该由“人化批评”上升到“心化批评”，“心化批评”典型体现了中国文论重内在、重表现的特征，并提出“心化批评”的现代转化将有助于中国文论界摆脱“失语症”③。

有些学者对生命化批评进行断代研究，如朱忠元、刘朝霞通过“气”、“味”、“风骨”等审美范畴，探讨了魏晋才性观和生命化批评的关系，认为生命化批评的昌盛是魏晋才性观进入文学领域的结果。④ 肖占鹏、刘伟将唐代文学批评的生命化特征总结为“人体之喻”、“精气之喻”和“人文化成”三个方面，并进一步指出唐代生命化批评体现了文学创作者在时代精神的鼓舞下，主体意识的充分觉醒和对自身生命价值的高度肯定，反映了唐代文人追求生命永恒、人文同构的审美倾向和批评理念。⑤

---

① 姚爱斌：《文学的自觉抑或文体的自觉——文体论视野中的汉末魏晋文学观》，《文化与诗学》2009 年第 1 期。

② 邓红梅：《另眼相看中国传统文论——兼与〈马眼中的骆驼〉商榷》，《山东师大学报》2000 年第 3 期。

③ 李有光：《心生而言立言立而文明——论“心”在中国文论和文论中的地位及其现代转化价值》，《开封大学学报》2008 年第 1 期。

④ 朱忠元、刘朝霞：《魏晋才性观与人化批评》，《甘肃社会科学》2002 年第 5 期。

⑤ 肖占鹏、刘伟：《唐代文论中生命化批评的人文意蕴》，《文学遗产》2009 年第 6 期。

纵观这些学者的研究，一是角度多样化，既有从特征分析入手者，也有从思维溯源切入者；二是手段多元化，既有通过搜集大量原始材料进行论证者，亦有借助文体人类学、美学等“他山之石”以攻其玉者；三是问题的细致化，从开始的全面整理，到后来就一个范畴、一个时代的探讨，这些都使得“生命化批评”的研究不断走向深入。本书认为，在前辈学者研究的基础上，还有一些问题没有得到解答，例如，在各种文明的最初阶段都有原始思维的特征，为何只有中国产生保持了这一思维特征，并发展出文体学中的生命化批评，又比如在中国传统文体学的实践和理论形态中，生命化批评具体表现在哪些方面、有何特征，等等，这些问题都有进一步探讨的必要。

第二章　言说成体：文体学生命本体意识的成因

"生命化批评"，在形式上表现为以人体或动植、山川之体比拟文体，并以生命体的方式和标准来把握和衡量文体，而实质上是将万物之体的生命力灌注于文体之中，从而使文体与人类或动植物、山川一样具有鲜活的生命力，因此其形式上虽表现为比拟，实质上则是将文体与其他生命体同化、同构，使两者之间形成生命的共感、互通，"生命化批评"体现的是文体学的生命本体意识。中国传统文体学这种生命本体意识的形成，就其间接原因而言，是受到了诗性思维和传统生命美学传统的影响；就其直接原因而言，是受到了中国文艺批评泛生命化传统，以及中国文论为生命言说传统的影响。

第一节　思维—文字—文体：诗性思维的影响

一、"诗性思维"的概念

"诗性思维"一词，最早由意大利学者杨巴蒂斯塔·维柯提出，所谓诗性智慧，指原始人类思考和认识世界的思维方式，它的两个最大特征就是"以己度物"和"想象性类概念"。所谓"以己度物"，如维柯所说就是"人们在认识不到产生事物的自然原因，而且也不能拿同类事物进行类比来说明这些原因时，人们就把自己的本性移加到那些事物上去，例如俗话说：‘磁石爱铁’”。① 对于原始人类来说，最熟悉、了解最深的莫过于他们自己，因此他们在认识事物时，习惯性地把以自己作为参照物，将自身的生命力投射于(有生命的或无生命的)对象物之上，使其“人化”，从而在思维层面达成与对象物的共通、互感，并据此对对象物进行解释。这种思维方式遗留到传统的文体批评中，从而使文体批评习惯性地拿人体来比拟文体，把人的生命气息灌注到文体之中，并以生命化的眼光和方式来看待、衡量文体。“文体”这个说法本身就带有诗性思维的特征，以生命之体来比类文学的结构之体，而这种比类不仅只是外在形式层面的比附，更包含着多层次的生命隐喻，以生命之体内的生命力来比类文学之体内的精神、风格等，即将文学之体作为一个完全的生命体来看待。关于这一点，可以从“文气”、“诗魄”、“风骨”一类的称法上得到印证。

维柯肖像

中文版《新科学》

所谓“想象性类概念”，是一种形象化的归类方法。由于原始人类

① ［意］维柯著，朱光潜译：《新科学》，商务印书馆1986年版，第97页。

抽象思维相对欠发达，无法用纯抽象的方式对事物进行归类，因而往往通过联想和想象的方式，用具体的事物来统驭抽象的概念。这种方式在传统的文体批评中也很常见，如清代诗论家翁方纲提出的“肌理”说，以人的肌肤及纹理，① 联想到诗歌的表现形式；由肌理的紧实联想到诗歌字句、章节之间的衔接、过渡；又由肌理与骨肉的相连关系，联想到诗歌含蕴与内容的充实问题。因此一系列抽象化的诗歌概念，形式、字句、章节、含蕴、内容，等等，都归入肌理说的名下。

如上文所述，已经有部分学者注意到原始思维对于“生命化批评”的重要用途，如李建中、韩湖初、张家梅等，但问题在于如果说原始思维是世界各民族在产生之初都曾具有的话，为何只在中国开出“生命化批评”的奇葩？原始思维的诗性特征为何在中国的传统文论中没有被抛弃，反而在传承中被发扬光大？关键在于找出是什么将原始思维与中国传统文论衔接在一起，通过文化史的梳理，可以发现“汉字”在其中扮演了重要的角色。

二、作为传承者的汉字

汉字是以象形为基础结构方式的文字，这种通过观天地、鸟兽之文，“近取诸身，远取诸物”而创造出来的文字，典型反映了原始思维的“以己度物”和“想象性类概念”特征。

汉字“以己度物”表现在将文字生命化，并形成了诸多巫术与禁忌。象形文字，最初多是依天地万物的原有造型，以简约的图像化方式比拟而造出，而当原始人照着对象物的样子将字写出的时候，他们认为对象物的灵魂亦进入到了文字之中。巫术中的射偶人，即是将所要诅咒的对象的名字及生辰八字写在人偶之上，以针刺之，便可达到诅咒的目的。

---

① 翁方纲云：“格调、神韵皆无可着手者也，予故不得不近而指之曰‘肌理’。少陵曰：‘肌理细腻骨肉匀。’此盖系于骨肉之间，而审乎人与天之合。”（《仿同学一首为乐生别》引自《复初斋文集》卷十八）可见“肌理”一词，本自杜甫《丽人行》中的诗句“肌理细腻骨肉匀”，本指长安贵妇之皮肤。

这种巫术在中国历史中很常见，如汉武一朝，就多次发生类似事件。①值得注意的是，人偶之所以具有“魔力”，往往是由于其上写有象征受诅人的名字及其生辰八字。② 在施巫人看来，写上名字，就等于将受诅人的灵魂注入到了人偶之中，文字在此处实际上被生命化了，它代表了受诅人生命的存在。文字既然有如此大的力量，人们使用文字自然就成了一件非常谨慎和严肃的事，并形成了很多文化禁忌和规则，如中国传统文化中，在书写和说话时要回避君父的名字；有些字词只有君王才可以使用；书写时碰到与皇帝、尊长相关的词，都要另起一行顶头书写；写公文或信札等时，对自己的称谓，如“臣”、“弟”等要缩小字型；写有文字的纸不可以随便丢弃、践踏，或与其他杂物混杂，而必须放入字纸篓，专门收集后焚烧成灰，并出现了专门焚字纸的“惜字塔”，敬惜字纸甚至有了法律保障，如清朝就有大量的《惜字律》，等等。列维-布留尔也举例说，马来群岛的土人在谈到帝王时，有许多禁忌，如帝王的饮食起居，都不能用普通的马来语表示，而有专门名词。③ 现在看来，这样的文字禁忌似乎更主要是一种礼仪文化和等级制度的体现，但是这种礼仪和等级的背后，实质上还是将文字视作了与人同等和相关联的生命体。

文字中的“想象性类概念”，主要表现在造字过程中，以一个字根为基础，以联想和想象的方式将与其相类似的抽象概念集中于这一字根之下。如“水”，本是液体的一种总称，随之而造的字应该都与液体相关，如江、河、湖、海，但是人们根据水的特性、状态展开联想，造出了很多与液体没有直接关系、表达抽象概念的文字，如汒（旷远不清

---

① 汉武一朝有明文记载就有两次，一次是卫太子巫蛊案，见《汉书·武五子传》、《汉书·蒯伍江息夫传》；一次是陈皇后媚道案，见《汉书·外戚传上》。

② 实行射偶术者，有时也将木偶刻成或装扮成受诅者形象，以起到诅咒的目的，如《史记·酷吏列传》中匈奴射郅都人偶事。

③ ［法］列维-布留尔著，丁由译：《原始思维》，商务印书馆 1997 年版，第 172 页。

惜字塔，亦称焚字库、焚纸楼

义）、汩（治理疏通义）、沕（潜藏貌）、泄（发散义）、泯（尽灭义）、沮（阻止义）、泠（轻妙貌）、泊（静默淡泊义）、洊（重、再义）、活（生存义）、洽（沾润义）、浡（兴起貌）、浃（周遍义）、消（消失义）、浩（大义）、凉（薄、寒义）、淡（味薄义）、浼（玷污义）、温（温暖义）、湫（低下义）、溘（忽然义），等等。这些字因为所表达的意思与水的某一种特性或状态相符，而被比附于水，从而获得了极为形象生动的表达，人们在认识这个字的同时，也将这个字所包含的意义用图像和画面的方式在脑中呈现出来。①

---

① 值得一提的是，在结字方式上，除了“想象性类概念”，还存在着一种与其相反的思维，即从一个字根分解出若干个相关字。列维-布留尔将其称为“心象——概念”理论，他认为原始思维的表达方式往往是以具体、个别的心中之形象代替（而非概括）抽象、一般的概念。他以北美印第安人的语言为例，在这些原始部落的语言中，一般性的器官，如眼睛、手、脚等没有专门的词来表示，表示这些器官的词永远是并入或附加在表示所有者的代词中来使用，如我的手、你的眼睛、他的足等。类似的例子在汉字中也很常见，如同属于马，以颜色可分为馵（左路白色的马）、駂（黑白杂毛的马）、駓（毛色黄白相杂的马）、骆（白身黑鬃的马）、馰（面额白色的马）、騆（青黑色的马）、骐（有青黑色花纹的马），以动作可分为駸（马疾行）、驻（车马停住）、駊（马摇头）、駤（马止不前）、以状态可分为馯（马凶悍貌）、驯（马顺服貌）、骇（马受惊貌）、騤（马行雄壮貌）等。

原始思维中的诗性智慧通过造字的方式，融入到汉字中来，而且随着文字的定型，这种思维方式和表达方式亦随之在汉字中沉淀下来，成为汉字所内蕴的思想，并潜移默化地传递给后代，只要汉字是一种活的文字，这种思维就会随着汉字一直传承下去。正如葛兆光所说，“语言文字是把面前这个世界呈现给我们看的一套话语系统，每一种语言和文字都以一种既定的方式来描述和划分宇宙，使生活在这套话语中的人在学会语言文字时就自然地接受了它所呈现的世界。……以象形为基础的汉字长期地延续使用，使中国人的思想世界始终不曾与事实世界的具体形象分离，思维中的运算、推理、判断始终不是一套纯粹而抽象的符号，中国文明的连续意味恰好就在这里。我们不妨看一看几千年的中国，对于文字似乎总有一种神秘和崇敬的态度，从文字象形中进行训诂，到由文字象形进行联想式的意义解释，从借用文字象形而构造神秘图符，到由文字的形状构造来预测吉凶，在‘大传统’和‘小传统’中，文字对思想的影响处处可见”。① 虽然汉字随着中华文化的发展，经历了几次大的变革，有些字形、字义已经消失，但是汉字的文化之根从未断绝，从最初的蝌蚪文、籀文，到小篆、汉隶、魏楷，直至今日之简化字，汉字家族一直血脉相连。维柯说：“一个古代民族的语言如果在它的发展期自始至终都保持住统治，它就会是一个重大的见证，使我们可以认识到世界早期的习俗。”②作为一颗活化石，汉字不仅见证了远古祖先如何用心灵去感受万物，如何用生命的方式去诠释万物，如何用形象化的方式去描绘万物，更为重要的是，她是一位传承者，将这种古老的诗性智慧涵蕴于端正的字体，传给一代代中国人。当批评家还是蒙童时，便开始在咿呀学语中受到汉字中诗性思维的洗礼，诗性思维以润物无声的方式，悄然植根于批评家的心中，并在他的批评实践中充分呈现，于是不仅中国文学充满了诗情画意，中国的文体批评亦展现出

---

① 葛兆光：《中国思想史》(第一卷)，复旦大学出版社 2001 年版，第 42-43 页。

② [意]维柯著，朱光潜译：《新科学》，商务印书馆 1986 年版，第 106 页。

独有的意象之美和生命之美。简言之，生命化批评的形成历程，可以总结为一条由诗性思维遗留到文字，再经由文字传承给文体批评的道路。

相较于中国的象形文字，印欧语系的各种文字“由于概念的和抽象思维的进步，使得早先用于表现比较具体的思维的描写材料减缩了。……日益增长着的概念的一般性引导着这些单独的形式逐渐失去了那种在它们同时是和主要是心象、图画和声音手势的时候可以作为它们的特征的准确性，因而许多词不用了或者彻底消失了”。① 文字的拼音化也在思维上对西方世界产生了巨大的影响，形成了重逻辑、思辨的思维方式，在西方的文体理论中，我们看到更多的是严密的体系建构和逻辑推演，但却无法感受到诗性智慧的灵动形象和勃勃生机。

第二节 对生命之美的特别推崇：美学传统的影响

潘知常认为：“美学必须以人类自身生命活动作为自己的现代视界，换言之，美学倘不在人类自身的生命活动的地基上重新建构自身，它就永远是无根的美学，冷冰冰的美学。”②如果以潘氏的理论视角来审视中国的古典美学，会发现它是充满了“温情”和“人性”的美学，其最大的特征之一就是对生命之美的特别推崇。造成这一特征的原因在于中国哲学本身就是生命哲学，如宗白华所言：“中国哲学是就‘生命本身’体悟‘道’的节奏。”而所谓道，“就是这宇宙最幽深最玄远却又弥纶万物的生命本体”。③ 以生命本身体悟生命本体为基本特征的中国哲学，其发展出来的美学，自然也是以体悟、张扬生命之美为根本。

---

① ［法］列维-布留尔著，丁由译：《原始思维》，商务印书馆 1997 年版，第 169 页。

② 潘知常：《生命美学》，河南人民出版社 1991 年版，第 2 页。

③ 宗白华：《宗白华全集》第 1 卷，安徽教育出版社 1994 年版，第 563 页。

一、道家的生命美学思想

对生命之美的崇尚遍布于诸家的思想之中。如《老子》的中心概念“道”便具有强烈的生命美学特征，如“道生一，一生二，二生三，三生万物，万物负阴而抱阳，冲气以为和”。(《第四十二章》)“道冲，而用之或不盈。渊兮，似万物之宗”。(《第四章》)“有物混成，先天地生。寂兮寥兮，独立而不改，周行而不殆，可以为天下母。吾不知其名，字之曰道，强为之名曰大。”(《第二十五章》)在这些论述中，关于道的本体性言说总是与道的生命本原性言说联系在一起，这正是因为道的本体地位，是以其生命本原性为基础的。而最为典型的关于“道”作为生命本原性的言说是“谷神不死，是谓玄牝。玄牝之门，是谓天地根。绵绵若存，用之不勤”。朱谦之引俞樾之言道：“《诗正义》引孙炎曰：‘谷之言谷，谷，生也，生亦养也。’”又道：“《诗·小弁篇》、《蓼莪篇》、《四月篇》并云：‘民莫不谷。’毛传并云：‘谷，养也。’”①高亨认为：“道能生天地养万物，故曰谷神。不死言其长在也。”②谷神是对道的人格化和形象化表述，谷神实际上就是生命之神。③ 徐梵澄曰：“此‘玄牝’或谓‘阴’，谓之曰‘谷神’。推至远古，则生殖崇拜也。”④正是因为“道”(谷神)的永恒存在，才使得生命之门得以永远敞开。除了将“道”作为生命本源，《老子》关于道之特征的描述也充满了生命美学意味，“载营魄抱一，能无离乎？专气致柔，能婴儿乎？涤除玄览，能无疵乎”？(《第十章》)“人之生也柔弱，其死也坚强；草木之生柔脆，其死

① 朱谦之：《老子校释》，中华书局1984年版，第26页。

② 高亨：《老子正诂》，中华书局1959年版，第22页。

③ 朱谦之认为谷、神当是二字，不可连读，其引司马光之言曰：“中虚故曰谷，不测故曰神，天地有穷而道无穷，故曰不死。”又引严复之言道：“以其虚，故曰谷；以其因应无穷，故称神；以其不屈愈出，故曰不死。三者皆道之德也。”。则是将谷、神二字由具象的人格化神祇变为了对道的抽象化描述，但其作为宇宙生命之源的意义并未改变。

④ 徐梵澄：《老子臆解》，中华书局1988年版，第9页。

老子像

也枯槁。故坚强者死之徒，柔弱者生之徒。”(《第七十六章》)“周行不殆”。(第二十五章)以生命体的柔弱、纯净、运动来比拟道之特征，一方面是为了说明道具有“虚净”、“无为”、“运动”的内涵，另一方面也暗示了道是一个生命力充盈的概念。

二、儒家的生命美学思想

作为儒家经典之一的《周易》也充满了生命美学的精神，这首先表现在《周易》的生殖崇拜思想上。生殖崇拜其实质就是对生命之力和生命之美的崇拜，《周易》的“阴阳”二爻以及由此组成的诸卦，就是生殖崇拜的符号。钱玄同认为：“原始的《易》卦，是生殖器崇拜时代底东西；‘乾’、‘坤’二卦即是两性底生殖器底记号。”①郭沫若亦道：“八卦的根柢我们很鲜明地可以看出是古代生殖器崇拜的孑遗。画一以象男根，分而为二以象女阴，所以由此而演出男女、父母、阴阳、刚柔、天

① 钱玄同：《答顾颉刚先生书》，摘自顾颉刚：《古史辨》第1册，上海古籍出版社1982年版，第77页。

地的观念。"①《周易》的生命美学思想还体现为对生命内涵的深刻阐释上，纵观《周易》的整个体系，就是试图通过简易之生命形式(阴、阳二爻)，讲变易之生命状态(生生不息)，揭示不易之生命规律(阴阳合和化生万物)。作为《周易》思想的总论性文章，《系辞》对于《周易》的生命美学思想多有发挥，如："乾道成男，坤道成女。乾知大始，坤作成物。"(《系辞上》)孔疏云："道谓自然而生，故乾得自然而为男，坤得自然而成女。必云成者有故，以乾因阴而得成男，坤因阳而得成女，故云成也。……乾是天阳之气，万物皆始于此气……坤是地阴之形，坤能造作以成物也。"②只有阴阳合和才能化生万物，因此阴、阳的单独存在是无意义的。孔疏解读的重要性在于揭示了即使是乾、坤这样的至阳、至阴之卦，也包含着合和的生命启示，所谓"乾因阴而得成男，坤因阳而得成女"。"一阴一阳之谓道，……生生之谓易。"(《系辞上》)王弼注云："阴阳转易，以成化生。"孔疏道："生生，不绝之辞。阴阳变转，后生次于前生，是万物恒生，谓之易也。"③又说"天地之大德曰生"。(《系辞下》)可见，《周易》的主要意义就在于对生命规律和生命精神的阐释和礼赞。

三、佛教的生命美学思想

就连强调"诸行无常"、"诸法无我"的佛学，一旦于中国的哲学思想相碰撞，也会闪现出像禅宗这样关注生命内蕴和追求生命之美的火花。禅宗生命美学思想首先体现在"重生"、"贵人"上，④ 如慧能言："佛是自性作，莫向身外求。自性迷佛即是众生，自性悟众生即是佛。"

---

① 郭沫若：《中国古代社会研究·〈周易〉时代的社会生活》，《郭沫若全集》(历史编第1卷)，人民出版社1982年版，第33页。

② 《十三经注疏·周易正义》，北京大学出版社1999年版，第259页。

③ 《十三经注疏·周易正义》，北京大学出版社1999年版，第271页。

④ 皮朝纲：《禅宗美学的独特性质、人生意蕴及其当代启示》，《西南民族学院学报》2001年第1期。

(《坛经》)洪州宗的创始人马祖道一启发弟子要发现“自家宝藏”,① 长庆大安禅师认为每个人自身就是“无价大宝”，这些话的重点固然是在强调自悟的重要性，但也透露出佛性的了悟必须建立在物质性生命存在的基础上，如果没有了生命之存在，佛性的了悟就成了无根之水。禅宗的生命美学思想还体现在强调生命的自由解放，禅宗反复强调“一切法皆从心生”，“性含万法是大，万法尽是自性”，“即心见佛”，使得有学者认为“禅宗追求内在超越精神的理论和实践，目的在于使人们从世俗生活烦恼中超脱出来，获得精神的自由和解放”。② 其实，强调自性，不仅使人们摆脱了世俗的生活烦恼，也抛弃了繁琐的清规戒律，从而使生命从物质和精神层面都进入了自由的境界。

作为中国古典美学思想的基本组成因子，生命美学思想自然影响到了文体理论。文体从产生伊始，就与生命有着天然的联系，《文心雕龙·原道》一开头所建构的文与天地的宏大叙事中，就已经阐明与“天地并生”的文，其存在的合法性就在于有文饰万物的作用，而且这种文饰与万物的生命是相联系的，故曰：“形立则章成矣，声发则文生矣。”又道：“言之文也，天地之心哉！”文因为依附于生命之上得以存在，而生命因为文的存在得以彰显，这是从宏观的角度审视文体与生命的关系。从微观角度看，中国传统文体批评中有关文体创新和变革的思想，可算是生命美学影响下的一个典型。《文心雕龙·通变》云：“设文之体有常，变文之数无方……凡诗赋书记，名理相因，此有常之体也；文辞气力，通变则久，此无方之数也。”说的是一体之内通过“文辞气力”的创新，从而形成文体的创新和变化，明代吴讷在《文章辨体·凡例》中

① 大珠慧海初参马祖，为求佛法，马祖曰：“我这里一物也无，求甚么佛法？自家宝藏不顾，抛家散走作么！”大珠不解其意，问：“阿那个是慧海宝藏？”马祖曰：“即今问我者，是汝宝藏。一切具足，更无欠少，使用自在，何假外求？”大珠言下有省，“自识本心”。(《五灯会元·大珠慧海禅师》卷三)

② 肖占鹏、刘伟：《唐代禅宗生命美学探析》，《天津社会科学》2009 年第 5 期。

有云："四六为古文之变，律赋为古赋之变，律诗杂体为古诗之变，词曲为古乐府之变。"①说的是众体之间，因为形文声文的变化，从而形成文体的变革和突破。这些理论正是将文体之变革与生命之运动相对应，生命因为运动得以生生不息，文体也因为创新才能焕发生机活力，运动的停止意味着生命的死亡，创新的停滞也宣告了文体的死亡，正如刘勰在《通变》篇的赞中所说："文律运周，日新其业。变则其久，通则不乏。"中国文体批评中的诸多概念，如文气、气韵、风骨、精神等，无不跟生命美学有关，文体批评中以生命之美为文体之美，以生命之丑为文体之丑的批评标准亦与生命美学有重要关系，凡此种种，无不表明生命美学对文体批评的显著影响。

第三节　艺术理论的泛生命化传统的影响

包括了音乐理论、舞蹈理论、绘画理论、书法理论、诗文理论等多重内涵的中国传统艺术理论向来具有泛生命化的传统。作为广义艺术理论的一个支流，文体理论也受到了这种传统的影响。同时，相对于文学理论的直接影响而言，艺术理论对于文体理论的影响是一种间接影响，可视为一种外在的传统影响。

艺术理论的泛生命化传统，使其往往带有一种形而上的气质，即注重从生命美学的角度揭示批评对象的本质意义，将其与个体、自然与社会之生命气息进行广泛的联系，认为文艺活动的实质就是生命之间的交流、互感。这种传统较早形成并表现在音乐理论中。具体而言，中国音乐理论的泛生命化意识主要通过起源论和功能论两个方面体现出来。

一、音乐起源论的泛生命化意识

就音乐的起源而言，中国的传统乐论有两种观点：一种是将音乐视

① 吴讷：《文章辨体》，人民文学出版社 1962 年版，第 10 页。

作个体生命的产物，一种是将音乐视作自然生命的产物。

将音乐视作个体生命产物是一种典型的中国传统乐论，如《礼记·乐记》云：

> 凡音之起，由人心生也。人心之动，物使之然。感于物而动，故形于声。变成方，谓之音。比音而乐之，及干戚、羽旄，谓之乐。

《乐记》的作者认为，人心本静，物动之而有情，于是形之于声，再按照一定的乐律加以编排，配上伴奏、舞蹈，就成就了一种综合的艺术形式——乐。可见，乐的兴起实是个体生命感发的结果，也正因为个体生命的特殊性，其感发之声亦各有不同，故"其哀心感者，其声噍以杀；其乐心感者，其声啴以缓；其喜心感者，其声发以散；其怒心感者，其声粗以厉……"音乐的制作者，在谱曲的同时，亦将自己的生命气息谱入曲律之中。类似的例子还有《文心雕龙·声律》所说："夫音律所始，本于人声者也。声含宫商，肇自血气。"所谓"肇自血气"，正是说音律来源于人之生命体，是人之血气运行的产物。

将音乐视作自然生命产物的观点在中国传统乐论中发端甚早，且尤为常见。《国语·周语上》便已有"瞽告有协风至"之语，韦昭注曰："瞽，乐太师，知风声者。协和也，风气和，时候至也。立春日，融风。"又有"瞽帅、音官以风土"之语，韦昭注曰："音官，乐官。风土，以音律省土风，风气和则土气养。"乐师(瞽)通过乐律之声能够听出自然之风、气的变化，这虽有些荒诞不经，但是这种观点所包含的思想即是：音乐之声产生于自然，故其于自然之生命气息是相通的。类似的说法还见于《淮南子》当中，如《主术训》："乐生于音，音生于律，律生于风，此声之宗也。"阮籍《乐论》亦云："夫乐者，天地之体、万物之性也。……昔者圣人之作乐也，将以顺天地之体，成万物之性也。故定天地八方之音，以迎阴阳八风之声。"此外，还有从四时与乐律相比附的角度，解释自然与音乐之关系者，如《吕氏春秋·音律》：

> 大圣至理之世，天地之气合而生风，日至则月钟其风，以生十二律。仲冬日短至则生黄钟，季冬生大吕，孟春生太簇，仲春生夹钟，季春生姑洗，孟夏生仲吕，仲夏日长至则生蕤宾，季夏生林钟，孟秋生夷则，仲秋生南吕，季秋生无射，孟冬生应钟。天地之风气正，则十二律定矣。

此处，将四时中的十二旬与音乐的十二律进行一对一的比附，并指出十二律的高低是依据十二旬的长短而定。而中国传统乐论尤其具有特色的是，从阴阳五行角度来解释音乐与自然之关系，这种例子甚多，如：

> 昔黄帝以其缓急，作立五声以政五钟。……五声既调，然后作立五行以正天进，五官以正人位。人与天调，然后天地之美生。（《管子·五行》）
>
> 大师掌六律六同以合阴阳之声，阳声黄钟、太簇、姑洗……阴声大吕、应钟、南吕。（《周礼·春官宗伯》）
>
> 音乐之所由来者远矣，生于度量，本于太一。太一出两仪，两仪出阴阳。阴阳变化，一上一下，合而成章。……形体有处，莫不有声，声出于和，和出于适，先王定乐由此而生。……凡乐，天地之和，阴阳之调也。（《吕氏春秋·大乐》）
>
> 夏多暴风，风者，木之气也，其音角也……秋多霹雳，霹雳者，金气也，其音商也……秋多电，电者，火气也，其音徵也……春夏多暴雨，雨者，水气也，其音羽也……秋多雷，雷者，土气也，其音宫也。（《春秋繁露·五行五事》）
>
> 律历，天所以通五行八正之气，天所以成熟万物也。（《史记·律书》）
>
> 律有十二，阳六为律，阴六为吕。律以统气类物。（《汉书·

律历志》）

为阴阳者，动则有音声。……音声者，即是乐之语谈也。（《太平经》卷一一六）

亦有综合阴阳月历之说而讨论者，如《新书·六术》：

声音之道以六为首，以阴阳之节为度。是故一岁十二月，分而为阴阳，各六月。是以声音之器十二钟，钟当一月，其六钟阴声，六钟阳声，声之术律是而出，故谓之六律。

而将自然与音乐之生命关系阐释得最为全面的，还是《礼记·乐记》，所谓：

乐者，天地之和也。……乐由天作……流而不息，合同而化，而乐兴焉。……地气上齐，天气下降，阴阳相摩，天地相荡，鼓之以雷霆，奋之以风雨，动之以四时，暖之以日月，而百化兴焉。如此，则乐者，天地之和也。

可见，自然不仅将自己的生命形式，即风雨雷电之声、鸟兽鱼虫之鸣都转入音乐之中，更为重要的是将自身生命之精神，即四时有序、万物和谐的精神，亦导入了音乐之中，从而造就了完整的音乐生命。

二、音乐功能论的泛生命化意识

音乐的功能论所包含的泛生命化意识主要体现在两个方面：①

---

① 关于音乐功能的理论，包含着两层内涵，就美学的角度看，认为音乐与社会生活、社会文化紧密相连，因此可以通过“观乐”来了解民风、民俗，即将音乐与人的社会化生命状态相联系；同时还认为音乐之所以具有巨大的感化力量，是因为音乐之声与人之心灵相通。就经学的角度看，认为音乐可以反映民情，可以为统治者提供施政的参考，同时还认为可以利用音乐所具有的巨大感化力量来教化民众。

一种乐能观风，较早也是较经典的以乐观风的记载当属《左传》中有关“季札观乐”的描写。作为一个长期被排斥在核心文化圈之外的吴国的公子，能够通过观乐而知其国属，并进而评价国政，不仅显示出到了春秋晚期，中原文化对于边地的深刻影响，更显示出音乐在观风、观政当中的突出作用。如果说《左传》只是记载了这一现象，而没有相关的理论表达的话，那么到了《淮南子》则进一步体现了理论的自觉。其《主术训》篇云：“乐听其音则知其俗”，已经明确表示从音乐的角度去考察民风、民俗。又阮籍《乐论》亦云：

> 楚、越之风好勇，故其俗轻死；郑、卫之风好淫，故其俗轻荡。轻死，故有蹈水赴火之歌；轻荡，故有桑间濮上之曲。……八方殊风，九州异俗，乖离分背，莫能相通，音异气别，曲节不齐。

虽然阮籍对楚、越、郑、卫之乐的评价不高，但他已经明确地从理论层面说明音乐风格与其地的风俗文化有直接联系。① 另外，嵇康也注意到了这一问题，他在《声无哀乐论》中道：“殊方异俗，歌哭不同，使错而用之，或闻哭欢，或听歌而戚，然其哀乐之怀均也。”民风、民俗，其实质是一种地域文化，而地域文化又是人的生命活动、生命意志与特定的自然环境相结合而形成的物质、精神文化成果，因此可以说，民风、民俗是人的生命活动、生命意志的一种体现。《淮南子》、阮、嵇等认为音乐与民风、民俗之间有着直接的联系，等于说音乐与人的生命之间有着直接的联系，在通过音乐考察不同民风、民众的同时，也是在考察

---

① 阮籍《乐论》虽然也多从观风以观政的实用角度着眼，如批判楚越等地人民因为“好乐”而“弃父子之亲，驰君臣之制，匮室家之礼，废耕农之业，忘终身之乐，崇淫纵之俗”。但具体到此处的论述中，则明显带有从美学角度考察以乐观风的倾向。另外，以乐观风虽早已存在，如季札观乐，《礼记·乐记》亦云：“郑卫之音，乱世之音也，比于慢矣。桑间、濮上之音，亡国之音也，其政散，其民流，诬上行私而不可止也。”但季札、《礼记·乐记》都未从理论上说明音乐与民风的关系，也完全没有从美学角度理解两者的关系。

这些风俗所内蕴的生命精神。

(元)王振鹏《伯牙鼓琴图》

一种是乐能感人。古人很早就注意到音乐对人的感化、教化功能，这大约可以追溯到《尚书·尧典》中帝尧要求夔作乐以教化“胄子”，荀子也说：“乐者，圣王之所乐也，而可以善民心。其感人深”(《荀子·乐论》)。《淮南子·主术训》亦云：“动诸琴瑟，形诸音声，而能使人为之哀乐。”问题在于音乐何以能有如此巨大的感人力量。对此，《礼记·乐记》认为，音乐本来源于人心，是人心感于物的产物，人在发明音乐的同时，也将自身的生命气息谱入了曲律之中，因此音乐与人的心灵天然地相通。如果说《乐记》是从精神层面说明音乐与人之生命间的关系，太史公则从物质层面说明了音乐与人之生命的关系，他将五音与五脏相对应来讨论音乐的感化功能，所谓：

故音乐者，所以动荡血脉，通流精神而和正心也。故宫动脾而和正圣，商动肺而和正义，角动肝而和正仁，徵动心而和正礼，羽动肾而和正智。(《史记·乐书》)

使闻宫音，使人温舒而广大；闻商音，使人方正而好义；闻角音，使人恻隐而爱人；闻徵音，使人乐善而好施；闻羽音，使人整齐而好礼。(《史记·乐书》)

司马迁认为，五脏分别主管着人个性气质的不同方面，五音通过分别对应并感化五脏，从而作用于整个人。这种理论最后虽然也将落脚点放在教化功能的讨论上，但是其论述的过程中，依然表现出突出的生命意识。有学者指出，《乐记》的独到之处之一就在于“更突出‘气’的意义，认为‘天’与‘人’、自然与社会统一于‘气’，而‘气’就是宇宙的生命（‘生气’），乐意的运动就是‘气’的运动，也就是生命的律动（‘动四气之和’），所以音乐来自‘心’，也来自‘天’，体现了人的生命，也体现了宇宙的生命，与社会相通，也与自然相通，找到了天、人、乐相通的内在依据”。① 实际上，除了《乐记》和上文提到的乐论外，传统乐论中体现出生命意识的例子还有很多，如陶潜有“丝不如竹，竹不如肉”之评，认为丝竹之声不如人之歌声，这既是推崇音乐的自然之美，同时，这种自然之美又包含着浓郁的生命意蕴。欧阳修在《书梅圣俞稿后》中道：“凡乐，达天地之和，而与人之气相接，故其疾徐奋动可以感动于心，欢欣恻怆可以察于声。”认为音乐与人之生命气息相连接，故能反映人心之“欢欣恻怆”。李贽在“童心说”的主旨下，强调音乐对人之情性的自然抒发，“盖声色之不来，发于情性，由乎自然，是可以牵合矫强而致乎”？他反对将音乐作为束缚人性的工具，认为音乐应是对人之生命的自由展示。凡此种种皆可见，中国的音乐理论始终抱持着一种生命本体意识。

从早期的“诗言志，歌永言，声依永、律和声。八音克谐，无相夺伦，神人以和”（《尚书·尧典》）到“诗者，乐之苗裔”（欧阳修《〈书梅圣俞稿后〉》）、“诗本为乐而作”（朱熹《答陈体仁》）、“诗者，乐章也”（郑樵《通志》）等诸多言说，无不表明诗歌乃至文学与音乐有着千丝万缕的联系，“文”本身所包含的装饰性意义就囊括了所有的艺术形式，“古之所谓文者，乃诗书礼乐之文，升降进退之容，弦歌雅颂之声”（司马光《答孔文仲司户书》），而且人类学的研究也一再证明世界早期艺术

① 蔡仲德：《中国音乐美学史》，人民音乐出版社2003年版，第353页。

中，诗、乐、舞合一情况的普遍存在，因此，音乐理论中生命本体意识可以说也是文学生命本体意识的另一维度的反映。而这种思想也必然对后世的文学批评，乃至文体批评产生深刻的影响。

第四节 为生命言说的文论传统的影响

“诗言志”被誉为中国诗论“开山的纲领”，诗所言之“志”包括了诗人所怀抱的情义、志趣，所经历的事件、生活，凡是一切在诗人心灵上留下印迹的东西①，都在“志”的范围之内，“志”从精神层面包含了诗人生命的全部。因此，可以说，中国诗论自其产生伊始，就已经埋下了为生命言说的种子。这颗种子随着中国诗论的发展，生根、发芽、开花、结果，终成巍巍大观。

一、为人之生命言说的传统

以儒家思想为代表的，对于人之生命价值的肯定和重视，使得中国传统文论中始终保持着一种为人言说、为生命言说的隐性主旨。《左传·襄公二十四年》所载的“三不朽”论就是典型体现：

> 穆叔如晋。范宣子逆之，问焉，曰：“古人有言曰‘死而不朽’，何谓也?”穆叔未对。宣子曰：“昔匄之祖，自虞以上为陶唐氏，在夏为御龙氏，在商为豕韦氏，在周为唐杜氏，晋主夏盟为范氏，其是之谓乎?”穆叔曰：“以豹所闻，此之谓世禄，非不朽也。鲁有先大夫曰臧文仲，既没，其言立，其是之谓乎！豹闻之：‘大上有立德，其次有立功，其次有立言。’虽久不废，此之谓不朽。”

---

① 闻一多训曰：“‘志’从‘㞢’从‘心’，本义是停止在心上。停在心上亦可说是藏在心里。……志有三个意义：一、记忆；二、记录；三、怀抱。”（参看闻一多《歌与诗》）

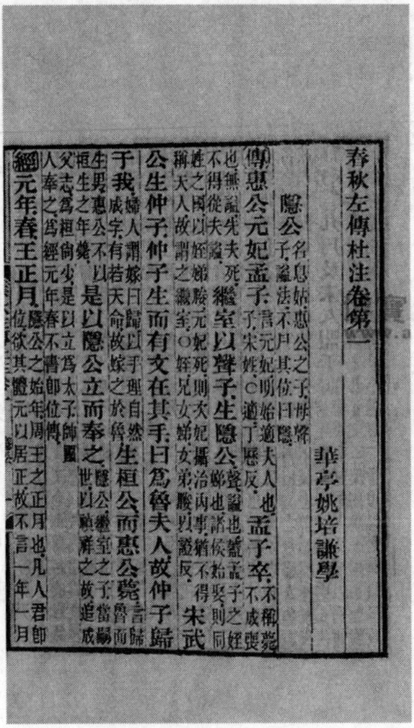
春秋左傳杜注卷第一

隱公 名息姑惠公之子母聲子諡法不尸其位曰隱

華亭姚培謙學

傳惠公元妃孟子 子宋姓○適丁歷反言元妃明始適夫人也 孟子卒 不稱薨不成喪也無謚先夫死不得從夫謚 繼室以聲子 聲謚也蓋孟子之姪娣也諸侯始娶則同姓之國以姪娣媵元妃死則次妃攝治內事猶不得稱夫人故謂之繼室○姪兄女娣女弟媵以證反 生隱公 宋武公生仲子 仲子生而有文在其手曰為魯夫人故仲子歸于我 婦人謂嫁曰歸以手理自然成字有若天命故嫁之於魯 生桓公而惠公薨 言歸魯而生男惠公不以桓生之年薨 是以隱公立而奉之 隱公繼室之子當嗣世以禎祥之故追成父志為桓尚少是以立為太子帥國人奉之為經元年春不書即位傳

經元年春王正月 隱公之始年周王之正月也凡人君即位欲其體元以居正故不言一年一月

《春秋左传杜注》

范宣子以为所谓不朽就是能够世代荣华富贵，并欲借此自炫一番，而穆叔却义正辞严地驳斥了范宣子的庸俗之见，提出真正的不朽在于“立德、立功、立言”。孔疏曰：“立言，谓言得其要，理足可传，记传称史逸有言，《论语》称周任有言，及此臧文仲既没，其言存于世，皆其身既没，其言尚存，故服、杜皆以史佚、周任、臧文仲当之，言如此之类，用是立言也。老、庄、荀、孟、管、晏、杨、墨、孙、吴之徒，制作子书，屈原、宋玉、贾谊、扬雄、马迁、班固以后，撰集史传及制作文章，使后世学习，皆是立言也。此三者虽经世代，当不朽腐，故穆子历言之。”①可见，经、史、子、集皆是立言，各类文体皆可归为立

① 《十三经注疏·春秋左传正义》，北京大学出版社 1999 年版，第 1003-1004 页。

言之范畴，而立言的意义就在于让作者的生命价值得以伸张，让作者的生命气息得以延续，所谓“虽经世代，当不朽腐”。因为有文体的言说，作者的生命气息才不会随着肉体朽腐，而可世代相传，形体之死并不意味着生命的终结，在它之后还有文体承载着生命的全部意义。这种思想到了司马迁那里，得到进一步发展。太史公在《报任安书》中表示自己写《史记》是“欲以究天人之际，通古今之变，成一家之言”，而当其“草创未就”惨遭横祸时，他却“就极刑而无愠色”，这是因为他的生命言说已经接近完成，虽然肉体的生命已经残损，甚至行将殒灭，但是他的生命以一种文体的方式“藏之名山”，而且必将“传之其人，通邑大都”，这使他具有了“虽万被戮，岂有悔哉”的坚贞意志。在司马迁看来，文为生命言说的意义自不必言，更为重要的是，在言说完成以后，生命的意义已经完全从人之体转入到文之体之中，以至于现实中的人之体变得不再重要，这实是将文体与生命的关系推上了巅峰。言说在进行生命延续的同时，也将生命的全部意义转入了文体之中，甚至消解了现实中人存在的价值，或者说，人之形体的存在只是为生命的言说提供了一个载体，一旦言说完成，这个载体的意义就也失去了。曹丕在《典论·论文》中抒发由生命流逝所带来的苦短愁绪和悲凄情怀，而唯一能够慰藉他的就是，在人体消弭之后，生命依然能够以文体的形式继续存在并延续下去。“古之作者，寄身于翰墨，见意于篇籍，不假良史之辞，不托飞驰之势，而声名自传于后。”在他眼里，只有著书立说才能寄托生命的意义，因此要在有限的时光中，排除现实生活中的一切干扰（富贵逸乐和贫贱饥寒），集中精力于生命之言说，并对世人昧于俗务，“营于目前之务，而遗千载之功”深表痛惜。如果说，司马迁是从反面（否定现实）的角度，强调了文体是生命价值的唯一载体，曹丕则是从正面（肯定现实）强调了文体是延续生命价值的唯一手段。这种思想也在后世反复论述，如葛洪云：“修毫可以泄愤懑，篇章可以寄姓字，何假乎良史，何须乎镌鼎。”（《抱朴子外篇·逸民》）刘勰亦道：“文果载心，余心有寄。”

二、为自然之生命言说的传统

中国传统文体论认为，文不仅承载着人之生命价值，而且也承载着自然万物的生命价值。这一观点的思想依据是上文所言及的诗性思维，持诗性思维之人认为万物不仅皆有生物意义上之生命，且有思想、情感意义上的生命，生命之间可以互感、互通。这种理论在中国传统哲学中被表述为“天人合一”，① 它有两层内涵，一是万物皆有生命。《周易》云：“生生之谓易”（《系辞上》），孔疏曰：“生生，不绝之辞。阴阳变转，后生次于前生，是万物恒生，谓之易也。”②《系辞下》又云：“天地絪缊，万物化醇，男女构精，万物化生。”万物之生命由阴阳之气交合而成，又通过代代相传的方式使生命之脉永恒延续。二是生命可以互感、互通。这是因为人与天地万物在本质上都是一致的，都由气化成，这是人与物生命互感的特质基础，“天人合一”理论认为，不仅人有思想、情感，物亦有思想、情感。这种观点在文学作品亦很常见，如陶渊明的“采菊东篱下，悠然见南山”（《饮酒二十首·其二》），李白的“相看两不厌，只有敬亭山”（《独坐敬亭山》），杜甫的“感时花浅泪，恨别鸟惊心”，辛弃疾的“一松一竹真朋友，山鸟山花好弟兄”（《鹧鸪天·博山寺作》），描述的都是神与物游，人、物互感的境界。

只因有了生命、思想和情感，才有表达和言说生命的冲动。人是如此，物亦是如此，只有在表达和言说中，才能彰显生命的意义和价值。刘勰讲“傍及万品，动植皆文”（《文心雕龙·原道》），这里所说的“文”，主要是“花纹”、“纹饰”的意思，但也包含着“言说”的意思。当万物展示自己生命之美（花纹、纹饰）的时候，实际上就是一种无声的言说。当人被物之生命之美所感，并形诸文字时，又有了一种有声的言说。前一种言说，只能被当时当地之人感受到，而后一种言说，却能让

---

① “天人合一”中的“天”有两层含义，一指人格化的神，如董仲舒的“天人感应”理论中的“天”即是；一指自然万物，此处取后一种含义。

② 《十三经注疏·周易正义》，北京大学出版社 1999 年版，第 271 页。

万物之光华历久弥新、永不褪色。故刘彦和有云："言之文也，天地之心哉！"只有凭借着文体的力量，草木才不会在四季的轮回中枯萎，山川才不会在时间的长河中消失。

诚如前文所说，为生命言说体现了古人的诗性思维。从远古先民开始，对于生命的消逝就有着无尽的恐惧和无奈，如何摆脱这一缠绕着人类和自然万物的梦魇，如何在上帝面前展现生命的尊严，成了先民不懈的追求。在漫长的追寻求索的历史中，除去对长生的祈祷和长生之术的研究这条路径，另外一条即是借由文字去延续自己的生命。根据诗性思维，文字与个体生命是同构、互感的，不仅写作者的生命可以在书写的文字中长存，借由写作者的生命也可以将其他人类，或自然物类的生命灌注于文字当中。今天，我们在讨论一篇史传体文字的文献价值时或者在讨论一首诗体、词体作品的美学意蕴时，往往容易忽略这背后文体的生命意义。

第三章　有意味的形式：文体理论中的生命本体意识

本书对文体学之生命本体的阐发，主要通过批评理论和批评倾向两个角度展开。本节将首先从经典理论的角度，通过文体学关于文体与人体、自然、社会之间的生命联系及其主、被动关系的分析，来彰显文体学的生命本体意识。

第一节　“文体即人”：关于文体与个体生命之关系的理论

1753年布封在法兰西学士院入院典礼上的讲演《论风格》中首次提出了“文体即人”这一命题：

> 只有写得好的作品才是能够传世的：作品里面所包含的知识之多，事实之奇，乃至发现之新颖，都不能成为不朽的确实保证：……如果它们写得无风致，无天才，毫不高雅，那么它们就会是湮没无闻的，因为，知识、事实与发现都很容易脱离作品而转入别人手里，它们经更巧妙的手笔一写，甚至于会比原作还要出色些哩。这些东西都是身外物，风格却就是本人。因为，风格既不能脱离作品，又不能转借，也不能变换。①

① ［法］布封著，范希衡译：《论风格》，《译文》1957年第9期。

这里的风格，完全是从文体的意义上提出的，即作品的成功与否，其主要决定因素并不是题材、内容乃至其中的知识、思想，而是文体。① 只有富于个性和创造性的文体，才能保证作品的成功，因此“风格即人”亦可以理解成“文体即人”。“文体即人”理论的核心思想是，文体的创造性和独特性来自于作家的生气灌注，因为每一位作家都是一个独立的、不可复制的生命体，所以当作家将自己的生命气息灌注于文体当中时，② 也成就了独一无二的文体。

在中国的文体理论中，最能彰显“文体即人”思想的就是“文气说”和“文如其人”说。③ 此二说实相关联，“文气”说给“文如其人”说提供了理论基础，因为有文气的存在，文体风格与人之个性才情关系的讨论才能成立；“文如其人”说意在说明文体风格来自于人之个性才情，这实际上是以解释其来源的方式证明了“文气”的存在。

---

① 因为布封在文章中对纯形式主义的创作颇有微辞，有学者据此认为布封强调内容的思想性大过文体的创造性，实际上正是由于布封将文体的创造性视为创作成功的基础，才会担心失败的文体会影响思想的传达，如布氏所说：“如果作者把他的思想严密地贯串起来，如果他把思想排列得紧凑，他的风格就变得坚实、遒劲而简练；如果他让他的思想慢吞吞地互相承继着，只利用一些词句把它们联系起来，则不论词句是如何漂亮，风格却是冗散的、松懈的、拖沓的。”所谓“严密地贯串”、“排列得紧凑”、“慢吞吞地互相承继”等说法，完全是从如何表达思想，即从文体角度着眼，而非从思想本身着眼。

② 这里所说的生命气息，不仅包括先天的才、气，还包括后天的学、习。《文心雕龙·体性》：“才有庸俊，气有刚柔，学有浅深，习有雅郑，并情性所铄，陶染所凝，是以笔区云谲，文苑波诡者矣。”先天的禀赋、气质和后天的阅历、个性等共同构成了作家的生命气息。

③ 需要说明的是，“文体即人”与“文如其人”两者并不完全相同，其区别在于“风格即人”是从作者的角度出发，说明创作与个性的关系，而“文如其人”则是从读者的角度出发，认为可以通过作品来认识作者，正如钱锺书所言：“吾国论者言及‘文如其人’辄引 Buffon 语（Le c’est I’homme）为比附，亦不免耳食途说。Buffon 初无是意，是 Discours 仅谓学问乃身外物（hors de I’homme），遣词成章，炉锤各具，则本诸其人（[de] I’hommo même）。‘文如其人’，用读者由文以知人；‘文本诸人’，乃作者取诸己以成文。若人之在文中，不必肖其处世上、居众中也。”（钱锺书：《谈艺录》（下），三联书店 2001 年版，第 503-504 页）虽然两者有别，但更为重要的是他们都共同认识到，文体与作家的生命气息之间有密切的联系。

一、“气”所包含的生命意蕴

中国的传统哲学认为，气是宇宙之本元，天地万物皆由“气”而生，这种思想在先秦就已经比较流行，如《周易·系辞上》有“精气为物”之说，王弼注云：“精气烟熅，聚而成物。”孔颖达疏进一步分析道：“云‘精气为物’者，谓阴阳精灵之气，氤氲积聚而为万物也。”①又“咸卦”《彖辞》曰：“咸，感也。柔上而刚下，二气感应以相与……天地感而万物化生。”王注曰：“二气相与，乃‘化生’也。”孔疏亦云：“天地二气，若不感应相与，则万物无由得应化而生。”②《管子》也持“元气”论，直言万物：“有气则生，无气则死。”(《枢言》)《管子》还将“元气”论发展到了“精气”论，所谓“精也者，气之精者也”。(《内业》)认为“精气”才是万物的生命之本，故曰：“凡物之精，此则为生，下生五谷，上为列星。流于天地之间，谓之鬼神。……精存自生，其外安荣，内藏以为泉原，浩然和平，以为气渊。渊之不涸，四体乃固。泉之不竭，九窍遂通。”(《内业》)《庄子》也明确提出了万物由气构成的观点，“察其始而本无生，非徒无生也，而本无形；非徒无形也，而本无气。杂乎芒芴之间，变而有气，气变而有形，形变而有生”。(《至乐》)又云：“是故天地者，形之大者也；阴阳者，气之大者也。”(《则阳》)气既然是万物的生命之源，自然也是人的生命之源，故《管子·内业》云：“是故民气，杲乎如登于天，杳乎如入于渊，淖乎如在于海，卒乎如在于己。”《庄子·知北游》亦曰：“人之生，气之聚也，聚则为生，散则为死。若死生为徒，吾又何患！故万物一也……通天下一气耳。”

在此基础之上，先秦的思想家们又进一步提出，气不仅是物质性的，而且是精神性的。因此，人不仅在物质层面的生命形态是由气组成，其精神层面的生命状态亦由气组成，如《庄子·达生》：“夫之气，

---

① 《十三经注疏·周易正义》，北京大学出版社 1999 年版，第 266-267 页。
② 《十三经注疏·周易正义》，北京大学出版社 1999 年版，第 139-140 页。

散而不反，则为不足，上而不下，则使人善怒；下而不上，则使人善忘。”《管子·心术》：“气者，身之充也。……充不美则心不得。”其《内业》篇又说：“形不正，德不来；中不静，心不治。……四体既正，血气既静，一意摶心，耳目不淫，虽远若近。”这就已经比较泛化地谈及人之精神状态、个性特征、道德水平与气之关系，而从精神层面讨论气与人之关系的经典言论，莫过于孟子的“养气说”，孟子将其精神之气描述为“至大至刚，以直养而无害，则塞于天地之间。其为气也，配义与道，无是，馁也。是集义所生者，非义袭而取之也。行有不慊于心，则馁矣”。(《公孙丑上》)孟子所养之气，实是道德之气，这就将精神之气的内涵由泛指人之精神状态缩小到专指道德水平。同为大儒的荀子，也从性格与道德两个方面谈到了“气”与“心”的问题，所谓“治气养心之术：血气刚强则柔之以调和，知虑渐深则一之以易良，勇胆猛戾则辅之以道顺，齐给便利则节之以动止，狭隘褊小则廓之以广大，卑湿重迟贪利则抗之以高志，庸众驽散则劫之以师友，怠慢僄弃则炤之以祸灾，愚款端愨则合之以礼乐，通之以思索。凡治气养心之术，莫径由礼，莫要得师，莫神一好。”(《修身》)到了汉代，随着儒家思想占据主导地位，气的道德内涵也得以进一步确认，如王充就认为：“禀性受命，同一实也。人禀天地之性，怀五常之气，或仁或义，性术乖也。”(《论衡·本性》)同时，由于汉代审美意识的强化，这一概念亦开始具有审美意义，如《礼记·乐记》谈到音乐的性质时道：“地气上齐，天气下降，阴阳相摩，天地相荡，鼓之以雷霆，奋之以风雨，动之以四时，暖之以日月，而百化兴焉。如此，则乐者，天地之和也。”又云：“合生气之和，道五常之行，使之阳而不散，阴而不密，刚气不怒，柔气不慑，四畅交于中而发作于外，皆安其位而不相夺也。”都是强调音乐就有“中和”之美，音乐的作用就是和乐万民、调和天人、和谐万物。这种解读本身固然还带有很强的功利色彩和伦理意味，但是将“气”论引入到艺术(音乐)领域，并使其首度具有美学内涵，是《礼记》的一大创举。

汉末魏晋时期，由于人物品评的兴盛，“气”论被广泛运用于人物评鉴，“气”也由《礼记》中的具有美学内涵逐渐转化成以审美意义为主体的概念。如《后汉书·申屠蟠传》引蔡邕评申氏：“禀气玄妙，性敏心通”；《凉州刺史魏元丕碑》评魏氏：“禀乾气之纯懿”；《〈中论〉序》评徐干：“含元休清明之气，持造化英哲之性”；孙权《诏孙虑假节开府治半州》评孙虑：“气志休懿”；蔡洪《与刺史周俊书》评严隐“禀气清纯”；嵇康《明胆论》评霍光：“怀沉勇之气”；杨戏《季汉辅臣赞》评龚德绪、王义强：“志怀气刚”；《三国志·魏书·徐邈传》评徐氏“才博气猛”。以上的品评中，气的内涵中虽然多少包含有道德因素，但是审美内涵无疑逐渐占据了主导地位。曹丕“文气说”正是在这样一个背景下产生的。

二、“文气”说的四重内涵：文体与个体生命

从现在能看到的资料看，“文气说”首见于曹丕《典论·论文》：

> 文以气为主，气之清浊有体，不可力强而致。譬诸音乐，曲度虽均，节奏同检，至于引气不齐，巧拙有素，虽在父兄，不能以移子弟。

这段关于文体与人之关系的经典言说，至少包含了四层意思：文体有气、气源于人、气有高下、气不可传。首先，说文体有气应是曹丕的一大创新。虽然在此之前，已经开始用“气”来形容言辞，如《论语·泰伯》：“出辞气，斯远鄙倍矣。”《韩诗外传》亦有“辞气甚隘”、“辞气鄙俗”之句，《三国·吴书·张顾诸葛步传》载周昭称张承：“辞气謇謇，罔不惟忠。”《魏书·臧洪传》称臧氏：“辞气慷慨，涕泣横下。”所谓“辞气”不仅包括言语、语气，还包括说话人的态度、气质等。① 用“辞气”来指称言语、语气与文学有相似性，但辞气说并未涉及文学和文体，因

---

① 与“辞气”相类的还有“声气”，如崔瑗《河间相张平子碑》称张衡：“声气芬芳”，又孔融称祢衡：“飞辩骋辞，溢气坌涌。”参看王运熙、顾易生：《中国文学批评通史》(二)，上海古籍出版社 1996 年版，第 29-30 页。

此，曹丕仍是以气论文的第一人。

魏文帝曹丕像

其次，按照曹丕的理论，文之气来源于人。“徐干时有齐气”、“孔融体气高妙”、“公干有逸气”（《与吴质书》）等论述，正是为了说明文气与文士之气紧密相连。以“徐干时有齐气”为例，“齐气”，指舒缓之气。①《论衡·率性》有云：“楚、越之人，处庄、岳之间，经历岁月，

① 范宁认为“齐气”当作“高气”，意为徐干志存高远，高谈阔论，气势不凡。顾农通过对徐干生平的考查，也认为徐干胸怀高才大志，不愿只做一个帮闲文人，这才造成了他不愿出仕，从而给人以“恬淡寡欲”、“不耽世荣”的印象。范、顾之说虽有新意，然“高气”一说缺少版本依据，胸怀大志之说认为徐干既然写出了政论著作《中论》，就必然有抒发抱负、一展高才的愿望，只是不得重用才放弃出仕，这种说法是将理论探讨和亲身实践相混淆，徐干写《中论》不代表其就一定有强烈的出仕愿望，而且曹氏政权多次征召，并礼遇有加（“特加旌命”），故不得重用似也不能成立。反而可以说，徐干虽好政论，却因为身上的“齐气”，使他不愿参与紧张险恶的政治斗争。范、顾观点可参看顾农：《徐干论》，《山东师范大学学报》1992年第3期。

变为舒缓，风俗移也。故曰齐舒缓。”《汉书·地理志》亦道：“其(指齐地)士舒缓阔达而足智。”可见，齐气是指齐地舒缓的乡风，以及齐士受此影响形成的从容和缓气质。徐干是北海人，北海属齐故地，自然也受到了这种乡风的影响。《三国志·魏书·王粲传》中裴松之引《先贤行状》注云：“干清玄体道，六行修备，聪识治闻，操翰成章，轻官忽禄，不耽世荣。建安中，太祖特加旌命，以疾休息。后除上艾长，又以疾不行。”①曹丕的《与吴质书》也称其“怀文抱质，恬淡寡欲，有箕山之志”、“清玄体道”、“聪识治闻”、“轻官忽禄”“不耽世荣”、“恬淡寡欲”等，颇合齐士“舒缓阔达而足智”之特征。

对于徐干的文体风格，曹丕认为“辞义典雅”。钟嵘列徐干为下品，评其诗“闲雅”。(《诗品下》)对于“典雅”的内涵，司空图描述为：“玉壶买春，赏雨茅屋。坐中佳士，左右修竹。白云初晴，幽鸟相逐。眠琴绿阴，上有飞瀑。落花无言，人淡如菊。书之岁华，其曰可读。”可见，所谓典雅，涵蕴着闲适、从容、淡泊、和谐、简约等特质。这种文体风格与徐干所具的“齐气”是完全一致的。另外，徐干本人的论述也证明典雅是其自觉的追求，这些论述多见于《中论》,② 如“凡学者大义为先，物名为后，大义举而物名从之。然鄙儒之博学也，务于物名，详于器械，矜于训诂，摘其章句，而不能统其大义之所极，以获先王之心，以无异乎女史诵诗，内竖传令也”。(《中论·治学》)又说：“故传称《春秋》微而显，婉而辨者。然则辨之言必约以至，不烦而谕，疾徐应节，不犯礼教，足以相称。乐尽人之辞，善致人之志，使论者各尽得其愿而与之得解。其称也无其名，其理也不独显，若此则可谓辩。”徐干对烦琐的经学文体进行了批判和讽刺，并表达了对《春秋》式简约典雅文体的推崇。而且从《中论》的文体风格来看，也属于典雅一路。故刘熙载道：“余谓干之文，非但其理不驳，其气亦雍容静穆，非有养不能

① (晋)陈寿撰，(宋)裴松之注：《三国志》，中华书局 1959 年版，第 599 页。

② 《中论》虽是徐干所著的一部政论性著作，但其中有多处涉及文体理论。

致焉。……徐干《中论》说道理俱正而实。”(《艺概·文概》)章炳麟《訄书·学变》亦云：“《中论》朴质理达。”①徐仁甫《读〈中论〉札迻》以为徐干取法荀子：“伟长法荀卿为文，缛而不繁，徐而不迫，雍容静穆，霭然儒者之度。”②

总之，徐干的文体与其自身气质的密合无间，说明徐干在创作过程中将其生命之气灌注于文体之中，从而形成了典雅的风格。这种将文之气归源于人之气的理论在后世亦产生了重要影响，如戴表元《紫阳方使君文集序》：“人之精气，蕴之为首先，发之为事业，而达之于言语词章。”(《剡源戴先生文集》卷十一)钱谦益《李君实恬致堂集序》云：“文章者，天地英淑之气，与人之灵心结习而成者也。”(《牧斋初学集》卷三十一)都是典型的代表。

再次，曹丕提出了文气有高下之分。通过对相关理论的梳理可以发现，文体理论家们认为，造成文气高下之分的原因主要有两点，一是文士之气能否被充分灌注于文体之中；二是文体本身的语体与体格是否适宜于文士之气的灌注。

同是建安七子，在钟嵘的《诗品》中，刘桢、王粲被列为上品，徐干、阮瑀、应玚却被列为下品，而孔融、陈琳更是不入品，③ 这其中当然有评选者主观的好恶因素，不过即使是从这个角度看，钟嵘的评选依然有一定之标准，他在《诗品序》中将诗之发生描述为“气之动物，物之感人，故摇荡性情，行诸舞咏”。又云：“凡斯种种，感荡心灵，非陈诗何以展其义；非长歌何以骋其情?”是从创作和接受两个角度强调诗歌与人之生命气息的互通。基于这样一种认识，钟氏最欣赏的是“直

① 章炳麟著、徐复注：《訄书详注》，上海古籍出版社 2000 年版，第 98-99 页。

② (魏)徐干著，徐湘霖校注：《中论校注》，巴蜀书社 2000 年版，第 327 页。

③ 孔融、陈琳均有五言诗存世，其中孔融所存二首虽真伪莫辨，但孔氏作为一代文士不可能没写过五言诗，因此二人不得入选的原因，只能是未入钟嵘法眼。

寻”的诗作，所谓“直寻”就是将个体情感直觉式地抒发出来，这种直抒胸臆式的表达，实际上也是没有人工伪饰(如辞采、用典等)的原始生命力量的直接抒发。从这个意义上而言，钟嵘所认可的诗作实即充满生命力量的诗作。

除了钟嵘主观的标准之外，影响诗人品级的更为主要的原因还在于，作者之气能否很好地转化为文体之气。纵观入选者的评语，刘桢被评为：“仗气爱奇，动多振绝。贞骨凌霜，高风跨俗。”王粲被评是：“发愀怆之词，文秀而质羸。在曹、刘之间另构一体。”徐干是“闲雅”，阮、应是“平典不失古体”。其共同点在于都有各自的风格，不同点在于风格彰显得是否鲜明。刘、王得入上品，正是由于他们将生命之气充分灌注于文体之中，从而使得文体风格鲜明饱满，具有更强的动人力量，而列入下品，或不入品者，则是由于他们在将生命之气并未充分地导入文体之中时，使得文体风格不够鲜明。造成这一现象的原因又在于文士之气本身有高下之分、贫富之别、清浊之异。柳冕云：“夫善为文者，发而为声，鼓而为气：真则气雄，精则气生，使五彩并用，而气行于其中。故虎豹之文，蔚而腾光，气也；日月之文，丽而成章，精也。精与气，天地感而变化焉。”(《答衢州郑使君论文书》)韩愈《答李翊书》道：“气盛则言之短长与声之高下者皆宜。”裴度道：“故文人之异，在气格之高下。”(《寄李翱书》)刘熙载亦云：“气有清浊厚薄，格有高低雅俗。”(《艺概·诗概》)可见，气高、气盛、气清者，其文气亦高尚、鲜明、饱满；气卑、气贫、气浊者，其文气亦卑劣、暗淡、干瘪。另外，文士在创作中能否保持一种从容平和的心态，即学会去养气亦是其气能否充分导入文体的重要原因。“率志委和，则理融而情畅；钻砺过分，则神疲而气衰”，这是因为“志于文也，则申写郁滞，故宜从容率情，优柔适会。若销铄精胆，蹙迫和气，秉牍以驱龄，洒翰以伐性，岂圣贤之素心，会文之真理哉?”(《文心雕龙·养气》)柳冕认为：“故无病则气生，气生则才勇，才勇则文壮，文壮然后可以鼓天下之动，此养才之道也。”(《答杨中丞论文书》)只有保持平和从容的心态，才有利于生命之气的充积和转化。

此外，文体本身的语体与体格亦对文士的生气灌注造成了影响。语体是文体在文辞语调层面的规范，如字数、韵律、对偶等，体格是文体在艺术特征层面的规约，① 如“诗庄词媚”，“庄”是诗之体格，“媚”为词之体格。语体和体格都是经过长期创作实践，逐渐积淀而成。文士在创作过程中往往受到语体与体格的限制，而大部分文士都是对某些文体的规范较适应，而对另外一些文体的规范就相对不太适应，因此其生命之气转入文体之中的过程就有顺、逆之别，造成了文士在不同文体创作中水平有高下之分。七子之中，王、徐善于辞赋，琳、禹长于章表，就是典型例证。有鉴于此，曹丕在《典论·论文》的一开头就指出“文非一体，鲜能备善”。

最后，关于“气不可传”，可以从两个角度理解，一是文士之气是先天形成的，与后天的传授无关。基于这种认识，曹丕说：“气之清浊有体，不可力强而致。”在曹氏看来，气是先天的产物，因此，文士适宜于何种文体创作似乎是先天就已决定的，后天的学习、阅历很难起作用。这种说法有一定合理成分，文士之气受先天禀赋、气质的影响确实很大，但是也不能否认随着社会环境、生活境遇等后天因素的变化，很多作家的文风也产生了较大变化，典型者如庾信，其北渡前后的文体风格呈现出截然不同的特征，从之前的绮艳流利转向之后的沉郁顿挫，说明后天因素亦能对文士之气产生作用。此外，还可从生命之气本身的独一无二性上理解。上文已经谈到，生命之气是人之先天禀赋、气质与后天学问、习性共同组成，而每个人的先天与后天因素都是不可复制的，每个人的生命之气都是独特的，因此由人之气而来的文之气自然也就变得独一无二。应该说，从后一种角度来理解“气不可传”更为合理，这也是“文气说”需要修正的地方。

综上，中国传统“气”论的内涵经历了由物质到精神，由道德到审

---

① 关于语体、体格及文体内涵四个层次的论述，可参看《绪论》部分。

美的演化过程，即从本体之气，一变为生命之气，再变为精神之气，终变为审美之气的过程。基于“气”所具有的生命内涵与美学内涵，曹丕提出了“文气”说，将人之气与文之气紧密联系，典型反映了中国传统文体学的生命本体意识。而且“文气”说亦成为中国传统文体论的经典命题，后世文论家多有论者，进一步丰富了这个命题，如韩愈的“气盛言宜”说，“气，水也；言，浮物也。水大而物之浮者大小毕浮……气盛则言之短长与声之高下者皆宜”(《答李翊书》)此处所言“气”是指精神状态，依据这一思路，“气”既有盛时，就应有不盛时，那么韩愈的“文气”说不仅进一步丰富了“气”的内涵，还对“气”之高下做出了另一种解释。苏辙曰：“以为文者气之所形，然文不可以学而能，气可以养而致。……其气充乎其中而溢乎其貌，动乎其言而见乎其文，而不自知也。”(《上枢密韩太尉书》)苏氏此说从两个方面对曹丕的“文气”说进行了补充，一是文之形成，乃是气充溢而出，自然而然的结果，并非刻意为之；二是气非纯然天生之物，亦可后天养成。

三、“文如其人”的生命美学内涵

“文如其人”说源自苏轼的《答张文潜书》：

> 子由之文实胜仆，而世俗不知，乃以为不如；其为人深不愿人知之，其文如其为人。

中国传统文体学中，对这段话主要有两种理解，一是从伦理学的角度，认为苏辙的文章风格是其高尚道德情操的反映；二是从美学的角度，认为苏辙的文章风格与其为人一般质实、蕴藉。

由于这一概念的多义性，引起了后世文论家的纷争。争论的主要焦点就是“文如其人”之说能否成立。很多文论家选择从前一种意思，即伦理学与风格的角度来理解，导致他们对“文如其人”说的怀疑乃至否定。最著名的例子就是元好问的《论诗绝句·其六》，诗云：“心画心声总失真，文章宁复见为人；高情千古《闲居赋》，争识安仁拜路尘。”元氏认为，以潘岳如此卑劣的人品，却能写出充满隐逸情怀的《闲居赋》，可证“文如其人”言过其实。自元氏开其先河，后世对“文如其人”的质疑和否定之声不绝于耳，真德秀曾感叹道：“自世之学者离道而为文，于是以文自命者，知黼黻而不知金玉其行，工骚者有登墙之丑，能赋者有涤器之污。”（《跋欧阳四门集》）《旧唐书·列传第四十四》评苏味道、李峤等人：“观其章疏之能，非无奥赡；验以弼谐之道，罔有贞纯。”许学夷亦云：“《传》言庭筠薄于行，执政鄙其为人。今观其七言律，格虽晚唐，而清逸闲婉，殊无尘俗之态，何也？”（《诗源辨体》卷三十）清人魏禧也说：“大奸能为大忠之文，至拙能袭至巧之论，呜呼，虽有孟子之知言，亦孰从而辨之哉！”（《日录》卷二）

很多史实似乎也可作为例证，隋代奸相杨素，其诗作《山斋独坐赠薛内史》被清人成书评为“句句幽秀，非心闲气静人，安能如此领略？”（《多岁堂古诗存》）明代巨奸严嵩，时人王廷相称其“诗思冲邃闲远，在孟襄阳伯仲之间”。（《钤山堂集·序》）阮大铖的诗才备受推崇，与其依附阉党、迫害志士的作风亦难以相合。

然而有趣的是，同样从伦理学角度入手，却有很多人同意“文如其人”说，如王通《中说·事君篇》：“子谓文士之行可见也：谢灵运小人哉，其文傲，君子则谨；沈休文小人哉，其文冶，君子则典。”白居易亦云：“言者志之苗，行者文之根。所以读君诗，亦知君为人。”（《读张籍古乐府》）吕本中：“彼尘污俗染者，荤膻满肠胃，嗜欲浸骨髓，虽竭力文饰乎外，自以为近而相去愈远。……青霄之鸾，非不高也，而志在腐鼠，虽欲为凤鸣，得乎？”（《赵宾旸诗集序》）杨维桢：“评诗之品无异人品也。”（《赵氏诗录序》）沈德潜评潘岳云：“人品如此，诗安得佳？”（《古诗源》卷七）刘熙载有言：“诗品出于人品。”（《艺概·诗概》）清人郭指南道：“诗心声也，心正则雅音出焉，心僻则邪响发焉。因其声以知其心，即其心以评其人，百不爽一。”（《梅花书屋唱和诗题辞》）

从同样一个角度理解，却得出截然相反的结论，只能说明角度本身存在问题，而这种问题与中国美学的泛道德化倾向紧密相关。

中国传统美学的一大特征就是习惯性地将美与善相关联，将美学与伦理学两大范畴相关联，以道德之美、伦理之美代替艺术之美。因此，依据这一惯性思维，学者们在讨论“文如其人”时，也总是将这一概念追溯到《论语》中的“有德者必有言”，《法言·问神篇》的“言，心声也；书，心画也。声画形，君子小人见矣”。但是实际的情况是，从伦理的角度根本无法有效解释“文如其人”。首先，“文”(文体)之高下是审美判断，属于美学范畴，而人之善恶是道德判断，属于伦理范畴，将两个范畴中的概念强行纳入到一个范畴中来，必然带来理解上的混乱和错误，梁简文帝萧纲有言：“立身之道与文章异，立身先须谋重，文章且须放荡。”(《戒当阳公大心书》)①明确提出立身与文章是两个问题域，不能放在一起讨论；其次，为文是无功利的行为，而为人则是功利的行为，为文者与为人者虽然是一人，却不是一种心态之人。史书载宋璟为人“耿介有大节”(《新唐书·姚宋列传》)，可是他写的《梅花赋》却风流妩媚，以至皮日休认为：“(宋璟)贞姿劲质，刚态毅状，疑其铁肠石心，不能吐婉媚辞。”(《桃花赋序》)皮日休对宋璟的怀疑，正是因为他将为文者与为人者混为一谈，上文所引的杨素、严嵩等人的例子也是这个道理。“见于文者，往往为与我周旋之我；见于行事者，往往为随众俯仰之我。皆真我也。身心言动，可为平行各面，如明珠舍利，随转异色，无所谓此真彼伪。”②为文者与为人者犹如平行的两条线，本不相交，而论文者却硬将两者联系在一起，自然不能做出正确的推论。

实际上，仔细体味原文会发现，苏轼原意明确地指向后一种解释，

---

① 钱锺书认为，萧纲此言意正在强调为文之道与为人之道恰恰相反，并引楼昉之言曰：“盖模写物态，考核事情，几于文致、傅会、操切者之所为，非精密者不能到；使和缓、长厚、多可为之，则平凡矣。若刻薄之事，自不可为，刻薄之念，自不可作。”又引黄大受《露香拾稿·遣载入闽从李守约》言“机心仅可文章用，邪说毋从释老求”、王铎《拟山园初集·文丹》“为人不可狠鸷深刻，为文不可不狠鸷深刻”为证。参看《管锥编》(四)第一九五条(三联书店 2001 年版)

② 钱锺书：《谈艺录》(下)，三联书店 2001 年版，第 502 页。

即从审美的角度来讨论这一问题。“文如其人”中的“人”，不是道德意义上的人，而是审美(生命美学)意义上的人，只有这样，“文”与“人”才具有了相同的理论背景，才能进行沟通和比类。具体而言，“人”指的是文士的个性才情，它涵蕴着先天的禀赋、气质和后天的阅历、学问、习性，在创作过程中，内容、思想乃至情感都可以作伪，惟有个性才情无法作伪，因为它是文士生命气息的自然流露。如同人之声音，不管发声者如何遮掩、矫饰，其独特的声调还是能让熟悉的人马上辨认出来，这是由于声调来自其独一无二的声带构造，文士的生命气息犹如声带，其个性才情犹如声音，为文的过程如同发声，文体风格如同声调，只要进入创作的状态，由生命之气外化而来的个性才情就会自然而然的导入文体之中，即使要作伪，也只是从反面映证创作者的个性特征。对于为文存在的“矫伪”问题，蒋寅认为：“矫伪者要掩饰的恰恰是那浮的一面，比如功名利欲之念(至于效果如何那是技术问题)……诗里可以被觉察到的浮就不是文辞效应之浮，而是作者心气之浮。”①“浮的一面”，指的正是文辞、内容乃至情感，这一面正是矫伪者只要通过技术手段就可以掩饰，而“心气之浮”指的是通过文体风格所显露的个性才情，这一方面是无法掩饰的。对此，钱锺书有一段经典论述：

> “心声心画”，本为成事之说，实鲜先见之明。然所言之物，可以饰伪：巨奸为忧国语，热中人作冰雪文，是也。其言之格调，则往往流露本相；狷急人之作风，不能尽变为澄澹，豪迈人之笔性，不能尽变为谨严。文如其人，在此不在彼也。

他还举扬雄模仿孔子作《法言》为例说：“子云欲为圣人之言，而节省助词，代换熟字，口吻矫揉，全失孔子‘浑浑若川’之度。”②“所言之物

① 蒋寅：《文如其人？——一个古典命题的合理内涵与适用限度》，《求是学刊》2001年第6期。

② 钱锺书：《谈艺录》(下)，三联书店2001年版，第498-499页。

可以饰伪”，即内容、情感、思想等可以作伪，但“言之格调”(文体风格)，所以透露出的“人之本相”(个性才情)，却不可作伪。

“文如其人”说是典型的生命本体论，即认识到文士在每一次创作中，都在自觉或不自觉地将自己的生命气息灌注于文体之中，从而使得每一种文体以及每一次文体实践都富有独特的风格，正如刘勰所说：“辞理庸俊，莫能翻其才；风趣刚柔，宁或改其气；事义浅深，未闻乖其学；体式雅郑，鲜有反其习；各师成心，其异如面。……功以学成，才力居中，肇自血气，气心实志，志以定言，吐纳英华，莫非情性。”(《文心雕龙·体性》)刘彦和以为，文体风格与文士的才、气、学、习有密切的关系，所谓才、气、学、习，实际上就是先天的禀赋、气质和后天的学问、习性，它们共同组成了文士的生命气息，他在《体性篇》中列举了12位文士来说明“文如其人”的道理。有意思的是，同样是潘岳，同样是文与人的关系，在元遗山的论述中就变得无法解释，只能无奈地说“心声心画总失真”，而在刘勰的论述中却严丝合缝，所谓“安仁轻敏，故锋发而韵流”，将潘岳生命气息与文体风格的关系概括得非常到位。实际上，还有很多中国传统的文论家们意识到这个问题，如：

> 畅快人诗必潇洒，敦厚人诗必庄重，倜傥人诗必飘逸，疏爽人诗必流丽，寒涩人诗必枯瘠，丰腴人诗必华赡，拂郁人诗必凄怨，磊磊人诗必悲壮，豪迈人必不羁，清修人诗必峻洁，谨敕人诗必严整，猥鄙人诗必萎靡：此天之所赋，气之所禀，非学之所至也。(薛雪《一瓢诗话》)
>
> 诗，心之声也，是故凝重之人，其诗典以则；俊逸之人，其诗藻而丽；躁易之人，其诗浮以靡；奇刻之人，其诗峭厉不平；严庄温雅之人，其诗自然从容而超乎物象之表。(宋濂《刘兵部诗序》)
>
> 诗乃人之行略，人高则诗亦高，人俗则诗亦俗，一字不可掩饰。见其诗如见其人。(徐增《而庵说唐诗》)

> 夫诗，心声也，其人和平者诗必温厚，其人沉潜者诗必静穆，其人风骚者诗必俊逸，其人哀怨者诗必悽楚，其人嫉愤者诗必激列。读其诗，可以知其人矣。（陈元辅《枕山楼课儿诗话》）
>
> 诗类其为人。且只如李杜二大家，太白做人飘逸，所以诗飘逸；子美做人沉着，所以诗沉着。（田艺蘅《香宇诗谈》）
>
> 夫文章之道通达万变，而各随其人之情性以出。其人狂则其文高明而俊伟，其人狷则其文廉直而劲正，其人刚则其文发扬而蹈厉，其人柔则其文恭敬而温文。（盛大士《与李海帆观察论文书》）
>
> 诗道性情，其人柔者诗失弱，其人骄者诗失夸，其人拘者诗失鄙，其人愤者诗失妄。（熊士鹏《徐雨亭诗集序》）

可见，只有从生命美学的角度来理解人与文的关系，才能得出合理的解释。“文如其人”说的理论目的，也不是要将文体变成道德教条的说明书，而是要变成生命光华的反射镜，人之生命借由文体之翻转变化反射出绚烂光彩，文体亦借由人的生气灌注，获得永不枯竭的源泉和动力。

第二节 文体与自然生命、群体生命之关系的理论

中国传统文体学的生命意识不仅体现在认为文之气来源于个体生命，还认为文之气亦来源于自然生命、群体生命。这种理论的理论基础是“物感说”，这一学说为文体学有关文体与自然、群体生命关系的解读奠定了基础，因此，本节对于传统文体学有文体与自然、社会之生命关系的讨论，首先从“物感说”开始，然后借由山水文体理论、史传文体理论两个案例，分别说明中国传统文体学是如何解读文体与自然、文体与社会之间的密切联系，以及对这种联系的解读中体现了怎样的生命意识。最后，通过对“文分南北”理论的梳理，从风格学的角度将有关文体与自然、社会之联系的理论重新统一起来。

一、物感说：生命互动以及文体的产生

《礼记·乐记》中提出的“物感说”，可说是中国关于艺术发生的最早理论阐述之一：

> 凡音之起，由人心生也。人心之动，物使之然也。感于物而动，故形于声。

音乐的创作灵感和冲动，来源于人心对于天地万物的感动，但这种感动并不是简单意义上的“移情”，而是人与物之生命气息的相互沟通。

《说文解字》解“感”为：“动人心也。”可见，所谓“感”并不是人移情于物，而是物动人之心。而到了《周易》中，“感”所包含的生命意识和互动意味被进一步地揭示出来，如《周易·系辞上》云：“《易》无思也，无为也，寂然不动，感而遂通天下之故。”李鼎祚引虞翻注曰：“感，动也。以阳变阴，通天下之故，谓‘发挥刚柔而生爻’者也。”①《周易·咸卦》彖辞亦云：“咸，感也。柔上而刚下，二气感应以相与……天地感而万物化生。”可见，“感”就是万物之间生命气息的沟通和感应。

物感说的思想来源是“天人感应”理论，如《尚书·洪范》有云：

> 八，庶征。曰雨，曰旸，曰燠，曰寒，曰风，曰时。五者来备，各以其叙，庶草蕃庑。一极备，凶。一极无，凶。曰休征。曰乂，时旸若。曰晢，时燠若。曰谋，时燠若。曰谋，时寒若。曰圣，时风若。曰咎征。曰狂，恒雨若。曰僭，恒旸若。曰豫，恒燠若。曰急，恒寒若。曰蒙，恒风若。

---

① （清）李道平：《周易集解纂疏》，中华书局1994年版，第592页。

孔疏解此段道："'庶'，众也。'征'，验也。王者用九畴，为大中，行'稽疑'以上为善政，则众验有美恶，以为人主。自'曰雨'至'一极无凶'，总言五气之验，有美有恶。"又引《五行传》进一步解释道："貌之不恭，是谓不肃，厥罚恒雨，惟金沴木。言之不从，是谓不乂，厥罚恒旸，惟木沴金。视之不明，是谓不哲，厥罚恒燠，惟火沴水。听之不聪，是谓不谋，厥罚恒寒，惟火沴水。思之不睿，是谓不圣，厥罚恒风，惟木金水火沴土。"①天子在治理国家的过程中出现的美政和恶政，上天都会以相应的"休征"和"咎征"进行赞扬或警示。在古人看来，天地万物与人之间存在着某种神秘的联系。"人的生命活动与自然的生命运动存在着许多共同规律与特征。周秦时期人们即已从这些规律与特征中找到了人与宇宙自然的相通之处。……在先秦士人的理论思维中，人类的生殖繁衍与自然界动植物的生生不息同为宇宙大生命的不同表现形态。"②由于华夏文明很早就开始关注人与天地之间神秘的联系，因此天人感应理论在先秦时期就已经非常流行，儒道墨各家对这一问题都有论述，如《墨子·尚同中》亦有类似说法：

> 天下既尚同乎天子，而未尚同乎天者，则天灾将犹未止也。故当若天降寒热不节，雪霜雨露不时，五谷不熟，六畜不遂，疾灾戾疫，飘风苦雨，荐臻而至者，此天之降罚也，将以罚下人之不尚同乎天者也。

《中庸》亦云：

> 国家将兴，必有祯祥；国家将亡，必有妖孽。

---

① 《十三经注疏·尚书正义》，北京大学出版社 1999 年版，第 318-320 页。

② 李春青：《士人与自然——中国古代山水文学价值观之文化底蕴》，《文学评论》1995 年第 3 期。

《老子·三十二章》道：

王侯若能守，万物将自宾。天地相合，以降甘露，人莫之令而自均。

《庄子·在宥》：

人大喜邪，毗于阳；大怒邪，毗于阴。阴阳并毗，四时不至，寒暑之和不成，其反伤人之形乎！

对于天人感应何以成立，天人之间又通过何种方式进行感应的问题，先秦的思想家们认为万物均由“气”化生，又以“气”相应。如《老子·四十二章》曰：“万物负阴抱阳，冲气以为和。”《庄子·知北游》云：“人之生，气之聚也；聚则为生，散则为死。……故万物一也，是其所美者为神奇，其所恶者为臭腐；臭腐复化为神奇，神奇复化为臭腐。故曰：‘通天下一气耳。’”《易经·系辞下》有言：“天地絪缊，万物化醇，男女构精，万物化生。”《管子·内业》将气论提升到精气之论，曰：“凡物之精，此则为生。下生五谷，上为列星。流于天地之间，谓之鬼神。藏于胸中，谓之圣人。”《黄帝内经·素问·生气通天论》：“夫自古通天者，生之本，本于阴阳天地之间，六合之内，其气九州岛、九窍、五脏、十二节，皆通乎天气。”《吕氏春秋》亦云：“类同相召，气同则合。”可以看出，“天人感应”理论逻辑是，“气”既为万物的生命之源，又为其生命的形式，因为有共同的生命之源和生命形式，所以天人之间，万物之间才可以共通、互感。

建立在如此逻辑推断上的“物感”说，自然不能理解为人之情感向物的单方面转移和投射，而应理解为人、物生命力的相互激荡、相互碰撞。万物以饱蕴的生命气息叩击人之内心，人感气而动并以艺术的方式回应、歌颂生命之美，种种艺术形式就是在感应之中诞生的。音乐如此，文体亦是如此，故陆机有云："遵四时以叹逝，瞻万物而思纷。悲落叶于劲秋，喜柔条于芳春，心懔懔以怀霜，志眇眇而临云。"(《文赋》)钟嵘亦云："气之动物，物之感人，故摇荡性情，形诸舞咏。"(《诗品序》)萧统曰："或日因春阳，具物韶丽，树花发，莺鸣和，春泉生，暄风至，陶嘉月而熙游，藉芳草而眺瞩；或朱炎受谢，白藏纪时，玉露夕流，金风时扇，悟秋士之心，登高而远托；或夏条可结，倦于邑而属词，冬雪千里，睹纷霏而兴咏。"(《答湘东王求文集及〈诗苑英华〉书》)萧纲道："至如春庭落景，转蕙承风；秋雨且晴，檐梧初下；浮云生野，明月入楼，时命亲宾，乍动严驾。"(《答张赞谢示集书》)萧子显："若乃登高目极，临水送归，风动春朝，月明秋夜，早雁初莺，开花落叶，有来斯应，每不能已也。"(《自序》)陈后主亦云："每清风朗月，美景良辰，对群山之参差，望巨波之晃漾；或玩新花，时观落叶，既听春鸟，又聆秋雁，未尝不促膝举觞，连情发藻。"(《与詹事江总书》)万物之精魄、四时之气息，摇荡着人之性情，而人之性情一经发动，又反过来言说、表达万物的生命，从而形成了生命的互动，文体就是在这互动过程中产生的。刘勰对于"物感"说中所包含的生命交感和互动内涵阐释得尤为明确，如《诠赋》篇："情以物兴"，"物以情观"。《神思》篇："思理为妙，神与物游。"《物色》篇："是以诗人感物，联类不穷，流连万象之际，沉吟视听之区；写气图貌，既随物以宛转；属采附声，亦与心而徘徊。"其赞曰："山沓水匝，树杂云合。目既往还，心亦吐纳。春日迟迟，秋风飒飒。情往似赠，兴来如答。"作家与万物之间的互感，是两个生命之间的对话，而且是充满了生机与创造力的对话。王安石《南浦》诗云："南浦东风二月时，物华撩我有新诗。"杨万里《春日六绝句·其三》："诗人元自懒，物色故相撩。"葛洪《涵碧亭》："景到烦诗答，欢多厄日忙。"释道潜《维王府园与王元规承事同赋二首·其二》："阿戎莫道无才思，细草幽花总要诗。"都是将诗歌创作，看成诗人与万物之间的一种交流、对话，甚至将诗体的发生，想象为自然万物向诗人索要的结果。

自然之气从不同的侧面、以不同的方式激发作家的创作灵感和创作冲动，所谓“春风春鸟，秋月秋蝉，夏云暑雨，冬月祁寒”是也；作家在回应的过程中，也不断丰富和扩大万物的内涵和意蕴，所谓“踵事增华，变本加厉”，“参伍相变、因革为功”是也。在这样充满生机的对话过程中产生的各类文体，在根性中就被植入了强烈的生命意识。

需要指出的是，“物感”说中的“物”不仅指自然事物，还包括社会历史事件。与自然事物一样，社会历史事件同样激发着文士的创作激情和灵感，其丰富的内蕴往往是导致各类文体产生的重要条件，对此钟嵘曾有极精彩的论述：

> 楚臣去境，汉妾辞宫；或骨横朔野，或魂逐飞蓬；或负戈外戍，杀气雄边；塞客衣单，孀闺泪尽。或士有解佩出朝，一去忘返；女有扬蛾入宠，再盼倾国。凡斯种种，感荡心灵，非陈诗何以展其义，非长歌何以骋其情？

在钟嵘看来，诗体的产生，就是由于诸多的社会历史事件的刺激作用。这些社会历史事件往往被浓缩成一个个经典场景，被这些场景所感动的文士，将之形于纸笔，各处文体亦随之而生。

二、山水文体理论：对山水生命之美的言说

山水文体，指以山水为主要描写对象的诗、文、赋等文体，这些文体因为以山水为主要描写对象，因此在语体上强调对于山水之形的摹写，在风格上强调对于山水之神的传达，并且常常包蕴着隐逸的主题，与描写其他题材的同类文体有着明显的不同，故而才有山水诗、山水赋、山水游记这样的“特称”。中国山水文体理论的生命意识，突出地表现在强调山水文体实践中对于山水生命之美的展现，而这种理论主张也导致了中国的山水文体由模写山水之形态向言说山水之生命的逐渐转化。

山水在中国先秦的文化中，并不具备独立的美学特质，而是作为祭祀的对象和比德的参照物，如古人有“望祭”之说，《尚书·尧典》云：“望于山川，遍于群神”①，指通过遥望山川并施以膜拜，表达对山川之神灵的崇敬之情，此处的山川即是作为山川之神的外在形象而存在。《论语·子罕》有“逝者如斯”之喻，此处的山川则又是比德的参照物。直到魏晋时期，山水才逐渐获得独立的审美地位，有学者指出是玄学“把大自然从‘天人感应’的神学泥淖里解放出来，从宗教的迷雾中解放出来，恢复其自然属性和独立品格”。② 而对于玄学何以能够促使人们以审美的眼光看待山水，徐复观引《世说新语·容止》注中孙绰“以玄对山水”之句认为：“以玄对山水，即是以超越于世俗之上的虚静之心对山水；此时的山水，乃能以其纯净之姿，进入于虚静之心的里面，而与人的生命融为一体，因而人与自然，由相化而相忘；这便在第一自然中呈现出第二自然；而成为美的对象。……因为有了玄学中的庄学向魏晋人士生活中的渗透，除了使人的自身成为美的对象以外，才更使山水松竹等自然景物，都成为美的对象。”③徐氏认为，玄学家在对玄学所倡导的虚静之境的体悟中，逐渐领略到山水所拥有的纯净之美，并将对山水

---

① 《伪古文尚书》中此文在《舜典》。

② 关于玄学对山水文学之影响的问题，学界对此有争议，有肯定者，如钟元凯认为，玄学的新自然观，取代了两汉带有神学倾向的自然观，从而使自然从神学中解脱出来，拥有了独立的审美意义，李浩亦认为玄学和老庄泛神论体系关于“天道自然”理论的重新认识与阐发，冲破了两汉谶纬神学和烦琐经学的桎梏，成为促使人们领悟自然美的契机。高华平亦认为玄学的体道致玄活动将文学家投向了山水自然，山水自然题材的拓展和山川景物记与山水游记的兴起是其主要成就。有反对者，如葛晓音认为，玄学从其产生伊始，就派系林立，且有重要的政治目的，不能为山水文学的兴起提供理论基础和思想准备。参看钟元凯《魏晋玄学与山水文学》(《学术月刊》1984 年第 3 期)、李浩《山水之变——论先秦至唐代自然美观念的嬗变》(《西北大学学报》1995 年第 4 期)、高华平《玄学思潮下的魏晋山水之一瞥》(《武汉大学学报》2001 年第 1 期)与葛晓音《山水方滋 庄老未退——从玄诗诗的兴衰看玄风与山水诗的关系》(《学术月刊》1985 年第 2 期)。本处采钟氏等人之说。

③ 徐复观：《中国艺术精神》，华东师范大学出版社 2001 年版，第 140 页。

之美的审视与自身的生命相融合，从而造就了带有生命气息的、人格化的"第二自然"。还有人认为，除了玄学的影响之外，政治局势的动荡以及"衣冠南渡"之后，士人生活的自然、地理环境的变化也是促使山水审美兴起的重要原因。正是在多重原因的作用下，山水由祭祀的对象和比德的参照物转变为独立的审美对象，从魏晋时人对山水的态度中，已经可以明显地感受到这种变化，如嵇康《与山巨源绝交书》："游山泽，观鱼鸟，心甚乐之。"羊祜镇守襄阳时，"乐山水，每风景，必造岘山，置酒言咏"。(《晋书 · 羊祜传》)顾恺之言会稽山水之美有云："千岩竞秀，万壑争流，草木蒙笼其上，若云兴霞蔚。"(《世说新语 · 言语》)山水之美的发现，是山水文体(主要是山水诗、山水赋)及其相关理论产生的重要原因。① 人们甚至将能否欣赏山水之美作为作文的先决条件，如《世说新语 · 赏誉》载："孙兴公为庾公参军，共游白石山，卫君长在坐。孙曰：'此子神情都不关山水，而能作文。'"此处的"山水"，既指以山水为审美对象，又指以山水为写作对象。孙绰以卫永"神情不关山水，而能作文"为异，从反面说明以山水为审美和写作对象，在东晋时已是很普遍的现象，② 而以谢灵运为代表的文士们创作的巨大成就，更使得山水文体成为南朝文坛的一大标志。

有意思的是，南朝文士对于山水之美的发现虽然得益于玄学，但是

① 中国文学对山水的描写发端甚早，在《诗经》、《楚辞》中便已有大量的山水描写，但是这些描写不是将山水作为起"兴"的铺垫，就是将山水作为"比德"的参照，甚少以审美的眼光观照山水，倒是庄子有些言论触及到山水审美，如《知北游》云："山林与！皋壤与！使我欣欣然而乐与！"实有将山水作为纯粹审美对象的倾向，但这样的言论毕竟十分有限，且其核心思想并不在讨论山水之美。迨及两汉，山水除了继续扮演"比德"的角色外，还成了赋家炫耀华丽文辞的平台，真正以审美之眼光看待山水，应该以魏晋为始。尤以晋宋迭代之际为重要标志，而相关的文学理论也因之而兴起。

② 钱锺书认为山水文体形成气候正在东晋之时，所谓"诗文之及山水者，始则陈其形势产品……终则附庸蔚成大国，殆在东晋乎"。(《管锥篇 · 全后汉文卷八九》)

（宋）范宽《溪山行旅图》

他们在山水文体的实践中，却背弃了玄言诗质木无文的特征，① 而热衷于精致逼真而富有文采的表现手法，如刘勰所言：“自近代以来，文贵形似，窥情风景之上，钻貌草木之中。……体物为妙，功在密附。故巧言切状，如印之印泥，不加雕刻，而曲写毫芥。”（《文心雕龙·物色》）这种以精细描摹为特色的山水文体，一方面全扫之前玄言诗淡乎寡味的风格，凭借丰富之语言、清丽之意象迅速取代玄言诗占据了文坛的主导地位；另一方面，由于过分强调对山水外在形态的描写，此类作品忽略

① 有学者认为此一时期精细摹写文风的形成与佛教思想有关，般若实相学对玄学“得意忘言”、“形神相合”的否定和对“体道”、“成佛”、接近“真谛”的肯定，使得“人们可以自然而然地认为，‘道’、‘佛’、‘真谛’虽至高至大，神妙莫测，断言语道，却又俯拾皆是，平易亲切，无时无处不在，人可以与之交流，还可以借助一定的艺术形式摹写其形象，以便自己顿悟成佛。”受这种思想影响，文士一改对山水描写的轻视态度，而开始注重对山水形态的细致描绘。参见高华平《佛理嬗变与文风趋新——兼论晋宋间山水文学兴盛的原因》（《中国社会科学》1994 年第 5 期）。

了对山水内在生命意蕴的发掘和抒发。①

针对这种现象，一些文体理论家在肯定山水文体生动和清丽文风的同时，也对过度繁复的表现形式提出了批评。如颜延之在《颜氏家训·文章》中赞扬何逊山水诗"实为清巧，多形似之言"，但对一味追求语言华丽的风气也表示不满，"今世相承，趋末弃本，率多浮艳，辞与理竞，辞胜而理伏；事与才争，争繁而才损"。(《颜氏家训·文章》)钟嵘在《诗品》评山水诗人亦是如此，如评谢灵运，既对其华美之诗风表示欣赏，"才高词盛，富艳难踪"，也对其过于富丽提出批评，"尚巧似，而逸荡过之。颇以繁芜为累"。评鲍照既赞他"善制形状写物之词"，又讥他因"贵尚巧似，不避危仄"而导致"颇伤清雅之调"。评谢朓在肯定他"奇章秀句，往往警遒"时，也认为其诗"微伤细密"。采取相同态度的还有萧纲，他评价谢灵运"吐言天拔，出于自然，时有不拘，是其糟粕"。而对于学谢者只得其糟粕，而失其精华更是大加鞭挞，"是为学谢则不届其精华，但得其冗长"(《与湘东王书》)。刘彦和不仅对山水文学中的不良文风提出了批评，"自近代以来，文贵形似，窥情风景之上，外貌草木之中"，还开出了药方，"物有恒姿，而思无定检，或率尔造极，或精思愈疏。且诗骚所标，并据要害，故后进锐笔，怯于争锋。莫不因方以借巧，即势以会奇，善于适要，则虽旧弥新矣。是以四序纷回，而入兴贵闲；物色虽繁，而析辞尚简；使味飘飘而轻举，情晔晔而更新"(《文心雕龙·物色》)。刘勰认为文学之根本在情味，不在辞章，呼吁文士以闲适之心态，去体悟山水之律动，"春秋代序，阴阳惨舒，物色之动，心亦摇焉"。以文辞之简要来凸显人与山水的生命互感，"写气图貌，既随物而婉转，属采附声，亦与心而徘徊"。

正是这些文体理论对模山范水式的文风的批评，以及对山水之生命内蕴的强调，促成了山水文体从精细摹写向言说生命的逐渐转化。这种

---

① 所谓缺少对生命意蕴的发掘和抒发是就大势而言，亦有例外，如王羲之的《兰亭序》就将自然与宇宙、人生联系起来，由山水而触发生命之叹。

转化在唐代得以完成，并出现了像王维、孟浩然、柳宗元等一批山水文体(山水诗、山水游记)创作的巨匠，他们的创作都追求“物我合一”的境界，将焦点从山水的外在形态转入了人与山水生命互感的探索和展现。而且注重对山水生命之美的表现，亦成为中国山水文体理论的一个传统，如柳宗元云：“心凝形释，与万化冥合。”可见，柳氏之观山水，是以自身之生命与山水之生命相融合为最高境界。相应地，他的山水游记也以展现自我与山水之生命之融合为指向。司空图道：“戴容州云：‘诗家之景，如蓝田日暖，良玉生烟，可望而不可置于眉睫之前也。’象外之象，景外之景，岂容易可谈哉!”(《与极浦书》)所谓象外之象、景外之景，即可理解为山水景象之外的山水生命之美，司空图将其作为山水诗歌创作的高标准，可见对其的推崇。清人刘熙载亦道：“山之精神写不出，以烟霞写之；春之精神写不出，以草树写之。故诗无气象，则精神亦无所寓矣。”(《艺概·诗概》)

需要指出的是在这种转变过程中，除了文体理论本身的自觉以外，魏晋以降的画论和佛教思想(尤其是禅宗思想)对山水文体理论的形成也应有启发作用。

魏晋南北朝不仅是一个文学和文论自觉的时代，亦是一个绘画和画论自觉的时代，中国画在此时迎来了一个高峰，并出现了宗炳、谢赫等一批画论家。与同时期山水文体只关注山水外在之美不同，南朝的画论家们似乎从一开始就注意到山水的生命意蕴。如宗炳将形神论引入山水画中，提出：“山水质有而灵趣……以形媚道”(《画山水序》)，认为山水是生命之体，因此画家在观察山水和创作中都要“应会感神”，即感受、体悟山水之神，如此才能“神超理得”。谢赫著名的“六法”论中，首标“气韵生动”(《古画品录》)，虽然其指称对象主要是人物画，但气韵之说对后世的山水画论家启发甚大，到了山水画后来居上①成为画坛

① 郭若虚《图画闻见志》卷一云：“若论人物，则近不及古，若论山水，则古不及近”，可见，此时山水画之水平、地位已超越人物画。

主流时，其画论亦多见“气韵”之说，如荆浩《笔法记》(又名《山水画录》)云：“夫画有六要：一曰气，二曰韵”。虽然现在可以看到的，最早将画论与文论相关联进行综合论述的是宋代范温的《潜溪诗眼》，但画论中的“气韵”、“神韵”对文体理论(包括山水文体理论)的影响应该远在此之前就已经产生，这从唐人的文体理论中就可找到证据，如刘禹锡：“境生于象外，故精而寡和。”(《董氏武陵集纪》)司空图云：“近而不浮，远而不尽，然后可以言韵外之致耳！……倘复以全美为工，即知味外之旨矣。”(《与李生论诗书》)这种对“韵外之致”、“味外之旨”的追求，可以明显看到“气韵”说的影响。钱锺书说：“(气韵)盖初以品人物，继乃类推以品人物画，终则扩而充之，并以品山水画焉。风扇波靡，诗品与画品归于一律。……诗文评所谓‘神韵说’匪仅依傍绘画之品目而立文章之品目，实亦迳视诗文若活泼剌之人。”①这段话虽然最终重点在于强调文体批评自身所具有的生命意识，但从中亦可见“神韵”之说用之于文体批评，实是受到了画论的影响。

魏晋以降，随着佛教的传播，尤其是禅宗的形成，促进了山水文体理论对山水生命意蕴的彰显。如禅宗强调佛性的普遍存在，不惟人有佛心，山水亦有佛心，“青青翠竹，尽是法身；郁郁黄花，无非般若”。(《菏泽神会法师语录》)这就使山水从“人化”的阴影下走了出来，获得了与人平等的地位，人在观照自然的过程中，不再采取居高临下的姿态。同时，禅宗倡导心之“清净”，“心是菩提树，身为明镜台。明镜本清净，何处染尘埃”。清净之心不仅能让人放弃心中的尘凡杂念，以虚静之状态感受山水之美，而且在这种去“自我”化的过程中，人亦排除了以娱乐、解忧之目的来看待山水，更容易形成人与山水之间生命的互感。② 禅宗影响下的山水审美观的蜕变，使得盛唐乃至其后的山水文体理论越来越注重对山水生命之美的展现，如苏轼的“空静”之说，“欲令

---

① 钱锺书：《管锥编》(四)，三联书店2001年版，第238页。

② 此处有关禅宗对山水审美心态影响的论述参考了傅绍良《禅宗与盛唐山水审美意识的转变》(《陕西师范大学学报》2000年第4期)一文。

诗语妙，无厌空且静。静故了群动，空故纳万境”，正是吸收了释家的“空”、“静”观，强调创作主体排除杂念，以虚空、宁静之心态，凝神观照，与物俯仰，从而形成人与山水的生命沟通。

三、史传文体理论："实录"论中的生命意识

史传文体的发端，可以追溯到《尚书》和《春秋》，如《汉书·艺文志》云：“左史记言，右史记事，事为《春秋》，言为《尚书》。”①从先秦丰富的历史著作也可看出，史传文体在先秦时就已经较为发达，但是相关的文体理论却迟至《文心雕龙·史传篇》的出现，才算正式产生。②而这种理论一俟确立，就表现出强烈的生命意识，这种意识典型地体现为以天下苍生为念的情怀，如果说“文气说”聚焦于个体生命气息与文体的关系，那么史传文体理论则关注于群体生命与文体的关系。③ 中国

---

① 《礼记·玉藻》又言：“动则左史书之，言则右史书之。”与《汉书》说法正相反。

② 尽管在《文心雕龙》之前，已有一些关于历史散文的论述，如《左传·昭公三十一年》载左丘明语曰：“《春秋》之称微而显，婉而辞。上之人能使昭明，善人劝焉，淫人惧焉。是以君子贵之。”又《左传·成公十四年》：“《春秋》之称微而显，志而晦，婉而成章，尽而不汙，惩恶而劝善，非圣人谁能修之？”孟子提出要从事、文、义等范畴把握《春秋》，并说：“世衰道微，邪说暴行有作，臣弑其君者有之，子弑其父者有之。孔子惧，作《春秋》。……孔子成《春秋》而乱臣贼子惧。”（《孟子·滕文公下》）多是从文体风格和文体功能角度切入，但是由于这一时期还没有真正意义上的史传文体，因此这些议论都未涉及史传文体。及至汉代，司马谈在《论六家要旨》中谈到《春秋》，也还是从历史散文的文体功能和意义上着眼，班彪的《史记后论》，谈到了《史记》的列传部分，并称誉其文体“善述序事理，辩而不华，质而不野，文质相称”，但寥寥数句，不成系统。（其文见《后汉书》本传）班固在《汉书·司马迁传》中也表达了相似的观点。魏晋南北朝时期，对于文体的关注才日益强烈，又张辅专门著文论述班、马之优劣，提出司马迁“辞约而事举”，并从文体创造、材料取舍等方面比较班、马，认为司马迁远胜班固。（其文见《晋书》本传）范晔《后汉书·班彪传》后亦将司马迁与班氏父子进行比较，认为“迁文直而事核，固文赡而事详”，并多有从文体角度论述之言。然诸人皆未有专从史传文体讨论者。直到《文心雕龙》独辟一篇讨论史传文体，方才正式形成这方面的文体理论。

③ 本书的“史传文体”，依《文心雕龙》之解释，泛指历史散文文体，非专指历史人物传记。

的史传理论始终抱持着对于群体生命及其命运的关切之情，并具体表现为两个方面：一是通过对史传文体“实录”精神的强调；二是通过对史传文体指导和干预现实社会、政治功能的强调。

史传文体理论对“实录”精神的强调，其意义在于只有通过“实录”，历史的原貌才能被保存，历史事件背后的经验和教训才真正具有借鉴和指导的意义。因此，“实录”的真正目的并不只是要留下一部“信史”，更是要留下那些具有巨大价值的经验和教训，能让后人吸其益而避其害，达到以史为鉴。所以说，史传文体理论对“实录”精神的强调，体现的是对当下群体命运的责任感，是对“大我”的生命关怀。但是史官要想做到“实录”存在着客观和主观两方面的困难：

就客观方面而言，“实录”意味着巨大的风险，史官可能因此失去生命，这种记载屡见于史册，如《左传·襄公二十五年》所载“崔杼弑其君”事件中，太史因为实录就接连付出了血的代价。三国时吴国的韦昭因为要给废太子孙和做纪，触怒孙皓被杀。北朝时北魏的崔浩在编史过程中，也因为直书当权者不光彩的过去而遭诛。可见，史官在秉持实录精神的同时，常常伴随着性命之危，往往面临着取“小我”还是取“大我”的抉择和考验。而史传文体理论家在这种情况下都强调要舍小取大，如刘勰在《文心雕龙·史传》中认为面对实录时遭遇的风险，史家应该“不畏强御”、“按实而书”。刘知幾在《史通》中更是独辟《直书》一章全面地论述了史传的实录问题，他指出实录能使“贼臣逆子、淫君乱主……秽迹彰于一朝，恶名被于千载”。正是有鉴于这种威胁，“乱臣”、“淫君”们就不会坐视史官的直书其事，而会运用各种手段阻止史官，这就反过来对史官构成了威胁。与刘勰不同的是，刘知幾创新地提出了“可为之时”和“不可为之时”的问题，主张史家应正确地判断政治形势和统治者的个性，于“可为之时”为之，而于“不可为之时”要学会绕过官方，采取私下修史的方式，保全实录的精神。但是，刘氏也强调在实录精神与自身性命难以两全的情况下，要有牺牲自我，成全实录的勇气和精神。“若南、董仗气直书，不避强御；韦、崔之肆情奋笔，无所阿容。虽周身之防有所不足，而遗芳余烈，人到于今称之，与夫王沈《魏书》，假回邪以窃位，董统《燕史》，持谄媚以偷荣，贯三光而洞九泉，曾未足喻其高下也。”

就主观方面而言，由于历史写作本身的特殊性，亦对著史者的道德品质构成了很多考验。如面对浩繁的史料，著史者能否进行仔细的阅读、整理、分类，“阅石室，启金匮，抽裂帛，检残竹，欲其博练于稽古”(《文心雕龙·史传》)；对于资料记录不全或者有疑问的地方，著史者能否进行实地勘察；对于史料付之阙如而实地调查又难以获得可信资料的地方，著史者能否保持实事求是的存疑态度，所谓“文疑则阙，贵信史也”(《文心雕龙·史传》)，如此种种也是对著史者道德品质的考验。司马迁是这方面的典型，如《太史公自序》载子长甫继乃父之位，便开始着手整理史料，“紬史记石室金匮之书”，同时对于史料不全或有疑问处，司马迁也积极展开实地考察，对于历史上的“空白”期，他亦能诚实地加以说明。《史记·五帝本纪》载太史公之言道：

> 学者多称五帝，尚矣。然《尚书》独载尧以来，而百家言黄帝，其文不雅驯，荐绅先生难言之。孔子所传宰予问《五帝德》及《帝系姓》，儒者或不传。余尝西至空峒，北过涿鹿，东渐于海，南浮江淮矣，至长老皆各往往称黄帝、尧、舜之处，风教固殊焉，总之不离古文者近是。予观《春秋》、《国语》，其发明《五帝德》、《帝系姓》章矣，顾弟弗深考，其所表见皆不虚。《书》缺有间矣，其轶乃时时见于他说。非好学深思，心知其意，固难为浅见寡闻道也。余并论次，择其言尤雅者，故著为本纪书首。

这里，司马迁在考订五帝史实的过程中，不满足于现在资料的记录，并不惜花费大量的时间和精力进行实地考察，在掌握大量第一手材料的基础上，才动手写《五帝本纪》。司马迁能够做到这一点，正是因为他深知忠实记录的意义所在，故扬雄《法言·重黎》论及司马迁，直标“实录”二字。王充亦言：“子长少臆中之说。”(《论衡·案书》)顾颉刚曾评价司马迁道：“他一说到上古，就叹一声‘尚矣’，于是接着说，这‘不可记’了，‘不可考’了，‘吾不知了’，‘余不敢言’了。这种老实承认的态度，试问比了一班儒者自以为万事万物都能明白，虽是文献无征之世也可用了排列法来排出它的制度的，要光明磊落了多少？”①

司马迁像

对于史家的造假行为，历代史传文体的批评家都进行了严厉的批评，如刘勰就对“穿凿傍说”、“旧史所无，我书则传”的行为表示不齿。刘知幾云：

> 用舍由乎臆说，威福行乎笔端，斯乃作者之丑行，人伦所同疾也。亦有事每凭虚，词多乌有；或假人之美，藉为私惠；或诬人之恶，持报己仇。(《史通·曲笔》)

除了提出对于造假行为的批评之外，还特别对有些史家借著史之机，挟

① 顾颉刚：《崔东壁遗书·序》，上海古籍出版社1983年版，第27页。

公报私的造假动机进行了揭露。到了章学诚，又在《文史通义》中专辟一章讨论“史德”问题，章氏认为史德的高下，决定着史传文体水平的高下。章学诚对史德的创新之处在于，他将著史者的史德缺陷分为两类，一类是本身就道德败坏者，“魏收之矫诬，沈约之阴恶，读其书者，先不信其人，其患未至于甚也。所患夫心术者，谓其有君子之心，而所养未底于粹也”。章氏认为，这一类人因为败坏之德已见于外，因此后人在读他们的史传著作时，先保持着警惕之心，故其危害反而不大。一类是怀君子之心而修养未至者。章氏认为这一类人本无败坏之心，后人在读他们的著作时，没有防备之心，因此更容易被其中的不当言论所误导。对此，章学诚进一步分析道：

> 文不足以动人，所以动人者，气也；凡文不足以入人，所以入人者，情也。……夫文非气不立，而气贵于平。人之气，燕居莫不平也。因事生感，而气失则宕，气失则激，气失则骄，毗于阳矣。文非情不深，而情贵于下。人之情，虚置无不正也。因事生感，而情失则流，情失则溺，情失则偏，毗于阴矣。阴阳伏沴之患，乘于血气而入于心知，其中默运潜移，似公而实逞于私，似天而实蔽于人，发为文辞，至于害义而违道，其人犹不自知也。

章氏将文气说引入史传文体的讨论当中，提出文之所以能动人，在于气与情，而气、情由人而生，当人之道德合于天理时，无论外物如何刺激，都能保持平正之心态，从而保证实录精神的贯彻。但是人之道德修养不够时，纵然怀着君子之心，一旦遭遇外物刺激，就可能产生偏颇之气、情，并发出徒逞私欲、“害义违道”的言论。

对实录精神的倡导，体现了史传文体理论对于当下群体生命的关怀，强调史传文体对于现实的指导和干预功能，也体现了这种关怀之情。如刘勰在《文心雕龙·史传》反复强调史传文体的写作目的就是“彰善瘅恶，树之风声”。他以孔子作《春秋》为例，言道：“夫子闵王道之缺，伤斯文之坠……就太师以正雅颂，因鲁史以修春秋，举得失以表黜陟，征存亡以标劝戒。”又说：“原夫载籍之作也，必贯乎百氏，被之千载，表征盛衰，殷鉴兴废。”彦和以为，史传文体的写作目的和任务，其一是要通过历史兴衰的记载，探索其中的为政规律，为治国者提供参考和借鉴；其二是通过历史事件和人物的记载，来彰显道德之善恶，扬善惩恶，并以此来对上至国君、下至庶民进行道德教化。刘知幾明言：“史之为务，申以劝诫，树之风声。其有贼臣逆子，淫君乱主，苟直书其事，不掩其瑕，则秽迹彰于一朝，恶名被于千载。”(《史通·直书》)并称颂《春秋》“就败以明罚，因兴以立功”(《史通·六家》)。刘氏之论，不仅从反面复申刘勰之论，更可推导出这样的结论：史传的巨大影响力，不仅可以进行教化，还有威慑的作用，使那些有奸佞淫乱之心的君臣们不敢胡乱作为。章学诚亦以《春秋》为“史之大原”，提出“《春秋》之义，昭乎笔削。笔削之义，不仅事具始末，文成规矩已也；以夫子‘义则窃取’之旨观之，因将纲纪天人，推明大道。所以通古今之变而成一家之言者，必有详人之所略，异人之所同，重人之所轻，而忽人之所谨。……及其书之成也，自然可以参天地而质鬼神，契前修而俟后圣”。(《文史通义·答客问上》)章氏此论将史传文体的作用形而上化，指出史传之用在于“推明大道”，实际上究其内涵，还是在强调史传的经世之用。

总之，无论是对实录精神还是指导现实功能的强调，都反映了史传文体理论关注当下、关注苍生的现实情怀和生命意识。

四、文分南北：风格学与生命本体论

“文分南北”说认为文体的风格因为受到南北不同自然环境、民风民俗、政治气候、思想文体乃至语言语音的影响，呈现出不同的风貌。这种理论实际上是将文体风格视作鲜活的生命体，认为风格并非只有一种呆板、僵化的模式，而是呈现出多姿多彩、千变万化的特征，而通过多样化的风格，我们可以感受到来自不同自然风物与社会文化所包蕴的生命气息。

“文分南北”的说法，其来已久。《吕氏春秋·季夏纪·音初》载：

> 孔甲……作为《破斧》之歌，实始为东音。……涂山氏之女乃令其妾待取禹于涂山之阳，女乃作歌……实始作为南音。殷整甲徙宅西河，犹思故处，实始作为西音……有娀氏有二佚女……作歌一终……实始作为北音。

这里，《吕氏春秋》对东西南北四方之音的产生背景、发端之人乃至曲名、曲词皆有介绍。由于先秦时期“诗乐舞合一”，“音分南北”之说实际包含了“文分南北”的意思。因此，《吕氏春秋》中的四方之音说可算是“文分南北”理论的先声。此后，“文分南北”一说就屡见于文体理论之中，如《文心雕龙·乐府》：“涂山歌于‘候人’，始为南音；有娀谣于‘飞燕’，始为北声；夏甲叹于东阳，东音以发；殷整思于西河，西音以兴：音声推移，亦不一概矣。”刘勰思想实是直承《吕氏春秋》而来，其贡献在于将其划入文体论(乐府体)的范围。及至北齐，邢邵在《萧仁祖集序》中又道：“昔潘陆齐轨，不袭建安之风；颜谢同声，遂革太元之气。自汉逮晋，情赏犹自不谐；江南江北，意制本应相诡。”(《全齐文》卷三)其主意在说明文质之变，但已明显涉及了南北文风不同的问题。① 正是由于长期的理论积淀，迨及唐代，终于出现了“文分南北”的经典言论，即《隋书·文学传序》所云：

> 江左宫商发越，贵于清绮；河朔词义贞刚，重乎气质。气质则理胜其词，清绮则文过其意。理深者便于时用，文华者宜于咏歌。

---

① 《世说新语·文学》载：“褚季野语孙安国：‘北人学问渊综广博。’孔答曰：‘南人学问清通简要。’支道林闻之，曰：‘圣贤固所忘言，自中人以还，北人看书如显处视月，南人学问如牖中窥日。’”讨论的也是南北差异问题，不过对象是学术，而非文学。

此其南北词人得失之大较也。

这段议论对南北文体风格的典型特征及其得失都分析得颇为精当，对后世“文分南北”理论产生了深远影响。如明人徐学谟在《二卢先生诗集序》中道：“北主迅爽，而南人诮其粗；南主婉丽，而北人则短其弱。”（《明文海》卷二百九十六）清人谢坤曰：“北方刚劲，多雄豪跌宕之词；南方柔弱，悉艳丽钟情之作。”（《春草堂诗话》卷五）都明显受到了《隋书·文学传序》“文分南北”说的影响。

除了从总体上分析南北文风的差异，还有很多文体理论针对具体的文体，讨论南北之差异。关于词体的南北差异，宋人赵文道：“近世辛幼安跌宕磊落，犹有中原豪杰之气，而江南言词者宗美成，中州言词者宗元遗山，词之优劣未暇论，而风气之异，遂为南北强弱之占。”（《青山集》卷二《吴山房乐府序》）况周颐云：“南宋佳词能浑，至金源佳词近刚方。宋词深致能入骨，如清真、梦窗是。金词清劲能树骨，如萧闲、遁庵是。南人得江山之秀，北人以冰霜为清。南或失之绮靡，近于雕文刻镂之技；北或失之荒率，无解深裘大马之讥。”（《蕙风词话》）关于曲体的南北差异，王世贞认为：“北主劲切，南主柔远。”（《曲藻·序》）其在《艺苑卮言》附录中又云：“凡曲北字多而调促，促处见筋；南字少而调缓，缓处见眼。北则辞情多而声情少，南则辞情少而声情多。北力在弦，南力在板。北宜和歌，南宜独奏。北气易粗，南气易弱。”王骥德《曲论·杂论》：“南北二调，天若限之。北之沉雄，南之柔婉，可画地而知也。”孔尚任《古铁斋诗序》：“画家分南北派，诗亦然之。北人诗隽而永，其失也夸；南人诗婉而风，其失也靡。”（《孔尚任诗文集》卷六）刘师培：“自元以降惟剧曲一端，区分南北。”（《南北文学不同论》）

这些对文体风格的讨论，虽然有差异，但其总体的指向是一致的，即认为不同的文体风格是不同地域自然环境和社会文化的生动反映，自然环境和社会文化将自己的生命气息灌注于文体之中，从而形成了各具特色的风格。而对于这些生命气息中，哪些因素占据主要地位，文体理论家们又众说纷纭。

有人纯从自然地理环境的角度来解释，如颜之推：

> 南方水土和柔，其音轻举切诣，失在浮浅，其辞多鄙俗；北方山川深厚，其音沉浊而铫钝，得其质直，其辞多古语。（《颜氏家训·音辞》）

明代唐顺之在《东川子诗集序》中道：

> 西北之音慷慨，东南之音柔婉，盖昔人所谓系水土之风气，而先王律之以中声者……若其音之出于风土之固然，则未有能相易者也。

这一解释角度中，以王世贞的理论最为极端，他认为同一文士遇到不同的自然地理环境，就会导致不同文风的出现：

> 至于山川土俗，出不必异，而成不必同。务当于有物有则之一误。而会昨者莅魏行戍燕赵，其地莽苍磊块，故于辞慷慨多节而凌厉。寻转治武林吴兴间，其所遇清嘉而丽柔，故其辞婉而务当于致。足下见仆魏诗而怪之，或见仆吴篇而合也。（《答周俎》）

王世贞的理论当然有不当之处，但是这种理论却表现出鲜明的生命意识，即将风格的变化与自然环境紧密地联系起来，提出风格作为一个生命体，会受到不同自然环境中生命气息的感动，从而形成不同的风格特征。

更为常见的是将自然环境与地域民风联系起来，认为不同的自然地理环境造就了不同的地域民风，从而影响到文体风格。早在《汉书·地理志》中，就已经为这种解释提供了理论支持，“凡民函五常之性，而其刚柔缓急，音声不同，系水土之风气”。班固认为人性乃至民风之养成正是地理环境的原因。宋代庄绰亦云：“大抵人性类其土风，西北多山，故其人重厚朴鲁；荆扬多水，其人亦明慧文巧，而患在轻浅。”(《鸡肋编》卷上)顺着这一思路，文体理论家们构建了一个自然、民风、文体的因果链。朱熹《诗集传》云：“(唐)其地土瘠民贫，勤俭质朴，忧思深远，有尧之遗风焉。”并在《蟋蟀》中释道：“唐俗勤俭，故其民间终岁劳苦，不敢少休，及其岁晚务闲之时，乃敢相与燕饮为乐。而言今蟋蟀在堂，而岁忽已晚矣。当此之时而不为乐，则日月将舍我而去矣。然其忧虑而思远也，故方燕乐而又遽相戒曰：‘今虽不可以不为乐，然不已过于乐乎？盍亦顾念其职之所居者，使其虽好乐而无荒，若彼良士之长虑而却顾焉，则可以不至于危亡也。’盖其民俗之厚，而前圣遗风之运如此。”朱熹认为，《诗经·唐风·蟋蟀》的诗风正是其民风质朴的反应，而民风质朴又是由于其土瘠民贫。中国传统文体学中从自然与民风综合角度解释“文分南北”的思想，对于后世的中外理论家也多有影响，如刘师培云：“大抵北方之地，土厚水深，民生其间，多尚实际；南方之地，水势浩洋，民生其际，多尚虚无。民崇实际，故所著之文，不外记事、析理二端；民尚虚无，故所作之文，或为言志、抒情之体。”(《南北文学不同论》日本学者青木正儿在《中国文学思想史》中说：“南方气候温暖，土地低湿，草木繁茂，山水明媚而得天独厚。北方则气候寒冷，土地干燥，草木稀少。既无明媚之风光，天然产物亦复不多。故南人生活逸乐，得沉湎于空想或冥想之中，是以民性浮华，热情而富有诗意。其文艺思想则流于浪漫主义，而有逸乐的、华美的、放荡的倾向。反之，北人则必须为生活而努力，故其民性质朴而现实，富于理想。其文艺思想则流于功利的现实主义，具有力行的、质实的、拘谨的倾向。”①此二人对于文体风格的解读，显然都受到了来自中国传统文体

① [日]青木正儿著，郑梁生、张仁青译：《中国文学思想史》，台湾开明书店 1977 年版，第 1-2 页。

学的影响。另外，将文体与自然环境、民风民俗联系起来的研究，不仅在中国传统文体理论中非常盛行，而且在西方亦有同道，如法国的史达尔夫人在《论文学》和《论德国》中将欧洲文学分为南北，并认为南北文学的差异完全源于其不同的自然环境以及由此养成的不同地域风俗。

还有一些批评家认为，文体风格的差异不单纯是自然环境、民风民俗差异的表现，而是多方综合影响的结果，因此除了自然和民风，还要考虑到政治、思想、语言等多种因素。如王世贞后来就改变了自己的地理决定论，而综合多种因素分析南北文学差异的原因：

> 自东京而后为永嘉，而大江始画地而南北。其北日侵寻于马上之业，不暇调宫徵理经纬，而噫謦之所发，为悲歌慷慨，其气完而骨劲。南则以其泉石之余地，舟楫之余晷，负隐囊，握斑管，而课花鸟，字组而句，句组而篇，然亦不胜其靡靡。(《郢垩集序》)

在此，王氏认为南北文学差异的形成至少有三种原因，首先亦是最重要的原因是政治上的分裂。他将永嘉作为南北文学差异产生的起点，正是由于这一时期北方少数民族的入侵和中原政权的南迁，造成了南北政治上的分裂。其次是外来文化对本土文化的改造。在北方，少数民族在入主中原的同时，也带来了迥异于传统的文化习俗，如尚武好战，并取代传统文化成为新的北方文化，而南方亦由于衣冠南渡，将中原的文化引入南方，形成了新的南方文化，南北文化的巨大差异也是导致南北文风巨大差异的重要原因。再次，自然地理环境也起到了一定作用，尤其是在南方，良好的自然环境不仅给南迁而来的中原文化提供了很好的条件，还在一定程度上激发其发展出新的文体风格。① 王国维则着重从思想文

---

① 王氏之说，较好地综合分析了南北文学差异产生的原因，但将政治上之分裂作为最重要之原因，恐有臆断之嫌。中国政治上的分裂局面，并不始于永嘉时期，三国时期乃至更早的先秦，就已多次出现分裂局面。由此，亦可肯定，南北文学之分并不始于南北朝时期。

化的角度解读南北文学的差异及其得失：

北方派之理想，置于当日之社会中；南方派之理想，则树于当日之社会外。易言以明之，北方派之理想，在改作旧社会；南方派之理想，在创造新社会……南方之人，以长于思辩，而短于实行，故知实践之不可能，而即于其理想中求其安慰之地，故有遁世无闷，嚣然自得以没齿者矣。若北方之人，则往往以坚忍之志，强毅之气，持其改作之理想，以与当日之社会争。（《屈子文学之精神》）

他认为北方的思想文化传统在于关注现实，故其文学多描写社会人生，然其失在于过分关注现实不能跳脱，而致缺乏想象，因此北方文学多出产短篇小诗，而乏长篇巨制；南方的思想文化特征在于发挥想象，故其文学多表现壮丽玄想，然其失在于过分耽于想象忽视人生，而致缺乏深度，因此缺乏真正意义上的诗歌。“北方人之感情，诗歌的也，以不得想象之助，故其所作遂止于小篇。南方人之想象，亦诗歌的也，以无深邃之感情之后援，故其想象亦散漫而无所丽，是以无纯粹之诗歌。”亦有学者从语言、语音的角度理解，如陆德明《经典释文·叙录》：

或失之浮清，或滞于重浊。陆法言《切韵考》：吴、楚则时伤轻浅，燕、赵则多伤重浊。

虽然都是从语言的缺陷着眼，但亦可见南北差异之巨。韵律、声调是文体的重要组成部分，因此语言的差异，也自然会影响文体风格的形成。刘师培有言：“声能成章者谓之言，言之成章者谓之文。……声音既殊，故南方之文，亦与北方迥别。”（《南北文学不同论》）

可见，南北文体风格差异的形成不是一两个因素影响的结果，而是自然山水与社会万象共同作用的结果。因为寄托了自然的生命之美，透过风格的面纱，我们才可以看到杏花春雨的秀美、骏马秋风的壮观，因为握住了社会的跳动脉搏，通过风格的扬声，我们才可以听到玉面瑶琴的轻吟，铜板琵琶的嘶吼。

需要指出的是，在一些因素促成南北文风差异形成的同时，还有一些因素会消磨南北文风的差异，如政治上的统一、经济上和文化上的融合等。梁启超有言：

> 自唐以前，于诗于文于赋，皆南北为家数。长城饮马，河梁携手，北人之气概也；江南草长，洞庭始波，南人之情怀也。散文之长江大河一泻千里者，北人为优；骈文之镂云刻月善移我情者，南人为优。盖文章根于性灵，其受四周社会影响特甚焉。自后世交通益盛，文人墨客，大率足迹走天下，其界亦浸微矣。（《中国地理大势论》）

此外，作家个人出众的天赋也会在一定程度上掩蔽，甚至完全超越地域文化对其的限制，如王世贞就盛赞黄淳父能兼有南北之长，“今吴下之士与中原交相诋。吴习务轻俊，然不能不推淳父之精深；中原好为豪，亦不能以其粗而病淳父之细者，淳父真能济矣”(《黄淳父集序》)。又其评范琴之诗文云：“骤而披之，若舒秀撷彩，近于南之靡丽者。徐味之，而不失所谓沉深矣。夫靡不病气，丽不病骨。用其南以程北，而鲜不合也。”(《郢垩集序》)而开融合南北之先河者应是屈原，“屈子南人而学北方之学者也…… 就屈子文学之形式言之，则所负于南方学派者，抑又不少。彼之丰富之想象力，实与庄、列为近”(《屈子文学之精神》)。在王国维看来，正是由于屈原吸收了南北思想之长，所以能打破诗歌只写短句，难为长篇的僵局，从而使诗歌的表现力大大加强。他赞美道：“周、秦间之大诗人，不能不独数屈子也。”王氏没有说明的是，为何只有屈原才能成为那个时代唯一的“大诗人”，其实根源正在于屈原本身超人的天赋，使其能够涵化南北文学之长，超越地域、文化的局限。刘师培在其《论研究文学不可为地理及时代之见所囿》一文中就曾修正其早年在《南北文学不同论》中的观点，“试以晋人而论，潘岳为北人，陆机为南人。何以陆质实，而潘清绮？……若必谓南北不同，则亦只六朝时代为然……士衡入洛，子山入周，南北易地，各能蔚成风气”①，也是强调文士自身的先天因素对文体风格有重要影响。

“文风南北”理论的支持者和反对者，其争论的焦点在于哪些因素在文体风格的形成中占据了主导因素，或者说，文体这个生命体的形成过程中更多地反映了哪些因子的作用，但无论是支持者还是反对者，都反映出其将文体视作一个生命体，并关注自然、社会对文体的生气灌注。这种视角本身就反映出其理论的生命本体意识。

第三节 “诗能穷人”、“诗能达人”：文体对于文士命运影响的理论

上一节，本书对文体学生命本体意识的考察，主要是通过梳理个体生命、自然生命、社会生活对文体形成与发展产生重要影响的相关理论，② 即从文体被动接受的角度，说明中国传统文体学中的生命意识。本节将从文体主动作用的角度，通过对文体主动作用于个体生命的相关理论的讨论，说明文体学的生命本体意识。如果说通过前一种理论，可以看到个体、自然、社会赋予文体以生命，那么在后一种理论视野中，则可看到文体在获得了生命的独立与自由之后，反过来影响文士的命运。这种观点分别体现在“诗能穷人”和“诗能达人”两种理论当中。

“诗能穷人”和“诗能达人”的思想与“诗穷而后工”这一中国文体论的经典命题有密切关系，欧阳修在《梅圣俞诗集序》中提出：

---

① 刘师培：《中国中古文学史讲义》，上海古籍出版社 2006 年版，第 135 页。

② 上文“物感说”一段，强调生命的互感、互动，是从人与物的角度着眼，而非从文体与物的角度着眼，人与物的互感、互动导致了文体的发生，亦即说文体的发生还是一个被动的过程。

凡士之蕴其所有而不得施于世者，多喜自放于山巅水涯……内有忧思感愤之郁积，其兴与怨刺，以道羁臣寡妇之所叹，而写人情之难言，盖愈穷则愈工。然则非诗之能穷人，殆穷者而后工也。予友梅圣俞……年今五十犹从辟书，为人之佐。……圣俞亦自以其不得志者，乐于诗而发之。……若使其幸得用于朝廷，作为雅颂以歌咏大宋之功德，荐之清庙而追商、周、鲁《颂》之作者，岂不伟欤？奈何使其老不得志，而为穷者之诗，乃徒发于虫鱼物类、羁愁感叹之言，世徒喜其工，不知其穷之久而将老也，可不惜哉？

可见，这一命题从提出伊始，就包含着两层含义：文士之"穷"会造成诗体之"工"；文士之"达"亦会造成诗体之"工"。应当指出的是，一般文体论者大多只注意到前一种观点，而有意无意地忽略了后一种观点，实际上，在欧阳修看来，穷苦之辞并不比庙堂之音更出色。如他所说，若梅尧臣不沉沦下潦而得到重用，则可能写出像《商颂》、《周颂》的大雅之作，言下之意，文士之"穷"固然能带来诗体之"工"，但文士之"达"也能带来诗体之"工"。① 因此，围绕着文士之"穷"、"达"对诗体之"工"的影响，就形成了两种截然相反的观点，一种认为只有文士之"穷"才能造成诗体之"工"；另一种认为文士之"达"才能造就真正的诗体之"工"。更为重要的是，这两种观点经过发展，又分别歧生出了"诗能穷人"和"诗能达人"的观点，如果说"穷而后工"、"达而后工"是从文士之命运对文体之影响着眼，那么"诗能穷人"、"诗能达人"则将这种影响完全反转，强调文体生命对于文士命运的影响。

---

① 有学者据此提出了"文不关穷"论，如清初吴兆骞提出："古人之文自工，非以穷也。彼所谓穷，特假借为辞，如孟襄阳之不遇、杜少陵之播迁尔……然以仆观之何如哉？九州之外而欲九州之内之人以自比附，愈疏阔矣。同在覆辙之中，而邈焉如隔夜泉，未知古人年此当复云何。以此知文莫工于古人，而穷莫甚于仆；惟其工，故不穷而言穷，故当工而不能工也。"（《秋笳集·与徐庵书》）吴兆骞以亲身经历为例说明，命运之困窘并非文体之工的原因。他以崇古为基调，认为古人文体之工，是其才气使然，与命运无涉。

欧阳修像

一、“诗能穷人”论

单就“穷”与“工”的关系来看，欧阳修认为，诗体之“工”是由文士之“穷”引起的。文士由于命运坎坷、怀才不遇而内心郁结，又因物所感，故发而为诗。这样的诗往往包含着丰富的情感，因此多有佳作。①

① 亦有人认为文士之“穷”非专指命运之困窘，而泛指一切“位不配德，任不展才”之人。如清人宋荦在重刻《宛陵集》序中言道：“欧公谓世所传诗者多出于古穷人之道辞，则学者不能无疑焉。《诗》三百篇，如武王、周公、成王、宣王、如康穆公、尹吉甫、卫武公之伦，其所赋诗皆目为古穷人之辞乎？非穷人也，而遂疑其诗有未工而可乎？……先生即系官于朝而为尚书都官员外郎，则非沉沦氓庶也。史称西南夷布弓衣皆织其诗，名重于时如此，岂穷哉？然则，欧公奚以云？盖尝闻诸孔子曰：‘君子通于道之谓通，穷于道之谓穷。’凡位不配德，任不展才，是皆所为不得志而穷焉者之事也。故欧公曰：‘若使其幸得用于朝廷，作为雅颂而追商周之作者，岂不伟欤。奈何使其老不得志而为穷者之诗也。’观于是而欧公之言明，先生之意得矣。”（转引自《梅尧臣集编年校注·逸录》）宋氏认为文士之“穷”，指文士社会地位与其才德的不相匹配，其社会地位限制了文士才德的发挥，正是这种落差激发了文士的创作。这里的“穷”人不仅包括了命运困蹇的文士，也包括一些生活优裕、身居要职的文士。其解较为通达，可备一说，但是同时，宋氏又认为困穷而生之文，未必比位高权重、春风得意之人所做之文出色，则与“愈穷愈工”说相矛盾。

欧氏之论，实际上是继承了司马迁的“发愤著书说”，不同之处在于，太史公的理论只泛泛言及文士命运之穷是文体发生的原因，而文忠公在此基础上，较为详细地讨论了文体如何发生的问题，在命运之“穷”与文体之“工”的关系上，他不仅提出两者成正比，所谓“愈穷则愈工”。还对文士之“穷”如何造成诗体之“工”有较详细的分析，他认为：

> 君子之学，或施之事业，或见于文章，而常患于难兼也。盖遭时之士，功烈显于朝廷，名誉光于竹帛，故其常视文章为末事，而又有不暇与不能者焉；至于失志之人，穷居隐约，苦心危虑而极于精思，与其有所感激发愤惟无所施于世者，皆一寓于文辞，故曰穷者之言易工也。（《薛简肃公文集序》）

在欧阳修看来，部分事业通达者，除了视文章为末事而不屑为，也有不能为和不暇为的情况；① 而风尘未偶者，多是心有郁积、感情充沛，又没有事功作为情感和才气抒发的渠道，只能专注于文体创作，故常常能写出好的作品。实际上，在司马迁与欧阳修之间，已经有多人论及文士之“穷”与文体之“工”的关系，桓谭《新化·求辅》：“贾谊不左迁失志，则文彩不发……扬雄不贫，则不能作《玄》《言》。”赵岐《〈孟子〉章句·题辞》：“余困吝之中，精神遐漂，靡所济集，聊欲系志于翰墨，得以乱思遗老也。”钟嵘《诗品·上》评李陵：“生命不谐，声颓身丧，使陵不遭辛苦，其文亦何至此！”韩愈曾反复论及此问题，如《柳子厚墓志铭》：“然子厚斥不久，穷不极，虽有出于人，其文学词章，必不能自力以致必传于后如今。”其《贞曜先生墓志铭》又云：“维卒不施，以昌其诗。”

---

① 此处欧阳修为强调文士之“穷”对诗体之“工”的重要作用，故引“遭时之士”不善文章作为对比，但欧阳修对其原因的分析，说明“遭时之士”不善文章多是主观方面的原因，即“不屑为”、“不暇为”、“不能为”，而不是仕途通达这个客观情况造成的。也就是说，欧阳修关于部分“遭时之士”不善文章的看法，并不代表对《梅圣俞诗集序》中有关文士之达有益诗体之工观点的否定。

《上兵部李侍郎书》亦道：“性本好文学，因困厄悲愁，无所告语，遂得……奋发乎文章。”①苏轼也有诗云：“诗人例穷蹇，秀句出寒饿。”(《病中大雪数日未尝起观虢令赵荐以诗相属戏用其韵答之》)均将命运之“穷”看成是文体之“工”的原因。②

在“穷”与“工”关系的讨论中，有学者逐渐认识到，很多时候，不是文士之“穷”决定了诗体之“工”，而是诗体之“工”引起了文士之“穷”，即从文体风格特征及其创作规律对文士命运的影响角度来理解“文体”与“文士”的关系，这实际上是将“诗穷后工”改写成了“诗能穷人”。而这一观点在具体的理论言说过程中，又有两种角度：

一种角度是用天命观来解释文体风格对文士命运的影响，如白居易《答刘和州禹锡》：“不教才展休明代，为罚诗争造化功。”③将文体创作看成与天争功的行为，将文士之穷看成是对诗争造化这种行为的惩罚。还有一些学者将诗争造化进一步解读为对自然万物的具象摹写，认为这

---

① 韩愈《荆潭唱和诗序》云：“夫和平之音淡薄，而愁思之声要妙；欢愉之辞难工，而穷苦之言易好。是故文章之作，恒发于羁旅草野。至若王公贵人气满志得，非性能而好之，则不暇以为。”人皆以其为“穷而后工”之例证，实是误解。此段文字意在以“欢愉之辞难工，穷苦之言易好”来反衬“荆潭唱和”的主角裴均、杨凭两人虽身为封疆大吏，在仕途通达之际、忙于政务之暇犹能写出好诗，以显示其诗才之高。因此，其重点不在于说明“穷”与“工”的关系。既使就“穷苦之言易好”这句话本身来看，也只是说明穷苦之境易于引发创作冲动，而并未将“穷”与“工”之间看成因果关系。另外，还有人将韩氏的“不平则鸣”与“穷而后工”相联系，更是错解其义。“不平”之论，只为说明心情不平易于引发创作冲动，且如钱锺书所论，“不平”非独指“愤郁”之情，也可指“欢乐”之情，故与“穷”、“工”之说更少联系。

② 王国维：“尼采谓：‘一切文学，余爱以血书者’。后主之词，真所谓以血书者也。宋道君皇帝《燕山亭》词亦略似之。然道君不过自道身世之戚，后主则俨然有释迦、基督担荷人类罪恶之意，其大小固不同矣。”(《人间词话》)有学者认为这亦是“诗穷而后工”的理论，但就文义判断，王氏之义应是文体之工决定因素在于文士能否以深沉之笔调与广阔之心胸抒写命运的悲剧。如此看来，其与穷而后工之论实有不同。

③ 白居易《读李、杜诗集因题卷后》：“不得高官职，仍逢苦乱离；暮年逋客恨，浮世谪仙悲。……天意君须会，人间要好诗。”此又以天命观来解释文士命运对文体风格的影响。

种摹写是对天帝造化万物之特权的侵犯，因而受到了天帝的惩罚。如陆龟蒙《李长吉诗集序》：

> 吾闻淫畋渔者，谓之暴天物。天物既不可暴，又可抉擿刻削，露其情状乎？使自萌卵至于槁死，不得隐伏，天能不致罚耶？长吉夭、东野穷、玉溪生官不挂朝籍而死，正坐是哉！正坐是哉！

李贺、孟郊、李商隐等人的诗体，虽各有千秋，但亦具共同之特征，即辞句的细腻、精炼，这使得他们涉及自然的诗作中，对自然万物的描摹呈现出细致入微、皆肖其形的特色，所谓"文章得其微，物象由我裁"。(孟郊《赠郑夫子鲂》)陆氏认为这种逼真、生动的描写暴露了"天物"之形状，破坏了自然的神秘感，侵犯了天帝的权利，惹怒了天帝，故使其人遭到夭折、穷窘的厄运。叶梦得《戏方仁声四绝句·其三》云："天公可是怜风月，判遣诗人一例穷。"汤储璠《读梅宛陵诗集书后·其二》："驱使神鬼出奇怪，雕剜造化开屯蒙。江山涕泣诉真宰，恐千万年无鸿濛。然后帝乃降薄罚，捐除禄命称诗雄。使公稍能自贬损，登之馆阁声隆隆。"均将诗争造化具体化为对山水万物的描写。温庭筠则认为文士命运之穷，盖因诗文乃上天重视、吝惜之物，不愿轻与文士，故要其付出代价，其叹曰："岂司命重文章而轻爵禄，虚有授焉？"(《诗话总龟》卷四"称赏门")即从天命的角度(司命)来自嘲自己仕途的坎坷。宋祁亦有类似之论，"诗为天地缊……然造物者吝之。其取之无限，则辄穷踬其命而怫戾所为"。(《淮海丛编集序》)尤袤则综合了两种论点，认为诗人之穷，既是发造化之密的结果，又是天吝才学的结果：

> 其贫益甚，其节益固，而其诗益工。呜呼！士患无才，而有才者困穷类若此，岂发造化之秘，天殆恶此耶？抑尝谓富与贵，人之所可得，而才者、天之所甚靳。景思取天之所甚靳，多则不能兼人

之所可得，固宜。然则才者，实致穷之具”。（雪巢小集序》）

从天命、天意的角度来解释文体对于文士命运的影响，纵然充满诗性，但终究语涉不经，难以作为“诗能穷人”说的合理解释。所以连主张此说的尤袤也表示：“人何用有此，而天亦何靳此，此未易以理晓也。”

还有一种角度，则直接从文体风格对文士命运（尤其是仕途）的影响着眼。如徐凝《和夜题玉泉寺》：“风清月冷水边宿，诗好高官能几人！”将诗工与官高相对，明言诗好则不可得为高官。这种将得文与得禄相对立的言论，在中国的传统文论中非常普遍，如王安石《哭梅圣俞》：“诗人况又多穷愁，李杜亦不为公侯；公窥穷阨以身投，坎坷坐老谁当尤！”《鉴戒录》：“王建诗寒碎，故仕终不显；李洞诗穷悴，故竟不第。”（《诗话总龟》卷五“评论门”）晁补之《海陵集序》：“文学不足以发身，诗又文学之余事，为之而工，不足以取世资，故世称少达而多穷。”贺铸《题诗卷后》：“端惭少作老更拙，不废汝诗吾固穷。”方岳《梅边》：“酒能作祟可忘酒，诗不穷人未是诗。”明人徐勃《徐氏笔精》卷三云：“今之为官者皆讳言诗，盖言诗每不利于官也。不惟今时为然，即唐以诗取士，诗高者官多不达。”可见，文体创作往往造成文士的悲剧命运，是相当一部分文体理论家的共识。

通过上文简单梳理已可看出，“诗能穷人”论在中国传统文体学中有相当的影响力，众多批评家都对此理论表示赞同，但问题的关键在于“诗何以能穷人”？对此，颜之推认为是文体创作的必然要求影响了文士的个性，使其“多陷轻薄”，因而造成了其悲剧性的命运。所谓“文章之体，标举兴会，发引性灵，使人矜伐，故忽于持操，果于进取”。（《颜氏家训 · 文章》）《梁书 · 文学传论》亦引姚察之言云：“夫文者妙发性灵，独拔怀抱，易邈等夷，必兴矜露。大则凌慢侯王，小则傲蔑朋党，速忌离尤，启自此作。”由于文体（尤其是诗体这样以抒情为主要功能的文体）自身的特点，往往要求文士在构思之时做到收视反听、心无旁骛，在临文之际要做到自由感发、直抒胸臆，这本来只是对文士处于创作之中的要求，但由于文士长时间沉浸在这种状态中，遂逐渐将其涵化为自身个性的一部分，并自觉不自觉地表现在日常生活当中，这种自我、直率的个性使文士很容易触犯到社会约条，尤其是在中国这样以礼教文化为中心的社会当中，更是动辄犯忌，久而久之，就在社会舆论中形成了“文士轻狂”的固定印象，并进而对文士的生活、仕途造成消极影响。因为“诗人个性”而导致悲剧命运的例子，在中国文学史中不胜枚举，朱熹《答徐载叔赓书》：“放翁之诗，读之爽然，近代唯见此人为有诗人风致。……盖爱之者无罪而害之者自为病耳。近报又已去国，不知所坐何事？恐只是不合做此好诗，罚令不得做好官也！”就从理论角度解释了陆游不能得志的原因正在于其“诗人风致”。

颜、朱诸人对于“诗能穷人”的解读，典型体现出文体批评的生命意识。文体创作过程中，要求文士自由感发、直抒胸臆，实质上就是文体将自身的独特气息反注于文士的生命之中，从而使文士的生命状态趋向于自由、率真，而一旦这种状态被带到现实生活当中，常常会显得与社会格格不入，而导致文士的命运多舛、仕途困蹇。

二、“诗能达人”论

针对“诗穷而后工”和“诗能穷人”的理论，中国文体论中又出现了“诗达而后工”和“诗能达人”论。姚鼐《陈东浦方伯七十寿序》道：

> 夫诗之源必溯于《风》、《雅》，方周盛时，诗人皆朝廷卿相大臣也，岂愁苦而穷者哉？……则诗人诚不必尽穷，而欢愉之词不如愁苦，其说上推《六经》，卒无以易也。

姚氏之意重在说明愁苦之言比欢愉之词更易动人，更易趋向深刻，但是他也指出写出优秀诗作的不必都是穷苦之人，仕途显达、生活优裕的“卿相大臣”也能写出《风》、《雅》之作。汤储璠《读梅宛陵诗集书后·

其二》云：“自古诗人多富贵，《雅》、《颂》作者何雍容。”①亦是强调“诗达而后工”。

与此相对应的是“诗能达人”论。“诗能达人”论从物质层面着眼，强调诗体能给文士带来物质层面的优裕生活和通达仕途。其代表是宋人葛胜仲，其曰：

予谓诗不惟不能穷人，且能达人。今夫穷阎挟策之士，生右文世，病碌碌无以自表见尔。使其能以词艺达细毡之视，而被华衮之褒，则涂辙之升，一岁九迁不为锐，孰谓诗人例穷哉？故参知政事，西洛陈公讳与义，少踔厉不群，篇籍之在世者无不读，既读辄记不忘。政和三年，以上舍解褐，分教辅郡，益沉酣书传，大肆于诗文。天分既高，用心亦苦，务一洗旧常畦径，意不拔俗、语不惊人，不轻出也。宣和中，徽宗皇帝见其所赋墨梅诗，善之，亟命召对，有见晚之嗟，遂登册府，擢掌符玺而进用矣。会兵兴抢攘，避地湖广，泛洞庭、上九疑、罗浮，虽流离困阨，而能以山川秀杰之气益昌其诗，故晚年赋咏尤工。搢绅士庶争传诵，而旗亭、传舍，摘句题写殆遍，号称新体。今天子梦想名士，以台郎召还，益以诗文被简注，遍掌内外翰，年几何，遂以器业预政。所谓诗能达人，公殆其一也。(《陈简斋诗序》)

葛氏以陈与义光鲜的履历为证，说明诗不仅不穷人，且能给文士带来仕途的畅达。陈去非因诗受赏是众多文士，尤其是下层文士津津乐道的话题，以至于《宋史》本传亦将此事记入其中，究其原因就在于，文士普遍将诗体乃至文体看成是平步青云的重要阶梯。这种心情与藉书获取

① 上文已引此诗来说明“诗能穷人”，此处又引以说明“诗能达人”，盖因汤氏以为诗人本应富贵，而梅尧臣以诗争造化之功，受天帝惩罚以至于穷，属于特例。其诗云：“自古诗人多富贵，《雅》《颂》作者何雍容。间有孤生一枝笔，不与群雄相和同。”可为证也。

“颜如玉”、“黄金屋”有相类之处，生活潦倒的文士们渴望也有机会因诗文受赏，从而上演“一岁九迁”的神话。正是在这样一种背景下，才形成了葛胜仲的“诗能达人”论。清人程晋芳针对“诗能穷人”论中“天穷其人”的观点，反驳道：“人咸言诗人少达而多穷，又或谓呕心肝，擢胃肾，非益算延年术也，是特就一二人言之耳，乌足概其全哉？由唐以来，诗大家香山、放翁，官未尝不达，而年近耇耆，庐陵、临川，皆至宰辅。近人朱竹垞、查他山辈，官虽不高，寿皆至七八十岁。盖天欲厚其传，非使之长年则撰著不富。”（《申拂珊副宪七十寿序》）认为就大体而言，天不仅没有因为诗争造化而穷人，而且为了使杰出的文士能够创作更多的作品，有意使其长寿，这也是诗能达人的一种理论。

清人严首升则综合了“诗达而后工”和“诗能达人”论，他认为：“王文穆，杨徽之皆以一字、数联立致要路，诗何尝不能达人？摩诘佳处什九在开元之后，苏明允既游京师，落笔敏于山中时，又安在不达而后工哉？夫抱心者身也，身实有苦乐，而心安得不有限易？”（《种玉堂集序》）不仅从文体创作有利于文士仕途的帮助着眼，还提出文士境遇之优裕、顺遂有利于文体创作。为进一步证明自己的观点，他又将帝王将相与匹夫庶民对举，认为帝王将相常有佳作，而匹夫庶民因为缺乏相关的素养，即使为其提供良好的诗歌创作环境，如赏“细丝高竹”、“琼花怪石”，“江上清风，山间明月”，或对“好乌丽人，高僧名士”，他们都无法创作出诗歌。

这些理论在一定程度上固然成立，但是有将文士与文体关系庸俗化、功利化的倾向，因此并不能让人真正信服，而且他们对“诗能穷人”的案例也没有给出有力的反驳。

与葛氏诸人从物质层面解读“诗能达人”不同，陈师道通过对“达”的重新理解，通过精神层面赋予“诗能达人”以新的内涵，并反驳“诗能穷人”论。陈氏有云：

王平甫，临川人也，年过四十始名荐书，群下士，历年未几，复解章绂归田里，其穷甚矣，而文义蔚然，又能于诗。惟其穷愈甚，故其得愈多，信所谓人穷而后工也。虽然天之命物，用而不全，实而不华……盖天下之美，则于贵富不得兼而有也，诗之穷人，又可信矣。方平甫之时，其志抑而不伸，其才积而不发，其号位势力不足动人，而人闻其声，家有其书，旁行于一时，而下达于千世，虽其怨敌不敢议也，则诗能达人矣，未见其穷也。夫士之行世，穷达不足论，论其所传而已。(《王平甫文集后序》)

陈师道认为，真正的“达”，不是物质层面上的生活优裕和仕途通达，而是精神层面上的千古令名与著作传世。这种理解显然是对“诗能达人”论的一种升华。因为，与此之前“诗能达人”的强烈“工具论”色彩，即将文体视作获取优裕生活与高官厚禄的手段相比，陈师道将文体真正视作文士生命与精神的延续，正如本书在“为生命言说的传统”一节中所言，文士在完成文体的写作后，其生命及精神就由人体转入到了文体之中，并通过流传后世，获得了永恒不朽的意义。陈氏所言，亦是此义，这就将文体与文士的关系从功利化和庸俗化的泥潭中摆脱出来，使“诗能达人”论真正从生命意义的角度，体现了文体对文士命运的积极作用。陈师道对“诗能达人”论的成功升华，也在后世引起了强烈反响。如元代李继本《冰雪先生哀辞》：“余意诗能达人则有之，未见其穷也。不有达于今，当有达于后。从古以来，富贵磨灭与草木同朽腐者，不可胜纪，而诗人若孟郊、贾岛之流，往往有传于后，岂非所谓达人者耶？”其后的“哀辞”亦云：“人之禀受万不同，命之赋予有穷通。惟士之生秀所钟，达与不达适其逢。富贵在天安所蒙，德义在我斯鞠躬。吁嗟先生获所终，声名在人岂诗穷。”李氏亦认为，通过文章创作所获得的物质层面的富贵是短暂的，只有精神层面的流传才是永恒的，因此对于文士来说，真正的“达”，关键应看其作品是否“有传于后”。元人赵文《王奕诗序》道：“世谓诗能穷人，欧公谓：‘诗非能穷人，诗必穷者而后工。’陈无已谓：‘诗能达人’，皆未必然也。诗者，天之所以私，穷人使之有以通。其穷者也，孟郊、贾岛，世所谓羁穷之极者，使天不与之以清才，而能为诗亦甚矣。宰物轻与人以富贵，重与人以清才。委巷之人，崛起而有千金，跨大马，称达官，所在时时有之。至于能诗之士，旷数十年而不一遇也，岂非天之所靳在此，而不在彼欤？吾友王奕，苦学而萧然一寒。① 人皆谓：'奕诗穷。'吾谓：'奕不穷，奕贫耳。'奕何穷哉？'衡门之下可以栖迟，泌之洋洋可以乐饥'。吾穷居，每讽此诗，充然不见吾为不足，而况能为此诗者乎？富者踞案终日，焦然楼船户马之应酬，前者在庭，而后者在户，虽有高台、曲池、撞钟、舞女，将不暇乐贵者。縻组而入，佩瑰而出，率以为常。其得志者，乘坚驱肥于黄河莽苍之外，风沙雨雪，新知邂逅，立马而语寒，酌酒以相煦。而吾奕翛然溪水之上，云烟竹树，莎虫水鸟，与凡盛衰、反复、可悲、可愕之事，皆取之以为诗，岂不浩然于天地间，而得其所以为亦大哉？吾贫甚似奕，而亦有吟癖，每苦吟得句，欣然满意。未知世间富贵者之乐，与我得句时何似？"赵氏在陈师道的基础上，进一步提出，"诗能达人"不仅体现在使文士的作品和名声可以万世流传，还体现在使文士在当下的生活中获得精神的自由和畅意。文士徜徉在诗的世界之中，既无富贵者"楼船户马"的应酬之劳，亦无得志者"风沙雨雪"的奔波之苦，而可以在"云烟竹树"之间尽享吟咏之乐。赵文的这种理论，将"诗能达人"推向了一个充满诗意浪漫的境界。

文体之"穷人"、"达人"，都是中国古代文学史中司空见惯的现象，胡次焱《赠从弟东宇东行序》中有言："诗能穷人，亦能达人。"关键问题是，从理论角度对这一现象进行言说和总结，体现了文体论家对于文体生命意义的自觉体认。他们意识到，文体的生命意义不仅被动地来自个体、自然、社会的给予，更在与文士的互动中主动地展示出了自己的力

① "四库本"正文"苦学"前有"亦大"二字，恐是衍文，故删之。且原文自"奕诗穷"之"奕"开始，均作"亦大"，考王氏其人，可能指宋元之际之王奕。王奕，字伯敬，号斗山，其字号均与"亦大"无涉，故知此处"亦大"恐为"奕"之误，故均改之。

量。文体用自己的生命能量影响，甚至左右着文士的仕途、生活。相比被动接受而言，文体在与文士交流中所呈现出的主动一面，更加鲜明地体现了其生命意义。

第四章　一味妙悟：文体批评倾向中的生命本体意识

上一节通过批评实践的分析，可以看到传统文体学在实践中体现的生命本体意识，本节将通过对批评倾向的总结，通过“重神”、“尚悟”、“求新”三个方面进一步考察中国传统文体理论的生命本体意识。

第一节　文体批评中的“重神”倾向

中国传统文体批评中生命意识的典型表现之一，就是特别关注对文体之“神”的展现，并在这一宗旨下，形成了两种倾向，即“重神轻形”和“形神并重”。① 所谓“重神轻形”，就是强调文体之神的突显，而相对轻视文体之形；所谓“形神并重”，则强调文体之神与文体之形的契合、协调。② 上述两种批评倾向，虽然对“形”的认识截然相反，但是对于文体之“神”的重视却是一致的。所谓“神”，实即文体风格中散发出的生命气息，因此，“重神”倾向背后透露的是文体学的强烈生命意识。

“形”、“神”理论并非文体学的独创，早在先秦便已有之，及至魏

---

① 此处所说的“神”，即指文士的生命气息，亦指文士个性、才情化入文体之中而形成的独特文体风格；“形”，指包括修辞、声调、结构等在内的语体。

② 除此之外，还有一个比较突出的倾向是“重神轻形”，尤其是受到南朝以来画论的影响，“重神轻形”论在唐宋以降颇为常见，但一者比之“形神相合”论，“重神轻形”论较为晚出，不能代表整个文体论的总趋向；二者此种理论往往是针对文坛的重“形”之风而发，因此持论者常怀有“矫枉必须过正”的心态，故不能就此认为论者完全否定形式之重要性。

晋，人物品评理论吸收了这一理论并加以改造，使其成为一个纯然的美学理论，并最终影响了文体批评中“重神”倾向的形成。本节将梳理“形神相合”论的思想发源，阐述人物品评中“形”、“神”理论对文体批评的影响，解读文体批评中“重神”倾向的形成及其表现。

一、“形”、“神”问题的思想探源

中国传统思想中关于“形”、“神”关系的讨论，从其最初就分为两途，即“重神轻形”和“形神并重”。

“重神轻形”思想的代表是庄子，他针对世人重于“养形”的现象，提出“养形”并不通达到“养生”的目的，所谓：

> 养形必先之以物，物有余而形不养者有之矣；有生必先无离形，形不离而生亡者有之矣。生之来不能却，其去不能止。悲夫！世之人以为养形足以存生；而养形果不足以存生，则世奚足为哉？（《庄子·达生》）

他认为要想免于被形所束缚，就必须从精神的角度“弃世”，保持“平正”的心态，并追求合于天的境界，“夫欲免为形者，莫如弃世。弃世则无累，无累则正平，正平则与彼更生，更生则几矣。事奚足弃而生奚足遗？弃事则形不劳，遗生则精不亏。夫形全精复，与天为一。天地者，万物之父母也。合则成体，散则成始。形精不亏，是谓能移”（《达生》）。为了进一步明确其重神轻形的思想，庄子列举了大量形残而神完的人物来说明，《德充符》篇中这些例子尤为集中，如其篇中针对王骀虽为“兀者”（断一足之人）却备受推崇的疑问，借孔子之口言道：“不知耳目之所宜，而游心乎德之和；物视其所一而不见其所丧，视丧其足犹遗土也。”又记载同是兀者的申徒嘉驳斥子产，认为他不注重“形骸之内”（神），而注重“形骸之外”（形）。另外，如叔山无趾以“犹有尊足者存”之言驳斥孔子，齐桓公见闉跂支离而大悦，等等，都说明这些人之所以成为高士，正在于其“德有所长而形有所忘”，而人们对他们的推崇也是“非爱其形也，爱使其形者也”。

(元)刘贯道《梦蝶图》

相对于庄子从形而上的层次主张“重神轻形”，《黄帝内经》则从形而下的角度，即养生的角度强调“形神并重”、“形神相合”。《黄帝内经·上古天真论篇》假托岐伯之口道：

上古之人，其知道者，法于阴阳，和于术数，食饮有节，起居有常，不妄作常，故能形与神俱，而尽终其天年，度百岁乃去。……外不劳形于事，内无思想之患，以恬愉为务，以自得为功，形体不敝，精神不散，亦可以百数。

《黄帝内经》认为，人要益寿延年就要做到“形与神俱”，既不以神之喜怒失度妨碍形之保养，亦不以形之操劳疲累影响神之平和。《黄帝内经》还依据“天人合一”的思想，提出人之养生应该法于阴阳，学习阴阳合和的状态。① 其《阴阳应象大论篇》又云：“阴阳者，天地之道也……

① 这一观点与庄子形神合于道的思想实有不同，《黄帝内经》是以阴阳相合的观念，来说明人之形神理应相合，其着眼点首先在人体之内。而庄子则否认个体生命的独立性，主张万物之形神都应合于天道。

阴静阳躁，阳生阴长，阳杀阴藏。阳化气，阴成形。”认为“神”(气)象征阳，“形”象征阴，阴阳本相合，故“形”、“神”亦应相合，如果不合，就会造成“阴阳反作，病之逆从也”。《管子》亦从个体生命形神相合的角度谈到形神之关系，“心全于中，形全于外，不逢天菑，不遇人害，谓之圣人”。同时，认为形神之间，神处于主导地位，所谓“人能正静，皮肤裕宽，耳目聪明，筋信而骨强，乃能戴大圜而履大方。鉴于大清，视于大明。敬慎无忒，日新其德；遍知天下，穷于四极；敬发其充，是谓内得。”(《内业》)可见，神之“正静”可以带来形之“裕宽”、“聪明”等。

《淮南子》一书之中，既有“重神轻形”之论，如“以神为主者，形从而利；以形为制者，神从而害”。(《原道训》)“神贵于形也，故神制则形从，形胜则神穷。聪明虽用，必反诸神，谓之太冲。”(《精神训》)又有“形神并重”之论，如“夫性命者，与形俱出其宗，形备而性命成，性命成而好憎生矣。……夫形者，生之舍也；气者，生之充也，神者，生之制也。一失位则二者伤矣。……形者，非其所安者也而处之则废，气不当其所充而用之则泄，神非其所宜而行之则昧”。(《原道训》)就“形神并重”理论而言，《淮南子》的创新体现为在形、神之间加入了“气”这一概念，此处的“气”，可以视作连接形与神的生命纽带，生命体中的形、神因为有气的存在，而合为一体。同时，神、气、体三者又各居其宜，不能越位。所谓各居其宜，即是要求人保持平和淡泊之心态，“不以康为乐，不以慊为悲，不以贵为安，不以贱为危，形神气志，各居所宜，以随天地之所为”。

司马谈在《论六家要旨》中评论道家思想时道：

> 凡人所生者神也，所托者形也。神大用则竭，形大劳则敝，形神离则死。……神者生之本也，形者生之具也。(转引自《太史公自序》)

强调“形”、“神”互为条件，相辅相成，主张“形神并重”。

王充则从生死的角度阐发了其“重神轻形”的思想，如《论衡·论死》云：

> 人之所以生者，精气也，死而精气灭，能为精气者，血脉也。人死血脉竭，竭而精气灭，灭而形体朽，朽而成灰土，何用为鬼？

王充认为“神”(精气)是“形”存在的基础，神之消亡必然带来形之消亡。他将人之神藏于形体之内，比喻为粟米盛于囊橐之中，“死而形体朽，精气散，犹囊橐穿败，粟米弃出也。粟米弃出，囊橐无复有形，精气散亡，何能复有体，而人得见之乎”！与此相类，葛洪亦以从“神”为“形”之根的角度，表达了“重神轻形”的倾向：

> 夫有因无而生焉，形须神而立焉。有者，无之宫也；形者，神之宅也。……身劳则神散，气竭则命终。根竭枝繁，则青青去木矣；气疲欲胜，精灵离身矣。(《抱朴子·至理》)

纵观先秦以降的形神论，大体都来源于道家思想，如上文所引诸家，除王充之外，都以道家思想为主。及至魏晋之际，这些形神论借由玄学的兴起，直接影响了当时的人物品评。

二、人物品评的“形”、“神”理论及其对文体批评的影响

人物品评在中国发端甚早，如《尚书·尧典》评胤子朱“嚚讼”，评共工“静言庸违，象恭滔天”，评鲧“咈哉！方命圮族”。《论语·八佾》载孔子评管仲之语道：“管仲之器小哉！”《公冶长》载孔子比子贡为“瑚琏”之器，评子路、冉有、公西赤之才能，评晏婴曰：“善与人交，久而敬之。”评臧孙辰曰：“山节藻棁，何如其知也。”评令尹子文为“忠”，评陈文子为“清”，评宁俞曰：“其知可及也，其愚不可及也。”到了《左传》，还开始结合人的外貌来评论人物，如楚令尹子上评商臣曰：“是

人也，蜂目而豺声，忍人也，不可立也。”这些都已开人物品评之先河，而且从先秦开始就已经确立了人物品评的基本思路，即遵循实用主义和泛道德主义的宗旨，主要考查和评论对象的政治才能和道德水平。及至两汉还是完全沿袭这种思路，如汉代实行察举制度，诏令二千石官员从地方举荐人才，其主要依据就是“乡闾清议”，可见察举制实是人物评论的官方升级版，而其主要科目则是“孝廉”，所谓“孝以选民，廉以察吏”，主要从道德角度着眼。同时汉代统治者认为，通过举孝廉可以达到“化元元，移风俗”(《汉书·武帝纪》)的效果，则此举又伴随着政治目的。迨及魏初，九品中正制的实行，虽为这种人物品评加上了一道“出身”的门槛，但品评的内容依然是品行和才能。

真正使人物品评向审美方向转变，当在魏晋之际。徐复观有言：“及正始名士出而学风大变；竹林名士出而政治实用的意味转薄；中朝名士出而生命情调之欣赏特隆；于是人伦鉴识，在无形中由政治的实用性，完成了向艺术欣赏性的转换。”①魏晋交替，险恶的政治斗争，以及裹挟其中人物的悲惨命运，让当时的文士从政意识变得淡薄，并开始将注意力转向艺术之美的发掘和评赏。具体到人物品评而言，玄学的兴起导致道家思想的复炽，道家的“形”“神”理论遂对人物品评产生了巨大的影响，使其在品评之中，亦出现了“重神轻形”和“形神并重”两种思路，而这些都集中反映在《世说新语》之中。②

《世说新语》中“重神轻形”的人物品评，主要体现为两种表达方式，

---

① 徐复观：《中国艺术精神》，华东师范大学出版社2001年版，第91页。

② 有学者认为刘劭的《人物志》是人物品评由实用性、道德性转向审美性的标志，这显然是对刘劭的误解，刘氏在《人物志》的序言中就明确表示“知人”的目的是要使“众材得其序，而庶绩之业兴矣”。如此君主就可以“躬南面则援俊逸辅相之材”以“达众善而成天功”，开篇《九征》就谈“仁”、“义”、“礼”、“智”、“信”在人身上表现为何种气质特征，更专辟《材能》一篇，直言何材宜任何官，可见其书依然是从旧有思路入手。还有学者认为曹操的“举贤勿拘品行令”是这种转变的标志，谬之更甚。所谓“负污辱之名，见笑不行，或不仁不孝而有治国用兵之术”，全从实用着眼，连传统品评中的道德性要求都去除了，更何谈审美。

一种是继承了庄子的传统，即通过对形体的丑陋、怪异与气质的出众、脱俗之间形成的巨大反差的描写，来突显人物的气质、精神，如：

庾子嵩长不满七尺，腰带十围，颓放自然。(《容止》)

刘伶身长六尺，貌甚丑悴，而悠悠忽忽，土木形骸。(《容止》)

又如《容止》篇记载曹操形貌丑陋而有"英雄"气，而冒充他的崔琰仅仅是容仪出众("雅望非常")，从人物品评的角度而言，曹操的"有神无形"显然大大强过崔琰的"有形无神"。

另一种是通过纯粹对人之气质、精神的描述和评价表现出"重神轻形"的思想，如喻李膺"稷稷如劲松下风"(《赏誉》)、喻山涛"如登山临下，幽然深远"(《赏誉》)、评嵇绍"清远雅正"(《赏誉》)、评庾敳"神气融散"(《赏誉》)、评桓温"雄情爽气"(《豪爽》)等，无不纯从人物的精神、气质出发，与形体毫无关涉。

与此相对，《世说新语》中亦有大量"形神并重"的品评言论，并主要通过两种方式表现出来，一种是形神并举的评论方式，即在一句评语当中包含形、神两种内涵，将对形体之美的赞美和"风神"之美的赞誉融于一体，如：

王戎云："太尉神姿高彻，如瑶林琼树，自然是风尘外物。"(《赏誉》)

时人目夏侯太初"朗朗如日月之入怀"，李安国"颓唐如玉山之将崩"。(《容止》)

山公曰："嵇叔夜之为人也，岩岩若孤松之独立；其醉也，傀俄若玉山之将崩。"(《容止》)

周侯说王长史父："形貌既伟，雅怀有概"。(《容止》)

有人叹王恭行茂者，云："濯濯如春月柳。"(《容止》)

通过这些例子可以看出，这种形神并举的评论方式，亦可分成两小类，一类是形、神虽然并举，但意思截然两分，如“形貌既伟，雅怀有概”这样的评语，上半句评形体，下半句评气质，而且上下半句之间暗含有因果、连贯的关系，但字面的意思还是分开的。另一类是将形神之评融于一体，如评嵇康如“玉山之将崩”，既指其形体之高、白，亦指其气质之洁、傲。从而形成了由形见神，由神及形的品评特征。评王戎“眼烂烂如岩下电”，既指眼睛之明澈，亦指其眼神之锐利。诚如徐复观所言：“《世说新语》的作者所说的容止，不止于是一个人外面的形相，而是通过形相所表现出来的，在形相后面所蕴藏的，作为一个人的存在的本质。作为一个人的存在的本质，在老子、庄子称之为德……而人伦鉴识作了艺术性的转换后，便称之为‘神’。”①

另一种是“以形写神”的评论方式。这种评语初看上去，常常只是对于人物形貌评论，不含有精神气质的内涵。如评王衍“容貌整丽，妙于谈玄，恒捉白玉柄麈尾，与手都无分别”。此则评论似乎只在极写王衍之白、俊，但仔细体味，这种形体描写中亦让人感受到王衍“雅咏玄虚”、“终日清谈”(《晋书·王衍传》)的性格特征。又如：“裴令公有俊容仪，脱冠冕，粗服乱头皆好，时人以为‘玉人’。见者曰：‘见裴叔则，如玉山上行，光映照人。’”此则亦似全从形体、容貌着眼，但细品所谓“玉山上行”、“光彩照人”，实亦含有对裴楷“风神高迈”(《晋书·裴楷传》语)气质的赞美。再如王羲之评杜乂“面如凝脂，眼如点漆，此神仙中人”。所谓“神仙中人”，自然不只是指其容貌之俊美，也含有对其飘逸洒脱气质的肯定。可见，这些看似只论形貌的评语，其实还是依据“形神相合”的思想，意欲通过形貌之评论，更加生动形象地展示人物的神采。

魏晋人物品评的“形”“神”思想和理论，对文体批评产生了深远的影响。宗白华指出：“中国美学竟是出发于‘人物品藻’之美学。美的概

---

① 徐复观：《中国艺术精神》，华东师范大学出版社2001年版，第92页。

念、范畴、形容词，发源于人格美的评赏……中国艺术和文学批评的名著，谢赫的《画品》……钟嵘的《诗品》、刘勰的《文心雕龙》，都产生在这热闹的品藻人物的空气中。”①宗氏认为中国的文艺批评，包括文体批评的美学思想来源于人物品评，因此，文体批评对于“形”、“神”问题的讨论亦是从审美角度而言，非从伦理、实用角度而言。

需要指出的是，中国的文体批评在其“前自觉时代”的相当长时间内，将文体看成政治教化、道德宣扬的工具，否认文体的美学内涵，因而文体的“形”、“神”关系，长期被“形”、“道”关系所掩盖，如扬雄《法言·自序》云：“雄以为赋者，将以风之，必推类而言，极靡丽之辞，闳侈钜衍，竞于使人不能加也。”认为赋之“形”应该为政治请柬之“意”服务，而一旦这种目的不能达成，赋就被扬雄视作“雕虫之技”。后世不绝如缕的“文以明道”、“文以载道”说皆源于这种认识。直至魏晋之际，随着人物品评中美学思想的引入，文体批评才开始真正从审美角度，亦即纯文学的角度理解“形”“神”关系。如刘勰在《序志》篇中谈及《文心雕龙》的著述动机时言道：

> 敷赞圣旨，莫若注经，而马郑诸儒，弘之已精，就有深解，未足立家。唯文章之用，实经典枝条，五礼资之以成文，六典因之致用，君臣所以炳焕，军国所以昭明，详其本源，莫非经典。而去圣久远，文体解散，辞人爱奇，言贵浮诡，饰羽尚画，文绣鞶帨，离本弥甚，将遂讹滥。盖《周书》论辞，贵乎体要，尼父陈训，恶乎异端，辞训之奥，宜体于要。于是搦笔和墨，乃始论文。

可见，刘氏本有志于经学，但由于前贤方家“弘之已精”，自己难以突破，于是才转而论文。刘勰从一开始就将文章之学与经学分开视之，认识到与经学过于浓重的政治色彩和伦理意味不同，文体学有其自身的特

① 宗白华：《美学散步》，上海人民出版社 1981 年版，第 178 页。

征，即美学特征。而“唯文章之用，实经典枝条”诸语，也并非强调文体的政治功能，而是说明各种文体皆由经典而来，所以，“征圣”、“宗经”就是要求文体创作应学习经典“体要”之形与“雅正”之神，达到“精理为文，秀气成采”的效果，而非“以文明道”之义。

钟嵘在《诗品序》一开头论及诗歌之作用时言道：

> 气之动物，物之感人，故摇荡性情，行诸舞咏。照烛三才，晖丽万有，灵祇待之以致飨，幽微藉之以昭告，动天地，感鬼神，莫近于诗。

可见他对诗歌功能的认识，不是在于诗歌能裨补时政、有益教化，而在于抒发怀抱、感动人心。他将五言诗称为“众作之有滋味者”，就是从诗之抒情、动人功用而言，带有明显的审美意味。在创作论方面，钟氏主张综合运用赋、比、兴“三义”，“宏斯三义，酌而用之，干之以风力，润之以丹彩，使味之者无极，闻之者动心，是诗之至也”。此处所言“风力”即是神，“丹彩”即是形，形神相合而用，诗歌就具有了韵味无穷、动人心魄的魅力。另外，从钟氏的品评言论以及所推崇的诗人（曹植、刘桢、王粲、陆机、谢灵运）来看，其着眼点亦在诗体的美学水准。

此外，文体批评的方法及语言表达层面，亦受到人物品评的影响，如钟嵘在《诗品序》中有言：“昔九品论人，《七略》裁士……至若诗之为技，较尔可知以类推之，殆同博弈。”可见，其列品第的批评方法正是借鉴了九品论人。有学者亦指出“曹魏选拔人才的九品中正制，魏晋以来品评人物的清谈风气，都对分品比较评论产生影响”①。另外，从钟氏评论的语言特征方面，我们亦能感受到强烈的“《世说》风格”，如评谢灵运“譬犹青松之拔灌木，白玉之映尘沙”，评潘岳“翩翩然如翔禽之

---

① 曹旭：《诗品研究》，上海古籍出版社 1998 年版，第 142-143 页。

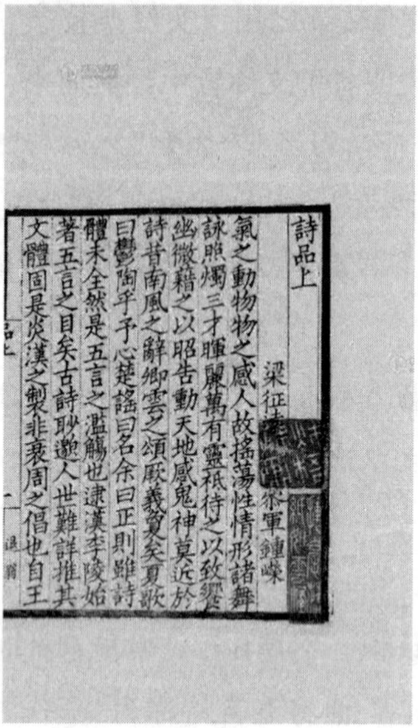
詩品上
梁征　參軍鍾嶸
氣之動物物之感人故搖蕩性情形諸舞
詠照燭三才暉麗萬有靈祇待之以致饗
幽微藉之以昭告動天地感鬼神莫近於
詩昔南風之辭卿雲之頌厥義夐矣夏歌
曰鬱陶乎予心楚謠曰名余曰正則雖詩
體未全然是五言之濫觴也逮漢李陵始
著五言之目矣古詩眇邈人世難詳推其
文體固是炎漢之製非衰周之倡也自王

（梁）钟嵘《诗品》

有羽毛”，评范云“清便宛转，如流风回雪”，评丘迟“点缀映媚，似落华依草”，不胜枚举。这些评语的风格显然受到了《世说新语》凝练形象、简洁自然的表达方式的影响。①

总之，先秦开始的对于“形”、“神”问题的讨论，经由魏晋时期人物品评的美学化，最终影响了文体批评，并相应地造成了文体批评“重神轻形”与“形神并重”两种倾向。

① 张海明《魏晋人物品评与诗话之滥觞》（《文艺研究》2008 年第 2 期）一文就指出：“人物品评之品第意识、言说方式又有形无形地影响、制约着文人雅谈，使之呈现出一种独特的风貌。《世说新语》所记晋人谈诗与汉儒解诗有明显不同，其所重不在章句，不在微言大义，而更富于赏评意味。由于是闲谈，初无既定模式、目的，故得以随意而发，信口而道，自不同于煌煌巨著之用心细密，摛文屏辞，亦不同于诗格、诗法之居高临下，示人规矩。……所以，宋初诗话以辞中及事、事中及辞为特色，与其产生之温床——由魏晋人物品评发展而来的雅谈、闲谈不无关联。”其实不必等到宋初诗话，在钟嵘的诗评中就已经看到很明显的人物品评语言的印迹。

三、“以神御形”和“重神轻形”

文化批评中的“重神轻形”倾向可以分为两个向度：

一是“以神御形”论。持此观点的批评家认为，“形”由“神”出，即有“神”之体必然有“形”，“形”是“神”的自然流露，这实际上是否认了文体之“形”的独立地位，将“形”放在从属于“神”的地位。较早提出类似论点的是刘勰，他在《文心雕龙·体性》中有言：

> 八体屡迁，功以学成，才力居中，肇自血气；气以实志，志以定言，吐纳英华，莫非情性。

刘彦和认为，文士之才、气、学、习通过创作融入文体之中，给文体灌注了独特而饱满的生命气息，发而为辞，就自然而然地形成了英华之“形”。① 这种“形”由“神”出的观点，到了韩愈这里，就被更加明确地发展为“气盛言宜”论：

> 气，水也；言，浮物也。水大而物之浮者大小皆浮；气之与言犹是也，气盛则言之短长与声之高下者皆宜。(《答李翊书》)

韩氏所说的“气”指文士的生命之气，亦即“神”。它包含了日常生活中形成的个性、才情、修养，也包含了临文之际的精神状态。“气盛”，既指文士具有较高的才情、修养和个性品质，又指文士在临文之际具有高涨、饱满的精神状态。相应地，韩昌黎认为由于文士的精神饱满、才情出众，必然导致文体之“形”，即辞章和声调的合宜、规整。另外，还可从接受者的角度来逆推“气盛言宜”之论，即接受者通过辞章，领

① 就总体而言，刘勰的文体论趋向于“形神兼备”，但在具体的言论中，尤其是涉及作家论的部分，他往往强调“神”对“形”的决定作用。

略到文体独特的风格及其包蕴的生命气息，如其称张圆“为文辞有气”(《唐河中府法曹张君墓碣铭》)，评薛公达“气高，为文有气力，务出于奇，以不同俗为主”(《国子助教河东薛君墓志铭》)。韩愈认为薛、张文章“有气”，这种印象自然是通过品味其文辞而得，因为“形”由“神”出，故“形”能显“神”，通过品味文辞自然能够领略到文体的独特风格及其所包蕴的生命气息。韩氏的这种观点亦被其弟子所继承，如李翱道：

> 创意造言，皆不相师。……故义深则意远，意远则理辩，理辩则气直，气直则辞盛，辞盛则文工。(《答朱载言书》)

元人杨维桢亦有言：

> 评诗之品无异人品也。人有面目骨体，有情性神气；诗之丑好高下亦然为。风、雅而降为骚，而降为《十九首》，《十九首》而降为陶、杜、二李，其情性不野，神气不群，故其骨骼不庳，面目不鄙。(《赵氏诗录序》)

杨氏所说的“情性”、“神气”即指文士个性及文体风格(神)，“骨骼”、“面目”即指辞章格律(形)，他认为文士品格、文体风格的高洁，自然导致辞章的雅丽。袁枚说得更为直接，“须知有性情，便有格律；格律不在性情外”。(《随园诗话》)此性情既指作家本身的鲜明个性，亦指这种个性反映到文体中所形成的独特风格，袁氏认为有独特、鲜明之风格，便有格高律调之形式。清人贺贻孙表明自己作文，惟“患体气、神韵、筋骨、脉络不大备耳；苟其体气高妙，神韵仙举，筋骨脉络，生动灵变，则声调可以意为高下，形貌可以意为肥瘠”。(《与友人论文第二书》)亦将个性、修养以及由此形成的风格看成为文的关键，认为只要做到“体气高妙”、“神韵仙举”，文章之形就可“肆口而成”。

二是"重神轻形"论。相对于前一种批评倾向，持此观点批评家承认"形"具有独立的地位和作用，但是与"形"相比，他们显然更加重视"神"的价值和意义。薛雪《一瓢诗话》有云：

格有"品格"之格，"体格"之格。体格，一定之章程；品格，自然之高迈。品高虽被绿蓑青笠，如立万仞之峰，俯视一切，品低即拖绅措笏，趋走红尘，适足以夸耀乡闾而已。所以"品格"之格与"体格"之格，不可同日而语。

相比完全忽略语体之价值的批评家而言，薛氏认为语体具有一定的作用，并认为作诗要遵循"体格"，即诗体在格律方面的规定，但是他亦明言，语体之"格"与风格之"格"相比，其地位"不可同日而语"。他形容风格突出而格律不谨的文体犹如身穿蓑衣却立于"万仞之峰"的人，具有俯视一切的气势。而格律精美但风格低俗的文体则如身披绶带、腰插笏板以为炫耀的人，虽然衣服光鲜，却难掩其格调之庸俗、浅薄。刘熙载《艺概・诗概》亦云：

诗格，一为品格之格，如人之有智愚贤不肖也；一为格式之格，如人之有贫富贵贱也。

"智愚贤不肖"，是内在智力水平和道德水平的体现；"贫富贵贱"，是外在的财产多寡和地位高低的体现。相较而言，智力和道德水平的高下，自然比财产的多寡、地位的高低要重要得多，是人之根本所在。同样，对于诗体而言，虽然"格式"，即语体(形)也有一定的价值和作用，但是"品格"，即风格(神)才是诗体之根本所在，其地位和价值自是远高于格式。刘氏还提出：

言诗格者必及气。或疑太炼伤气，非也。伤气者，盖炼辞不炼气耳。

亦是强调对于诗体的琢磨、提炼，虽然也兼及语体，但还应以风格为主。

“以神御形”论和“重神轻形”论，都是强调文体之“神”，即文体中所包蕴的文士之生命气息以及由此形成的独特风格是文体的核心所在，而文体之“形”要么只是运“神”为文的副产品，要么虽有一定价值，但难与“神”相提并论。这两种理论，对于创作者来说，是要求为文应通过对思想、情感充分、自然地表达，将饱满、充实的生命气息融入到文体之中，而不要因为拘制于语体的规范影响表达；对于批评者来说，要求评文以“神”为主，通过辞章品味文体独特的韵味、风神，达成与创作者精神的交流，而不能拘泥于格律的教条影响品评。

四、“形神兼备”和“以形写神”

与“重神轻形”相对，文体批评中“形神并重”倾向在“重神”的同时，对于文体之“形”的价值和作用亦持充分肯定的态度，具体而言，可分为三个方面：

一是“形神兼备”论。此种论点将“形”、“神”放在平等的地位，认为两者相辅相成，共同组成了文之体。《文心雕龙》即以此论为主，如“情以物兴，故义必明雅；物以情观，故词必巧丽”，（《诠赋》）“辞为肌肤，志实骨髓”，（《文心雕龙·体性》）“辞之待骨，如体之树骸；情之含风，犹形之包气”，（《风骨》）“若风骨乏采，则鸷集翰林，采乏风骨，则雉窜文囿：唯藻耀而高翔，固文笔之鸣凤也”，（《风骨》）“夫水性虚而沦漪结，木体实而花萼振，文附质也。虎豹无文，则鞟同犬羊，犀兕有皮，而色资丹漆，质待文也”，（《情采》）等等，究其原因，主要是由于刘勰在批评当中坚持保持客观的立场，所谓“同之与异，不屑古今，擘肌分理，唯务折衷”，所以在批评实践中，他多能注意到形、神之间的辩证关系。

钟嵘在《诗品》中亦将“形神兼备”作为评诗的最高标准。曹植在《诗品》中高居上品，被喻为“人伦之有周、孔，鳞羽之有龙凤”，评价如此盛隆，就在于其诗“骨气奇高，词采华茂，情兼雅怨，体被文质”。简言之就是形神俱备，形神相合。另外，从钟嵘对一些诗人的批评中亦可看出其“形神相合”评诗原则，如评刘桢：“仗气爱奇，动多振绝；真骨凌霜，高风跨俗。但气过其文，雕润恨少。”认为刘氏之诗虽然“神”、“气”充沛，但是文采不足，造成“气过其文”的毛病。评鲍照“贵尚巧似，不避危仄，颇伤清雅之调”。又评王粲：“文秀而质羸。”认为鲍、王之诗文采出众，但是“神”、“气”欠缺。无论是“气过其文”，还是“辞伤雅调”，都是形神不相合的表现，因此受到了钟嵘的批评。

另外，在中国文体批评中还存在一个独特的现象，即多以人体为喻来说明“形神兼备”的道理，如唐人徐寅《雅道机要》云：

> 体者，诗之象，如人之体象，须使形神丰备，不露风骨，斯为妙手矣。

认为诗之体如人之体，应该形神丰备。宋人李廌也以人体为喻道：

> 凡文之不可无者有四：一曰体，二曰志，三曰气，四曰韵。……文章之无体，譬之无耳目口鼻，不能成人。文章之无志，譬之虽有耳目口鼻，而不知视听臭味之所能，若土木偶人，形质皆具而无所用之。文章之无气，虽知视听臭味，而血气不充内，手足不卫于外，若庵庵病人，支离憔悴，生意消削。文章之无韵，譬之壮夫，其躯干枵然，骨强气盛，而神色昏瞢，言动凡浊，则庸俗鄙人而已。(《济南集》卷八《答赵士舞德茂宣义论弘词书》)

此处的“体”即指“形”，而“志”、“气”、“韵”共同组成了“神”的内涵。明代王世贞有言：

人物以形模为先，气韵超乎其表；山水以气韵为主，形模寓于其中，乃为合作。若形似无生气，神采至脱格，皆病也。(《艺苑卮言》)

王氏从不同题材出发，强调文体须“形”与“神”并举。清人归庄曰：

余尝论诗，气、格、声、华四者缺一不可。譬之于人，气犹人之气，人所以赖生者也。一肢不贯，则成死肌，全体不贯，形神离矣；格如人五官四体，有定位，不可易，易位则非人矣；声如人之音吐及珩璜琚瑀之节；华如人之威仪及衣裳冠履之饰。(《归庄集》卷三《玉山诗集序》)

将“格”、“声”、“华”综合组成“形”之内涵，而“气”则指“神”。宋大樽：“形神合时，则是人是物；形神若离，则是灵是鬼。”(《茗香诗论》)言下之意，也是以“形神兼备”为高。

二是“以形写神”论。此种论点实是针对文体论中的“重神轻形”论而发，持此论点者认为“神”之展现必须依靠“形”之传达，肯定语言的表达功能，并较为关注文体创作的方法问题。欧阳修曰：

“书不尽言，言不尽意”，然自古圣贤之意万古得以推而求之者，岂非言之传欤！圣人之意所以存者，得非书乎！然则书不尽言之烦而尽其要，言不尽意之委曲而尽其理。谓“书不尽言，言不尽意”者，非深明之论也。(《欧阳文忠公文集·系辞说》)

针对“书不尽言，言不尽意”这个人人皆以为然的权威命题提出质疑，欧阳修认为古人之思想正是通过其书、其言才传至今日，明确语言的表达功能的有效性。江西诗派以重视法度之谨严、结构之经营、字句之锻炼闻名，正是因为他们认为锻字炼句可以传神。如黄庭坚有“句眼”之说，要求通过一句诗中最为精练、最富内蕴的字眼，来传达整句乃至整首诗的神韵。所谓“拾遗句中有眼”，正是认为杜甫的诗歌通过精炼字句，达到了传神的效果。黄氏诗云：“覆却万方无准，安排一字有神。”(《荆南签判向和卿用予六言见惠次韵奉酬四首·其三》)似是将句眼当作一切创作和品评原则的最高标准，本质上就是对“以形写神”的肯定。叶梦得认为真正的传神之形，贵在工妙而无雕琢之痕迹：

> 诗语固忌用巧太过，然缘情体物，自有天然工妙，虽巧而不见刻削之痕。老杜“细雨鱼儿出，微风燕子斜”，此十字殆无一字虚设。雨细著水面为沤，鱼常上浮而淰，若大雨则伏而不出矣。燕体轻弱，风猛则不能胜，惟微风乃受以为势。(《石林诗话》卷下)

他所举的杜诗，诗句工整谨严又生动细致，且无斧凿痕迹，正是通过这样的描写，才达到了“传神”的目的。明代李东阳论诗重在法度音调，他认为“诗用实字易，用虚字难。盛唐人善用虚，其开合呼唤，悠扬委曲，皆大于此。用之不善，则柔弱缓散，不复可振，亦当深戒”。虚、实字的运用，可以造成声调上的“悠扬委曲”或“柔弱缓散”，而这种音调的特征实际上也代表了风格的特征。“今之歌诗者，其声调有轻重、清浊、长短、高下、缓急之异，听之者不问而知其为吴、为越也。”(《怀麓堂集·诗话》)从鉴赏的角度，指出声调的高下、缓急等，可以显示其风格的“吴”、“越”之差异。正是因为声调、用字与格律对于诗体之风格有着直接的作用，因此李东阳在自己的诗论中才非常强调这些形式层面的内容。胡应麟亦云：

> 作诗大要，不过二端：体格声调、兴象风神而已。体格声调有则可循，兴象风神无方可执。故作者但求体正格高，声雄调畅；积习之久，矜持尽化，形迹俱融，兴象风神，自尔超迈。譬则镜花水

> 月，体格声调，水与镜也；兴象风神，月与花也。必水澄镜朗，然后花月宛然。讵容错鉴浊流，求睹二者？（《诗薮·内编》卷五）

胡氏分别从创作者和批评者的角度，说明诗体之风神是抽象之物，必须借由具体的体格、声调才能显现，因此作为创作者，应该努力做到体格之正和声调之畅，久之，诗体之神自然就能显现出来。而作为欣赏者，也只有通过诗体的体格声调，才能看出诗体的风神所在。桐城派“三祖”之一的刘大櫆提出：“神气不可见，于音节见之；音节无可准，以字句准之。”又云：“音节高则神气必高，音节下则神气必下。”（《论文偶记》）明言文章之“神气”要通过字句、音节来展现。刘氏的同乡、同好姚范亦直言：“字句章法，文之浅者也，然神气体势皆由之而见。”（《援鹑堂笔记》）受这种思想影响，桐城派“三祖”之一的姚鼐亦云：“神、理、气、味者，文之精也；格、律、声、色者，文之粗也。然苟舍其粗，则精者亦胡以寓焉？”（《古文辞类纂序目》）虽然姚鼐认为学习古文的最高境界是“御其精者而遗其粗者”，但在实际的论述中，姚氏谈得最多，也是最关注的还是如何“以形写神”的问题，即写作方法的问题。① 赵翼《瓯北集·论诗》亦针对苏轼“作诗必此诗，定非知诗人”之语作翻案文章道：“作诗必此诗，定非知诗人。此意出东坡，意取象外神。羚羊眠挂角，天马奔绝尘。其实论过高，后学未易尊。……是知兴会超，亦贵肌理亲。吾试为转语，案翻老斫轮。作诗必此诗，乃是真诗人。”认为徒论诗“神”，持意虽高，却不易遵从，强调写诗要以体格、声调为基础，诗之“神”当由诗之“形”而出。

“形神并重”内涵的第三个方面，就是以生命体之美丑作为标准，品评文体之高下。因为在以“形”、“神”作为元概念的批评思维中，批评者会自觉不自觉地将生命意识贯彻到批评实践中，将文体视为一个生

① 曾国藩曾评姚鼐道：“未得宋儒之精密，故有序之言虽多，而有物之言则少。”（《求阙斋日记类钞》）此言虽含贬义，但亦从反面证明姚鼐的理论中，“有序之言”（即有关文章写作方法的理论）实占大部。

命体，并以生命体的美丑作为标准来评价文体。而生命体之美，大致体现在两个方面，一是“形”之健康与“神”之饱满；二是“形”、“神”有机统一于生命体之中。传统的文体批评正是依据这样的标准来品评文体，如胡应麟云：“筋骨立于中，肌肉荣于外，色泽神韵充溢其间，而后诗之美善备。”(《诗薮·外编》卷五)认为文体的外在之“形”(肌肉、筋骨)要做到立、荣，内在之“神”(色泽、神韵)要做到充、溢，同时“形”、“神”还应有机统一于一体，即所谓“立于中”、“荣于外”、“充溢其间”，整个诗体才会达到完美的境界。

胡氏之论是从生命之美的角度品评文体，亦有从生命之丑的角度品评文体者，这在上文所举的例子中已经多次看到，如李廌就将“形”、“神”的各个组成部分独立出来，分别以生命之丑喻之，提出：

> 文章之无体，譬之无耳目口鼻，不能成人。文章之无志，譬之虽有耳目口鼻，而不知视听臭味之所能，若土木偶人，形质皆具而无所用之。文章之无气，虽知视听臭味，而血气不充内，手足不卫于外，若庵庵病人，支离憔悴，生意消削。文章之无韵，譬之壮夫，其躯干枵然，骨强气盛，而神色昏瞢，言动凡浊，则庸俗鄙人而已。(《答赵士舞德茂宣义论弘词书》)

以人体之无耳目口鼻、无视听臭味、无血气充于内、无雅情高致分别比喻文体之“无体”、“无志”、“无气”、“无韵”，这种理论重在说明“形”、“神”各组成部分的重要性。亦有从“形”、“神”统一的角度设论者，如清人庞垲云：“诗有宾有主，有景有情，须知四肢百骸，连合具体。若泛填滥写，牛头马身，参错支离，成得甚物？亦须打成一片乃得。”(《诗义固说》卷下)所谓宾、主、景、情，是涵盖“形”、“神”各部分而言，庞氏认为各部分若不能有机统一于一体，就如生命体之各部分错乱相合，成为“牛头马身”的怪物，呈现“参错支离”的状态。

总之，无论是“重神轻形”还是“形神并重”，其共同之处是在批评中始终保持着强烈的生命意识，并强调对文体之“神”的表现。

第二节 文体批评中的“尚悟”倾向

中国传统文体批评不同于西方文体批评的一大特色在于，在研究对象的认知上，不是将文体视作一个纯然客观存在的对象，而是将其视作一个充盈着活力的生命体。因此，在研究的方法上，有别于西方文体学重在逻辑推衍、理性分析、分章裂节、分门别类的研究方法，中国传统文体学更倾向于将文体视作有机整体，将文体批评看作一种精神和生命气息的交流，并强调以感悟的方式，去体味文体的特色，这就形成了中国传统文体批评中的“尚悟”倾向。

“尚悟”论成立的前提是批评主体必须具有深厚的理论学养，并在批评过程中能够保持虚静的心态。在此基础上建立起来的“尚悟”论，包括了两层内涵，首先，将文体视作不可分割的有机生命体，强调从整体上把握；其次，批评者虽可以反复体悟文体所透露出的特质，但其对于文体特征的领悟应该是一种瞬间作出的直觉判断，而不是理性、客观解析的结果。

一、“博观”和“虚静”：“尚悟”论的前提

所谓“悟”，并不是虚浮无根的游谈，或者井底之蛙的浅见，“悟”应该是直击本质、直扣关键的一针见血、一语中的。因此，采取“感悟”的批评方式，就对批评者自身的学养和状态提出了很高的要求。

首先，“尚悟”的批评倾向是建立在批评者拥有深厚理论修养基础之上的。严羽有云：

> 诗有别材，非关书也；诗有别趣，非关理也。然非多读书，多穷理，则不能极其至。(《沧浪诗话·诗辨》)

严氏认为，学诗者要想写出好诗，光靠理论修养固然不够，但没有理论修养则不可能。同样的道理也可以套用在批评者身上，即批评者要想瞬间把握文体的神韵，光靠理论修养是不够的，但没有理论修养，批评就是无根之水、无本之木，是无法成立的。

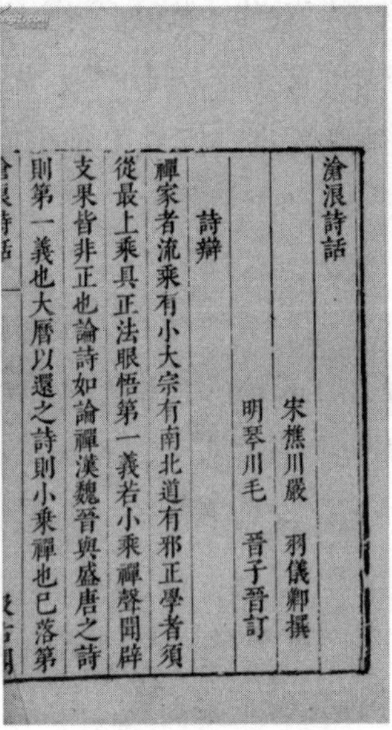
滄浪詩話
宋　樵川嚴　羽儀卿撰
明　琴川毛　晉子晉訂
詩辯
禪家者流乘有小大宗有南北道有邪正學者須從最上乘具正法眼悟第一義若小乘禪聲聞辟支果皆非正也論詩如論禪漢魏晉與盛唐之詩則第一義也大曆以還之詩則小乘禪也已落第
滄浪詩話

（宋）严羽《沧浪诗话》

对于如何提高理论修养和批评水平，刘勰明确提出要进行广泛的阅读：

> 凡操千曲而后晓声，观千剑而后识器；故圆照之象，务先博观。阅乔岳以形培塿，酌沧波以喻畎浍。（《文心雕龙·知音》）

可见，阅读是理论修养的基础。而在阅读中，批评家又非常强调对经典的阅读作用，如苏轼云：“熟读《毛诗》、《国风》、《离骚》，曲折尽在是矣。”（转引自《彦周诗话》）东坡认为，诗骚包含了中国诗歌的所有精华，熟读诗骚就可掌握这些精华。其言虽然有些夸张，但亦说明经典之重要性。吕本中道："学诗须以三百篇、楚辞及汉魏间人诗为主，方见古人好处。"(《童蒙特训》)吴可曰："学诗如治经，当以数家为率，以杜为正经，余为兼经，如太白、右丞、苏州、退之、子厚、小杜、坡、谷四学士之类。"(《藏海诗话》)朱熹云："作诗先用看李杜，如士人治本经然。本既立，次第方可看苏、黄以次诸家诗。"(《朱子语类》卷一百四十)皆是强调阅读经典的重要性，同时吴、朱还在经典之中应分出主次，强调经典阅读应循序渐进。但对于这个问题，还是严羽谈得最透彻：

> 夫学诗者以识为主，入门须正，立志须高：以汉魏晋盛唐为师，不作开元天宝以下人物。若自退屈，即有下劣诗魔入其肺腑之间，由立志之不高也。行有未至，可加工力，路头一差，愈骛愈远；由入门之不正也。(《沧浪诗话·诗辨》)①

学习经典不仅能提升批评者(或学诗者)的理论修养，更为重要的是能够提升审美品位，培养纯正的审美意识，不让"下劣诗魔"入批评者之"肺腑"。另外，严沧浪又提出了"熟参"理论：

> 大抵禅道惟在妙悟，诗道亦在妙悟。……然悟有浅深，有分限，有透彻之悟，有但得一知半解之悟。……若以为不然，则是见诗不广，参诗不熟耳。(《沧浪诗话·诗辨》)

在严沧浪看来，认识不到"妙悟"对于创作的作用就是"参诗不熟"的结果，他还给批评者开列了一份长长的"书单"，包括先秦汉魏到"本朝苏

---

① 以上所列举的苏轼、吕本中、吴可、朱熹、严羽诸人的例子，虽主要是从学诗者角度着眼，但对于批评来说，其理一也。因为批评者，首先应是学习者，只有优秀的学习者才能转而为批评者。

黄以下诸家”的所有重要诗人，要求批评者首先要对这些诗人的作品“熟参”之，而后诗之“真是非自有不能隐者”。所谓“熟参”，自然不能是泛泛而读，而是要反复吟咏，反复揣摩，用严氏的话说就是“朝夕讽咏”、“枕藉观之”，将这些诗体的独特风格都内化到自己的生命中去，成为批评者自己的审美意识和品味，而不是浮泛于记忆层面，所谓“酝酿胸中，久之自然悟入”。只有这样，在批评中才会一眼看到“真是真非”，而不会误入“吊书袋”的歧途。

对于理论修养和审美品位的提升，除了阅读以外，还有批评家认为创作实践也是重要途径，如曹植云：“盖有南威之容，乃可以论于淑媛，有龙渊之利，乃可以议于断割。”(《与杨德祖书》)曹子建提出，批评家必须具备很强的创作能力，才能从事批评，否则就是臆测妄语。刘克庄亦道：

诗必与诗人评之。今世言某人贵名揭日月，直声塞穷壤，是名节人也；某人性理际天渊，源派传濂洛，是学问人也；某人窥姚似，逮庄骚，摘屈宋，熏班马，是文章人也；某人万里外建侯，某人立谈取卿相，是功名人也。……然主人不习于诗，于诗家高下浅深，未尝涉其藩墙津涯，虽强评要未抓着痒处。(《跋刘澜诗集》)

刘氏对当时盛行的名人评诗现象提出批驳，认为即使是文章家，因为不熟悉诗体的创作规律，也不可评诗，遑论功名人、学问人。不可否认，批评家如果具备丰富的创作实践经验和较高的创作水准，在批评的过程中就更容易与作者形成共鸣，更容易准确地看出文体的高低。

其次，“尚悟”的批评倾向要求批评者在批评过程中保持“虚静”的心态。“虚静”一词，源于道家，如《老子》有“致虚极，守静笃”之句。庄子有“心斋”之论，所谓：

若一志，无听之耳而听之以心，无听之心而听之以气。听止于

耳，心止于符。气也者，虚而待物者也。唯道集虚。虚者，心斋也。(《庄子·人间世》)

“心斋”就是要求体道者“疏瀹五藏，澡雪精神”，排除外界的干扰，操持空明虚静之心。感悟的批评方式，就其心理状态而言，也是要求批评者排除一切外在的纷扰，而以澄静之心去体悟文体所透露出的生命气息。对此，况周颐曾有精彩之论：

读词之法，取前人名句意境绝佳者，将此意境缔构于吾想望中。然后澄思渺虑，以吾身入乎其中而涵咏玩索之。吾性灵与相浃而俱化，乃真实为吾有而外物不能夺。(《蕙风词话》卷一)

所谓“澄思渺虑”，就是进入虚静的状态，况氏提出，只有进行虚静之状态，才能在阅读词作的过程中，引起精神的共鸣。至于如何才能达到虚静的状态，苏轼云：

君子可以寓意于物，而不可以留意于物。寓意于物，虽微物足以为乐，虽尤物不足以为病；留意于物，虽微物足以为病，虽尤物不足以为乐。(《苏东坡集·宝绘堂记》)

“寓意”即审美之心态，“留意”即功利之心态，苏轼指出在艺术鉴赏的过程中，要保持“寓意”之心，摒弃“留意”之心。黄庭坚亦云：

要须心地收汗马之功，读书乃有味，弃书册而游息，书味犹在胸中，久之乃见。(《苕溪渔隐丛话·前集》卷四十九)

“收汗马之功”，亦即收功利之心，事功之心。朱熹认为妨碍批评的是“心里闹”，他言道：

这个只是心里闹，不虚静之故。不虚不静，故不明；不明，故不识。若虚静而明，便识好物事。虽百工技艺，做得精者，也是他心虚理明。所以做得来精。心里闹，如何见得。(《朱子语类》卷五)

“心里闹”实际上就是因为外在环境、事物对批评者心境的搅扰，造成批评者心情的躁动不安，这不仅包括了黄庭坚所说的事功之心，还包括生活中的各种顺、逆之境在批评者心中掀起的波浪。朱熹认为，要进入虚静状态，先要清除摆脱任何与世俗世界相关联的情绪。作为评点大师，金圣叹则从正反两个方面总结了批评中虚静状态的形成，金氏有云：

《西厢记》必须扫地读之。扫地读之者，不得存一点尘于胸中也。(《读第六才子书〈西厢记〉法》六十一)

又云：

《西厢记》必须焚香读之。焚香读之者，致其恭敬，以期鬼神之通之也。(《读第六才子书〈西厢记〉法》六十二)

“扫地”是象征说法，其意是要批评者彻底去除胸中的尘垢；“焚香”亦是象征行为，其意思是要批评者将全部精神投入到作品中去，体悟文体中透露出的生命气息，所谓“以期鬼神之通”正是此义。“扫地”从反面，“焚香”从正面，正反两种手段相结合，才能进入虚静的状态。清人钱裴仲谈到“读词之法”亦有类似之语：“先屏去一切闲思杂虑，然后心向之，目注之，谛审而咀味之，方见古人用心处。若全不体会，随口唱出，何异老僧诵经，乞儿丐食。”(《雨华庵词话》)钱氏也是要求“先屏去一切闲思”，再“心向之、目注之”，从而进入虚静状态。

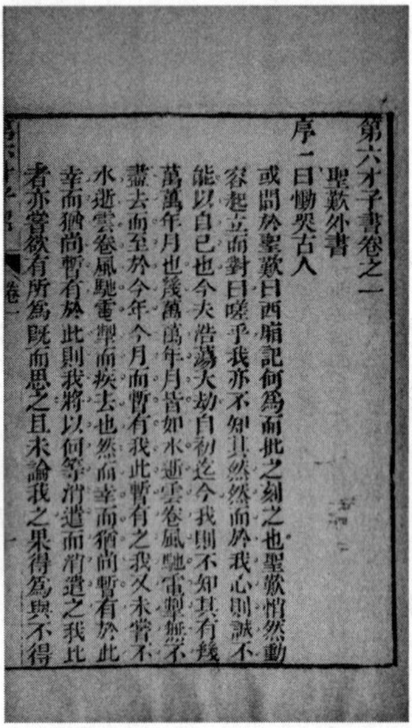

第六才子書卷之一

聖歎外書

序一曰慟哭古人

或問於聖歎曰西廂記何爲而批之刻之也聖歎悄然動容起立而對曰嗟乎我亦不知其然然而於我心則誠不能以自已也今夫浩蕩大劫自初迄今我則不知其有幾萬萬年月也幾萬萬年月皆如水逝雲卷風馳電掣無不盡去而至於今年今月而暫有我此暫有之我又未嘗不水逝雲卷風馳電掣而疾去也然而幸而猶尚暫有於此幸而猶尚暫有於此則我將以何等消遣而消遣之我比者亦嘗欲有所爲既而思之且未論我之果得爲與不得

金圣叹评点本《第六才子书》

徐复观指出要达到“心斋”主要通过两条路径：“一是消解由生理而来的欲望，使欲望不给心以奴役，于是心便从欲望的要挟中解放出来……另一条路是与物相接时，不让心对物作知识的活动；不让由知识活动而来的是非判断给心以烦扰，于是心便从对知识无穷的追逐中，得到解放，而增加精神的自由。”①徐氏所说消解欲望，前人多已言之，但他提出还要去除精神界的“知”，实是深刻之见。诚如徐复观所言，不仅欲望会妨碍批评者进入虚静的状态，知识也会以其理性、客观等触角不时地干扰人“澄怀”、“入虚”的过程。前面已经提到，感悟式批评的第一个前提是，批评者要具备深厚理论修养，但同时也强调将理论内化入批评者的生命中，成为批评者生命意识的一部分，理论修养才不会妨

① 徐复观：《中国艺术精神》，华东师范大学出版社 2001 年版，第 43 页。

碍批评者进入虚静状态。

二、“气象混沌”：整体把握论

西方的文体研究，往往注重将文体分成若干层次或若干门类，如就层次来说，西方文体学的研究，可分成三个层次，即“语言特征”、“心理效果”、“主题意义或美学效果”；① 就门类来说，又有形式文体学、功能文体学、话语文体学、社会历史和社会文化文体学、文学文体学、语言学文体学等，各个门类之间分工明确，泾渭分明，专业性非常突出。与此形成鲜明对比的是，中国传统文体批评在“尚悟”倾向的指引下，往往将文体中的语体特色和风格特色杂糅起来，从整体上进行品评。形成这种批评方法的原因，正是批评者将文体视作生命体，认为其具有不可分割的有机整体性，故而对其批评就不采取西方文体学分门别类、层层推进的方式，而是在整体把握的基础上，忽略细枝末节，强调抓住最突出、最本质的特征。具体而言，整体把握式的批评又分为两种思路：

一种是“概括式”批评，即在批评的过程中，不对文体的语体、风格特征进行具体分析，也不会举例说明，只是就大体印象进行概括式批评，《沧浪诗话》就是典型。其《诗评》云：

> 大历以前，分明别是一副言语；晚唐，分明别是一副言语；本朝诸公，分明别是一副言语。

严羽并没有对大历以前的诗体、晚唐诗体、本朝诗体做进一步分析，说明它们在语体、风格方面的具体内涵为何，各有何种特色，也没有举出各个时代诗体的代表性例证，只是概括言之。《沧浪诗话·诗评》主要

---

① 申丹：《叙述学与小说文体学研究》，北京大学出版社 2001 年版，第 143 页。

使用的就是这种批评方式，如评盛唐诗体云："盛唐人，有似精而非粗处，有似拙而非拙处。"比较唐诗与宋诗云："唐人与本朝人诗，未论工拙，直是气象不同。"评大历之诗云："大历之诗，高者尚未失盛唐，下者渐入晚唐矣。晚唐之下者，亦堕野狐外道鬼窟中。"不进行深入的分析，也不举例说明，这种批评方法常常让人感到"肤浅"、"浮泛"。其实，这种三言两语总结一时代文体特征的批评方法，恰恰是建立在批评者对于各时代文体的语体和风格特色了然于心的基础之上。因为只有非常熟悉了解，批评者才能撇开末流、直击主体。因此严沧浪评盛唐诗："盛唐人，有似粗而非粗处，有似拙而非拙处。"陶明濬就认为："此种疑似之辩，非深于此道者决不能区分。……粗之反面曰精，拙之反面曰工。必体认华切，不稍误谬，然后始可与言诗。否则以纤微为精，以佻巧为工，则未有不走入迷途者也。"(《诗说杂记》卷十)陶氏指出，严羽的品评绝不是泛泛之谈，而是有着深切的体会，才做出了这样的评论。

值得注意的是，严羽本人对于这种概括式的品评亦有自觉，如其道："盛唐人诗，亦有一二滥觞晚唐者，晚唐人诗，亦有一二可入盛唐者，要当论其大概耳。"显然，严氏认识到自己对于盛唐、晚唐诗风特征极度凝练的品评，只是论其大概，而就具体的诗人而言，自然也有盛唐诗人作晚唐衰音，或晚唐诗人呈盛唐气象者的特例，但由于批评者将一时代的诗风作为整体来考量，因此对于这些妨碍整体性存在的特例就自然不能不有所"忽略"。对此，郭绍虞亦释曰："《沧浪》论诗，只透露了一些初、盛、中、晚的分别，而且说明'要当论其大概'，立论原自通达。即高棅《唐诗品汇》确定了初、盛、中、晚的分期，也只说'略而言之'，并未教人死看。这在格调派中也见到这一点。王世懋《艺圃撷余》说：'唐律由初而盛，由盛而中，由中而晚，时代声调，故自必不可同。然亦有初而逗盛，盛而逗中，中而逗晚者。学者固当严于格调，然必谓盛唐人无一语落中，中唐无一语入盛，则亦固乎其言诗矣。'定初、盛、中、晚分别的，和宗主初、盛、中、晚之分的，都只是‘论其大概’。”①可见，批评者在进行断代的同时，都自觉地认识到各时代之间有相互羼入的现象，但这些特殊现象并不妨碍对其时代诗风做出整体性评价，因此诗风的断代是完全成立的。另外，批评者的自觉意识也从侧面说明，他们的概括式批评绝非武断的臆语，而是综合了各方面因素之后做出的审慎之评。

与概括式批评相对的常用方式就是摘句式批评，严沧浪自己在评诗的过程中也有摘句。但在严羽看来，相较“可句摘”之诗，似乎“不可句摘”之诗水平更高。他评汉魏古诗“气象混沌，难以句摘”。又评建安诗风“全在气象，不可寻枝摘叶”。结合严羽对“汉魏”诗“第一义”的评论，可见，他更为肯定不可句摘的诗作。“不可句摘”，正是因为诗作犹如一个有机的生命体，气象混融、难以拆分。诚如胡应麟所云：

> 气象浑沦，难以句摘，此但可论汉古诗。……汉人计不可句摘者，章法浑成，句意联属，通篇高妙，无一芜蔓，不著浮靡故耳。(《诗薮·内编》卷二)

而摘句式批评则破坏了诗体的整体性，摘出秀句的同时，意味着对诗体其他部分的遗弃，诗体完整的生命气息亦因之被割裂、阻断。有学者指出，摘句的弊病“其一，用以论人，往往以偏概全；其二，用于欣赏，往往失之表面，而忽略其深意”。②相对而言，概括式批评则很好地照顾到了诗体的整体性，因此，可以说概括式批评在体现文体批评自身的生命意识之外，也隐含地强调了文体的生命特征。

一种是“意象式”批评，即在批评的过程中，批评家往往用一个或几个意象来形容、总结某一文士、某一文派文体的语体和风格特征。

---

① 严羽著，郭绍虞校释：《沧浪诗话校释》，人民文学出版社 1983 年版，143 页。

② 张伯伟：《中国古代文学批评方法研究》，中华书局 2002 年版，第 343 页。

“意象式”批评与“概括式”批评的相同之处在于，都不会进行具体的分析和阐释，一般也不会举出例证。其不同之处在于，“概括式”批评采用的是直接陈述的方式，而“意象式”批评采用的是意象比拟的方式。

“意象式”批评的兴盛始于六朝，并呈现出多样化的特征，以《文心雕龙》与《诗品》为代表：

有以“意象”喻语体、风格者，如刘勰以“根柢槃深，枝叶峻茂”喻诸经“辞约而旨丰”之风格；以“采如宛虹之奋鬐，光若长离之振翼”喻“颖脱”之文风；以“玲玲如振玉”、“累累如贯珠矣”喻声律协调；以“骥在左骖，驽为右服”喻文辞不偶。钟嵘引《翰林》之语评潘岳之诗“翩翩然如翔禽之有羽毛，衣服之有绡縠”；喻谢灵运之诗“譬犹青松之拔灌木，白玉之映尘沙”；喻范云之诗“如流风回雪”；喻邱迟之诗“似落花依草”；喻宋孝武帝刘骏之诗为“雕文织彩”。

有以“意象”喻文体之间之关系，或文体与内容、文士情感之关系者，如刘勰论风、骨之关系道：“若风骨乏采，则鸷集翰林；采乏风骨，则雉窜文囿；唯藻耀而高翔，固文笔之鸣凤也。”论文、质之关系道：“夫水性虚而沦漪结，木体实而花萼振，文附质也。虎豹无文，则鞟同犬羊；犀兕有皮，而色资丹漆，质待文也。”论辞、义之关系道：“丽词雅义，符采相胜，如组织之品朱紫，画绘之著玄黄。”

有以“意象”喻语体、风格之影响、继承关系，如刘勰以“太山遍雨，河润千里”喻诸经对后世文体之影响，以“即山而铸铜，煮海而为盐”喻后世文体对诸经之效仿。钟嵘以“得虬龙片甲，凤凰一毛”喻何晏、孙楚、王赞等诗人对前贤诗风的继承。

由此可见，批评家对“意象式”批评的运用，范围十分之广，涵盖了文体批评的各个方面。值得一提的是，“意象式”批评，还与中国传统文体批评中的诗性思维有着密切联系，所谓诗性思维，在本编的第二章已有介绍，即一种具象的、以己度物的思维方式。意象式批评，正是批评家将文体理解成如同自己一样的生命体，以感悟的方式去体味文体中蕴含的生命气息，并以具体形象呈现这种感悟的批评方式。

同为整体把握式的批评，“意象式”批评的优点在于能以形象的方式，对文体的语体，风格的具体特征和内涵进行描述式品评；而“概括式”批评的优点在于能以宏观的方式，对文体的时代特征进行陈述式品评。

三、“动触天真”：直观顿悟论

尚悟批评倾向的另一种表现，就是强调批评者对文体本质特征的揭示是直观顿悟式的。

直观顿悟表现为虚静状态下，批评者对于文体所蕴含风格特征的瞬间领悟。徐复观认为，虚静状态下的主体天然地具有对客体本质的洞察力，“虚静之心，自然而然地是明；而这种明，是发自宇宙万物相通的本质，所以此明即能洞透到宇宙万物之本质……庄子所说的‘明’、‘光’，落实来说，乃是以虚静为体为根源的知觉。此知觉因为是以虚静为体，所以这是不同于一般所谓感性，而是根源的知觉，是有洞彻力的知觉”。① 将这种理论放到文体批评中来看，以虚静之心为本的直观顿悟式批评，亦天然地具有对文体本质特征的洞悉能力。对此，古人多有论之，如胡应麟云：

> 诗则一悟之后，万象冥会，呻吟咳唾，动触天真。(《诗薮·内编》卷五)

沈德潜亦道：

> 读诗者心平气和，涵泳浸渍，则意味自出。(《唐诗别裁·凡例》)

胡、沈二人所说的“万象冥会”、“心平气和”，实际上就是一种虚静的

① 徐复观：《中国艺术精神》，华东师范大学出版社2001年版，第50页。

状态，藉由这种状态文体的风格特征就自然而然呈现在批评者的眼前，所谓"动触天真"、"意味自出"正是此意。

具体而言，批评者对于文体风格特征的把握，主要是由于批评者去知、去欲进入虚静状态，使批评者(主体)与文体(客体)之间的隔膜完全消除，并进而达到主客合一的境界。在这一境界中，批评者不再以感官，而是以精神去与文体相交通，以自身的生命气息与文体的生命气息相摩荡，"不以目视而以神遇"。徐复观曾以"庄周化蝶"为例说："这是主客合一的极致。因主客合一，不知有我，即不知有物，而遂与物相忘。"①在主客合一的境界中，庄子不再作为主体存在(主动)，蝴蝶也不再是作为客体存在(被动)，主客体之间的隔阂被完全打破，庄子亦不再从感官层面去欣赏蝴蝶，而是以生命之气息与蝶之生命气息相交流、相沟通，因而才有"不知周之梦为胡蝶与，胡蝶之梦为周与"的感叹。同样，在文体批评中，批评者与文体的"物我两忘"，亦使批评者与文体合为一体，文体的风格特征亦在生命气息互感的一刹那传达给批评者。

对于直观顿悟式的批评过程，况周颐在他的《蕙风词话》中有非常诗意的描写：

> 人静帘垂，灯昏香直。窗外芙蓉残叶飒飒作秋声，与砌虫相和答。据梧冥坐，湛怀息机。每一念起，辄设理想排遣之。乃至万缘俱寂，吾心忽莹然开朗如满月，肌骨清凉，不知斯世何世也。(《蕙风词话》卷一)

在况氏所描绘的情境中，批评者因为息知消欲(每一念起，辄设理想排遣之)，将精神从凡俗的世界中完全脱离出来，进入虚静的状态(湛怀息机，万缘俱寂)，并形成对文体风格的顿悟。所谓"心忽莹然开

① 徐复观：《中国艺术精神》，华东师范大学出版社2001年版，第53页。

朗”，正是描述顿悟状态的瞬间性、忽然性。这种瞬间性的造成，是由于主客合一的同时，两者之间的隔膜随之消除，客体的本质瞬间呈现于主体之前，造成主体豁然开朗、恍然大悟的心理反应。

清人黄子云则较为全面地总结了直观顿悟式批评的特征，他言道：

> 学古人诗，不在乎字句，而在乎臭味。字句魄也，可记诵而得。臭味魂也，不可以言宣。当于吟咏时，先揣知作者当日所处境遇，然后以我之心，求无象于窅冥惚恍之间，或得或丧，若存若亡，始也茫焉无所遇，终焉元珠垂曜，灼然毕现我目中矣。①(《野鸿诗的》)

不在“字句”，而在“臭味”，正是要求批评者不要拘泥于感官层面(字句)，而要从精神层面得文体之“魂魄”。黄氏亦认为，批评者对文体风格的把握有瞬间性特征，所谓“灼然毕现我目中”。而他的缜密之处在于，认识到这一把握过程不会非常顺畅，需要经历茫然摸索的阶段，才能达到“灼然毕现”。

第三节 文体批评中的“求新”倾向

生命体的一大特征就是运动，且这一运动呈现出由旧趋新、以新代旧的总体趋势，如就个体而言，有新陈代谢的运动；就物种而言，有优胜劣汰的进化。在生命本体意识的指引下，中国传统文体批评，亦将文体视作生命之体，并强调文体的创新、新变，从而形成了文体批评的“求新”倾向。

一、“文律运周、日新其业”：“求新”倾向的思想基础

中国文体批评“求新”倾向的形成，首先是受到了中国传统哲学中

① 黄子云所谓“我之心”，实为“无知”、“无欲”之心，即无“我”之心。

“通变”思想的影响，如《周易》的基本思想之一就是揭示运动变化乃天地万物之本质特征，故孔颖达解“易”道：

> 夫“易”者，变化之总名，改换之殊称。自天地开辟，阴阳运行，寒暑迭来，日月更出，孚萌庶类，亭毒群品，新新不停，生生相续，莫非资变化之力、换代之功。然变化运行，在阴阳二气，故圣人初画八卦，设刚柔两画，象二气也；布以三位，象三才也。谓之为《易》取变化之义。(《周易正义·序》)①

孔氏这一段文字，主要是从自然界的角度，总结了《周易》的“通变”思想，即变化、发展是普遍存在于天地万物中的规律，并具体表现为阴、阳二气的对立统一，《周易》正是根据这一规律设计出八卦。《周易·系辞下》有云：“《易》，穷则变，变则通，通则久。”则主要是从人类社会的角度，指出变革是人类社会得以发展的必由之路。陆绩针对此句举例道：“庖羲作网罟，教民取禽兽，以充民食。民众兽少其道穷，则神农教播殖以变之。此穷变之大要也。”②正是为了说明，适时、适势做出变革、改革，是人类社会前进的保障所在。又如《易传·系辞上》云：“变而通之以尽利。”王注曰：“极变通之数，则尽利也。”孔疏云：“变，谓化而裁之，通，谓推而行之，故能尽物之利也。”③也是强调，只有具备“变通”的思想，人们才能“尽物之利”。

道家亦认为天地之本质在于变化、运动。如《老子》主要是从矛盾互相转换的角度来说明运动之理，如云：

---

① 对“易”之含义的解读，还有很多不同意见，如《周易乾凿度》云：“‘易’一名而含三义：所谓易也，变易也，不易也。”清初毛奇龄《仲氏易》谓“易”兼有“变易”、“交易”、“反易”、“对易”、“移易”五义。吴汝化《易说》认为“易者占卜之名，因以名其官”。均可备一说，但“变易”无疑仍是“易”的主要含义，如此解读，不仅因为“易”本身就具有这种含义，更因为变易是整部《周易》的核心思想。

② (清)李道平：《周易集解纂疏》，中华书局1994年版，第627页。

③ 《十三经注疏·周易正义》，北京大学出版社1999年版，第291页。

有无相生，难易相成，长短相形，高下相倾，音声相和，前后相随。(《第二章》)

曲则全，枉则直，洼则盈，敝则新，少则得，多则惑。(《第二十二章》)

在老子看来，矛盾对立的互相转化是自然万物运动的最基本形态，他的哲学思想也是在此基础上建立起来的。另外，运动也是其核心概念“道”的特性：

反者道之动。(《第四十一章》)

老子认为“道”的运动呈现出循环往复的特征，这与他认为运动就是矛盾的相互转化，是相一致的。另外，庄子亦认为运动既是自然和人类社会普遍存在的规律，如《庄子·天道》云：“天道运而无所积，故万物成；帝道运而无所积，故天下归；圣道运而无所积，故海内服。”所谓“无所积”，即是无所积滞、停留的意思，庄子不仅认为运动是普遍存在的规律，而且是天地万物的常态。又《秋水》云：“物之生也，若骤若驰，无动而不变，无时而不移。”亦是强调运动、变化的普遍和常态化。

法家主要从社会变革和实用主义的角度，阐释了自己的运动、变化思想。商鞅认为，社会处于不断变化之中，只有针对不同时代的社会状况，不断地进行制度变革、改良，而不是拘泥于圣人和古人之法，才能实现富国强兵的目标，故其云：“圣人苟可以强国，不法其故；苟可以利民，不循其礼。”强调社会、政治制度的优越与否，应以富国、利民为标准。又云：“三代不同礼而王，五霸不同法而霸。”(《商君书·更法》)指出历史上实现王霸之业的君主，都不墨守成规。针对保守派提出的“法古无过，循礼无邪”的主张，商鞅驳道：

> 前世不同教，何古之法？帝王不相复，何礼之循？伏羲神农，教而不诛，黄帝尧舜，诛而不怒，及至文武，各当时而立法，因事而制记，礼法以时而定，制令各顺其宜，兵甲器备，各便其用。故曰，治世不一道，便国不必法古。汤武之王也，不循古而兴，殷夏之灭，不易礼而亡。(《商君书·更法》)

同为法家代表人物的韩非子，亦持相似之观点，如《韩非子·五蠹》云：

> 上古之世，人民少而禽兽众，人民不胜禽兽虫蛇。有圣人作，构木为巢，以避群害，而民悦之，使王天下，号之曰有巢氏。民食果蓏蚌蛤，腥臊恶息而伤腹胃，民多疾病。有圣人作，钻燧取火，以化腥臊，而民说之，使王天下，号之曰燧人氏。中古之世，天下大水，而鲧禹决渎。近古之世，桀纣暴乱，而汤武征伐。今有伐木钻燧于夏后氏之世者，必为鲧禹笑矣。有决渎于殷周之世者，必为汤武笑矣。然而今有美尧舜禹汤武禹之道于今之世者，必为新圣笑矣。是以圣人不期修古，不法常可，论世之事，因为之备。

韩非子以圣贤之主的事例说明，只有针对民众遇到的具体问题和情况，适时提出应对和解决的方法，才能得到民众的拥戴。这种言论所包含的核心思想，就是倡导要适时而变、应势而动。

关于先秦的“通变”思想，虽然各家各派的理论各有侧重，但是他们都有一个共同的理论前提，即将自然、社会看作生气充盈的生命之体，并认为运动、变化是生命之体的本质特征。

先秦的“通变”思想，及其所包含的对自然、社会生命化本质的体认，深刻地影响了中国传统的文体批评理论，并使其形成了“求新”的传统，《文心雕龙·通变》就是这一传统的典型体现。

刘勰的文体创新思想主要包含着四个方面的内容：首先，创新是文体发展的常态，是没有穷尽的，所谓"设文之体有常，变文之数无方"。他化用《周易·系辞下》"变则通，通则久"之言道"文辞气力，通变则久"，认为只有不断地创新、求变才能使文体长久发展下去。其次，创新应是一个不断完善、不断优化的过程。他通过对历史的简短梳理，提出文体的语体和风格总体上经历了一个由质到文的发展过程，所谓"夏歌雕墙，缛于虞代；商周篇什，丽于夏年"。夏代的诗体比舜时要更富文采，而商周的诗体的辞采又胜过夏代，刘勰对这种文胜于质的创新、发展是持肯定态度的。但同时他也指出，如果过分追求辞采，会造成文风的绮艳淫靡、"风味气衰"，这就不再是创新，而是误入歧途，故他批评魏晋以降的文体道："魏晋浅而绮，宋初讹而新。"最后，针对创新中可能出现的偏颇，他提出创新应以继承传统为基础，强调文士在创作实践中，应多学习前贤的优秀作品，从中汲取营养。具体而言，刘勰主要是强调应学习诸经和汉代以前的作品。需要指出的是，这里所说的学习，不是单纯地效仿、模拟，而是要领会其精神，如刘彦和提倡"宗经"，不是要文士对诸经亦步亦趋地模仿，而是要求学习从诸经中提炼出的"六义"之论。最后，创新的同时还应遵从文体的基本规范，即文体在语体和风格上的规范，例如诗体，就语体而言，有格律、韵律之规；就风格而言，有"诗庄词媚"之别。在诗体的创作实践中，这些都是必须遵从的，否则就不成其"体"。

刘勰强调文体创新的思想，在后世多有同道，如《隋书·文学传论》提出要合南北文风之长，形成一种新文风：

> 若能掇彼清音，简兹累句，各去所短，各合其两长，则文质斌斌，尽善尽美矣。

这种理论就体现出了创新意识，即在旧有文风的基础上，通过继承和发展形成新的文风。杜甫以"语不惊人死不休"自期，以"赋诗新句稳"自得，皆体现出一种文辞创新的理论自觉。韩愈表示"惟古乎词必已出"，亦表现出鲜明的独创精神。黄庭坚倡导“点铁成金”、“夺胎换骨”之论，希望通过对古人诗句的改造，达到“以故为新”(《再次韵杨明叔小序》)的效果。杨万里在《见苏仁仲提举书》中云：

> 当其效人之诗体以求合于人，自以为巧矣，而其巧适所以为拙，则夫舍己以徇于人，与夫信己以俟于人，其巧拙未易以相过也。

批评“舍己徇人”的模拟之风，认为作诗应有创新的精神，要有独创的风格。姜夔云：“一家之语，自有一家之风味，如乐之二十四调，各有韵声，乃是归宿处。”王灼赞誉苏轼以诗为词之法，认为其“指出向上一路，新天下耳目”。胡祗遹强调戏曲文体创作应力图有所创新：

> 醯盐姜桂，巧者和之，味出于酸咸甘辛之外，日新而不习故常，故食之者不厌。滑稽诙谐亦犹是也。拙者踵陈习旧，不能变新，使观听者恶闻厌见。(《优伶赵文益诗序》)

明代公安派更是以“变”为其文体理论的核心思想，极力提倡文体的新变，并严厉抨击当时文坛泛滥的复古观念和摹古习气，如袁宏道有言：

> 盖诗文至近代而卑极矣！文则必欲准于秦汉，诗则必欲准于盛唐，剿袭模拟，影响步趋，见人有一语不相肖者，则共指以为野狐外道，曾不知文准秦汉矣，秦汉人曷尝字字学《六经》欤？诗准盛唐矣，盛唐人曷尝字字学汉魏欤？……唯夫代有升降，而法不相沿，各极其变，各穷其趣，所以可贵，原不可以优劣论也。(《叙小修诗》)

凡此种种，无不是在理论上提倡文体的创新，反对模拟。可以说，“求新"的理论倾向，贯穿于中国传统文体批评的始终。

二、"一代有一代之文学"：文体更迭论

所谓文体更迭论，指一时代有一时代之代表性文体的理论。关于此种理论，今人谈得最多的自然是王国维"一代有一代之文学"的经典言论，实际上，文体更迭论发端甚早，如金人刘祁便已有云：

> 唐以前诗在诗，至宋则多在长短句，今之诗在俗间俚曲。(《归潜志》卷十三)

这大约是今天所能见到的最早的有关文体更迭的理论言说，刘氏所说的"诗"，并非指诗体，而是泛指文学文体，因为古人并没有明晰的文学概念，因此以"诗"代称之。及至元代，罗宗信亦曰：

> 世之共称唐诗、宋词、大元乐府，诚哉。(《中原音韵序》)

此处的乐府，指的就是元曲，① 因此，可以说，到了元代"唐诗、宋词、元曲"之论已经成形。但是由于文学观念、文体观念的模糊，也存在将文学文体与非文学文体，甚至毫无关联之事物掺杂一起而论者，如孔齐《至正直记》引虞集之语道：

> 一代之兴，必有一代之绝艺，足称于后世者。汉之文章、唐之律诗、宋之道学、国朝之今乐府，亦开于气数、韵律之盛。

---

① 元人习以"乐府"称散曲、杂剧，如将贯云石、徐再思所作之散曲集合称《酸甜乐府》(因贯云石号酸斋，徐再思号甜斋)，又周德清《中原音韵》以乐府称北曲，如"凡作乐府，古人云：'有文章者谓之乐府'"，又"作乐府，切忌有伤于音律"。陶宗仪《辍耕录》卷八《作乐府法》亦是讲作曲之法。

将汉之文章与唐之律诗、元之乐府(散曲、杂剧)并列而论，就已经表现出对文学文体的界定不明，至于将宋之道学与文体糅于一体，更是混乱已甚。但这种列举之法却屡见不鲜，如明人曹安亦道："汉文、唐诗、宋性理、元词曲。"(《谰言长语》卷上)茅一相云："夫一代之兴，必生妙才；一代之才，必有绝艺。春秋之辞命、战国之纵横，以至汉之文、晋之字、唐之诗、宋之词、元之曲，是皆独擅其美而不得相兼，垂之千古而不可泯灭者。"(《题词评曲藻后》)陈继儒："先秦两汉诗文具备，晋人清谈书法，六朝人四六，唐人诗小说，宋人诗余，元人画与南北剧，皆自独立一代。"(《太平清话》卷一)或是将性理之学，或是将玄学清谈，或是将书法绘画与文体杂而论之，都可见传统文体学对于文体概念的界定不明、模糊不清。

不过，明清之际亦有一些批评家较为清楚地谈到了文体更迭问题，如王世懋：

> 唐之歌失而后有小词；则宋之小词，宋之真诗也。小词之歌失而后有曲；则元之曲，元之真诗也。(《郁冈斋笔麈》卷四)

沈宠绥亦道：

> 三百篇后变而为诗，诗变而为词，词变而为曲。诗盛于唐，词盛于宋，曲盛于元之北。(《弦索辨讹》)

陈宏绪引卓人月语道：

> 我明诗让唐，词让宋，曲又让元，庶几吴歌、《罗江怨》、《打刺竿》、《银绞丝》一类，为我明一绝耳。(《寒夜录》卷上)

王、沈、陈三人都能在文学文体的范围内讨论文体更迭问题，其中陈宏绪在重申“唐诗、宋词、元曲”的固有理论基础上，还提出明代的代表性文体应为民歌，这不仅是对文体更迭论的续写，而且还一定程度上反映出自李梦阳提出“真诗乃在民间”①观点后，明人对于民歌价值(包括文体价值)的认识在不断提高，甚至将其作为本朝的代表性文体。

清人对于文体更迭则有了更为明确的理论自觉，如焦循云：

> 夫一代有一代之所胜，舍其所胜，以就其所不胜，皆寄人篱下者耳。余尝欲自楚骚以下至明八股，撰为一集。汉则专取其赋；魏晋六朝至隋则专录其五言诗；唐则专录其律诗；宋专录其词；元专录其曲；明专录其八股。一代还其一代之所胜。(《易余籥录》卷十五)

焦氏之论与王国维之论已相去不远。

文体更迭论除了列举各个时代的代表性文体之外，还对于这种现象本身进行了分析，其结论大致可分为两种：

一种认为是文体发展的必然结果。如胡应麟有言：

> 诗至于唐而格备，至于绝而体穷。故宋人不得不变而之词，元人不得不变而之曲。(《诗薮》卷一)

虽然胡氏本人对于文体更迭，总体上持消积、否定的态度，但是他对于文体更迭之原因的分析，却可谓一语中的。文体的更迭，在很大程度上正是因为一种文体经过长时间的创作实践之后，其创新的空间越来越小，创新的难度越来越大，因此，文士们转而将主要精力投入一种相对较新的文体中。王国维《宋元戏曲考·序》中亦道：“凡一代有一代之文学：楚之骚，汉之赋，六代之骈语，唐之诗，宋之词，元之曲，皆所谓

① 严格意义上，“真诗乃在民间”应是王叔武之言，李梦阳实为转述之人。

一代之文学，而后世莫能继焉者也。”所谓“后世莫能继焉”，即指该文体在语体、风格各方面的实践都已臻完美，后世很难再有所突破，因此，不得不转向新的文体。

王国维

《宋元戏曲史》

文体更迭，反映了文士在文体实践中“求新”、“求变”的意识，这种意识与文体批评的“求新”倾向是紧密相联的。文体实践的“求新”给文体批评提供了更多、更新的批评对象和更大的批评空间；文体批评的“求新”倾向，又促使文体实践转向新的文体。

还有一种认为是时代影响的结果。所谓一时代有一时代之文体，时代在其中自然起着重要作用。如前所说，文体的更迭是文体实践和文体批评本身“求新”、“求变”意识的结果，但是何以一种新文体出现在此时代，而非彼时代，则是无法单纯从文体本身进行解释的，而必须联系各个时代的特征进行分析。

时代对于文体更迭的作用，又可细分为两种情况：

首先，不同的时代风气导致了不同文体的兴盛，刘勰云：“文变染乎世情，兴废系于时序。”(《文心雕龙·时序》)即考虑到时代风气对于文体的特殊作用，所谓“中朝贵玄，江左称盛，因谈余气，流成文体”，认为自西晋开始兴起，至东晋盛极一时的玄学风气直接导致了玄言诗体的产生。除了从被动接受时代风气影响的角度讨论文体的更迭之外，还有一些批评家从文体的主动反映时代风气的角度讨论两者关系，如王思任云：

一代之言，皆一代之精神所出。其精神不专，则言不传。汉之策，晋之玄，唐之诗，宋之学，元之曲，明之小题，皆必传之言也。(《王季重十种·杂序》)

顾炎武亦道：

三百篇不能不降而为楚辞，楚辞不能不降而汉魏，汉魏不能不降而六朝，六朝不能不降而唐也，势也。用一代之体，则必似一代之文，而后合格。(《日知录》卷二十一)

皆认为一时代之代表性文体应该真切传达一时代之特征，否则就不具有流传后世的价值。

其次，不同时代的语言特征也会导致文体的更迭，对此问题，公安兄弟弘之最精，如袁宏道云：

人事物态，有时而更；乡语方言，有时而易；事今日之事，则亦文今日之文而已矣。(《与江进之》)

袁宗道曰：

口舌代心者，文章又代口舌者也。辗转隔碍，虽写得畅显，已

> 恐不如口舌矣；况能如心之所存乎？故孔子论文曰："辞达而已。"达不达，文不文之辨也。唐虞三代之文无不达者。今人读古书不即通晓，辄谓古文奇奥，今人下笔不宜平易。夫时有古今，语言亦有古今，今人所诧为奇字奥句，安知非古之街谈巷语耶？（《论文（上）》）

二袁皆认为一时代有一时代之语言特征，不应为了慕古就强拟古人口气，强作古奥文字，因为在今人看来古奥的文字，在古人看来可能就平易非常。古人只是操日常之语以为文，今人如果真要学古的话，就应学古人以当时之语为当时之文的精神。袁氏兄弟虽然没有明确地提出时代语言特征对于文体的影响，但是按照他们的理论主张，自然可以推出不同时代语言特征对于文体更迭有着直接影响。而且，从唐诗、宋词到元曲、明清小说，各个时代的代表性文体也确实与其时代的语言特征紧密相联。

值得一提的是，除了从时代风气、语言特征两个角度分析文体更迭的原因之外，还有批评家从"文运"角度解释不同时代文体的更迭，如李渔云："文章者，心之花也。花之种类不一，而其盛也亦各以时。时即运也，桃李之运在春，芙蕖之运正在夏，梅菊之运在秋科。文之为运也亦然，经莫盛于上古，是上古为六经之运；史莫盛于汉，是汉为史之运；诗莫盛于唐，是唐为诗之运；曲莫盛于元，是元为曲之运。运行至斯，而斯文遂盛。"（《名词胜选·序》）又顾彩曰："一代之兴，必有一代擅长之著作，如木火金水之递旺，于四序不可得兼也。古文莫盛于汉，骈俪莫盛于晋，诗律莫盛于唐，词莫盛于宋，曲莫盛于元。昌黎所谓以鸟鸣春，以雷鸣夏，以虫鸣秋，以风鸣冬者，其是之谓乎？"（《清词词序》）李、顾二人认为文体的更迭，是文体命运自然而然的结果。

实际上，无论是从文体自身，还是从时代因素，甚或从文体命运的角度去解释文体更迭的原因，都体现了文体批评的生命意识，即在批评中时时将文体视作鲜活的生命之体，将文体的更迭，视作生命之体的自我更新，或者受外在气息感染导致的更新。

需要指出的是，本书所说作为文体批评“求新”倾向表现之一的文体更迭论，主要指以积极、发展、肯定的眼光看待文体更迭，并加以理论阐释者。对于文体更迭持消极、否定之态度者，则不在此列。如王应麟有云：“四言不能不变而五言，古风不能不变而近体，势也，亦时也。然诗至于律，已属俳优，况小词艳曲乎！宋人不能越唐而汉，而以词自名，宋所以弗振也。元人不能越宋而唐，而以曲自喜，元所以弗永也。”王氏将文体与国势、国祚联系起来，认为宋、元因为崇尚卑俗的词曲文体，导致国势不振、国祚不永。王氏此论不仅荒唐不经，且是一种典型的文体退化论。相似的还有王骥德，其亦道：“后三百篇而有楚之骚也，后骚而有汉之五言也，后五言而有唐之律也，后律而有宋之词也，后词而有元之典也。代擅其至也，亦代相降也，至曲而降斯极矣。”类似二王这样以否定态度看待文件更迭的理论，都不能归之于“求新”之列。

三、“文备众体”：文体借鉴论

文体借鉴论，指有关一种文体借鉴另外一种或几种文体创作方式的理论。文体借鉴，是除了转换文体之外，文体实践“求新”、“求变”的又一重要途径。文士借由对其他文体语体、风格的借鉴、吸收，从而达成对本来文体的创新，而批评家对这一现象的推崇也反映了其理论上的“求新”倾向。

文体的借鉴，可以分成一体之内和众体之间两种情况，相应地，其批评理论也分成两种。

所谓一体之内的文体借鉴，指在一个文体大类之中，其中某一小类向另一小类的文体借鉴，如诗体作为一个大类，又可分成古体诗、近体诗，因之就出现了近体对古体的借鉴，古体对近体的借鉴。而从文体理论上看，主要是倡导、推崇近体对古体的借鉴，反对古体对近体的借鉴，因此可以说，有关一体之内的文体借鉴理论，其“求新”的倾向是有选择性的。

近体借鉴古体，具体言之，即以创新为目的，刻意以写古体诗的方式写近体诗，打破近体有关辞句对偶和声调粘对的规范，以散体入诗，以拗句入诗，从而形成迥异于一般近体的语体和风格特征。如李商隐《七月二十八日夜听雨梦后》完全打破了律诗中间各联必须对偶的要求，全诗全用散体，开创了七律散体的新形式。李、杜有大量的拗体诗，也是其诗作的重要特色之一。

对于文体实践中，这种以古入律的尝试，很多批评家都持赞同的态度。如许学夷：

> 盛唐高、岑五言、子美七言，以古入律，虽是变风，然气象风格自胜。(《诗源辨体》卷二十)

许氏认为，高适、岑参、杜甫等人援古体入律体，虽然其诗作不完全符合律体的规范，但是其诗风别具一格、独树一帜，达到了创新的目的。清人王轩《声调谱序》云："韩、孟崛起，力仿李、杜拗体，以矫当代圆熟之弊。"所谓"圆熟"，指诗体声调平顺、流利但沉腐平庸、了无新意，王氏认为韩、孟的拗体诗，有力地改变了律体创作在声调上的平庸局面。刘熙载有云："少陵以前律体，枝枝节节为之，气断意促，前后或不相管摄，实由于古体未深耳。少陵深于古体，运古于律，所以开阖变化，施无不宜。"(《艺概·诗概》)刘氏提出杜甫以前的律体诗，因为严守律体的规范，有语体支离、声气断促的弊病，而杜甫的律诗，因为加入了古体的因素，因此形式上更加自由、开放，从而使风格为之一新。

需要指出的是，很多文体批评家，由于受文体尊卑意识的影响，以古体为尊，以近体为卑，因此在文体批评中，允许、赞同以古体入近体，反对以近体入古体，这也导致文体借鉴论常常以"复古"之名行"求新"之实。这样的例子有很多，如李梦阳云：

古诗与律不同体，必各用其体，乃为合格，然律犹可间出古意，古不可涉律。古涉律调，如谢灵运“池唐生春草”、“红药当阶翻”，虽一时传诵，固已移于流俗而不自觉。若孟浩然“一杯还一曲，不觉夕阳沉”，杜子美“独树花发自分明，春渚日落梦相牵”……乃律间出古，要自不厌也。(《怀麓堂诗话》)

王世贞云：

古乐府、《选体》、歌行，有可入律者，有不可入律者，句法、字法皆然。然惟近体必不可入古耳。(《艺苑卮言》卷一)

李、王二人是明代复古派的代表人物，他们宣扬复古论的目的，是要改变当时台阁体、性气诗造成的平庸迂腐的文风，因此他们赞成以古体入律体，也是想要以古变今、借古创新。

所谓众体之间的文体借鉴，指在不同的文体大类之中，一种文体借鉴另一种文体创作方式的行为，如以诗为词、以词为诗等。同样是受文体尊卑观念的影响，文体批评家倡导、推崇词体对诗体的借鉴，反对诗体对词体的借鉴。

词体对诗体的借鉴理论，具体而言，一是在风格上，主张打破“词为艳体”的习见，倡导将诗体豪放、庄逸的风格引入词体，从而形成新的词风；二是在功能上，突破视词体为抒发“闺情”工具的成见，强调比兴手法的运用，关注词体兴寄、讽谕功能的发挥。

就前者而言，王灼曾赞美苏轼“以诗为词”的手法道：

东坡先生以文章余事作诗，溢而作词曲，高处出神入天……诗与乐府同出，岂当分异？……东坡先生非心酸于音律者，偶尔作歌，指出向上一路，新天下耳目，弄笔者始知自振。(《碧鸡漫志》

卷二）

王灼虽未明言苏轼“以诗为词”具体创新之处在于何处，但是通过他批评柳永词作“浅近卑俗”之语（《碧鸡漫志》卷二）可知，他推崇苏词主要是认为其在风格上，将诗体的豪放引入词体之中，革除了词体固有的艳俗之病。另外，所谓“出神入天”之语，亦应指风格上的高致。胡寅亦云：

> 词曲者古乐府之末造也，古乐府者诗之傍行也。……方之曲艺，犹不逮焉，其去《曲礼》则益远矣。然文章豪放之士，鲜不寄意于此者，随亦自扫其迹，曰：谑浪游戏而已也。……及眉山苏氏，一洗绮罗香泽之态，摆脱绸缪宛转之度，使人登高望远，举首高歌，而逸怀浩气超然乎尘垢之外，于是《花间》为皂隶，而柳氏为舆台矣。（《酒边词序》）

如果说，王灼之言还不甚明了的话，那么胡寅对于苏轼通过“以诗入词”创新词风、提升词体格调的意义，就说得非常明确了。

就后者而言，施蛰存认为：“唐五代人为词，初无比兴之义，大多赋叙闺情而已。读词者亦不求言外之意。”①但是这种情况到了宋代开始有所转变，尤其是南宋以后，词人普遍地在词体中寄托自己的故国之思。宋人对于词体功能认识的新变，清人论之尤明，如宋翔凤云：

> 词家之有姜石帚，犹诗家之有杜少陵，继往开来，文中关键。其流落江湖，不忘家国，皆借托比兴，于长短句寄之。（《乐府余论》）

---

① 施蛰存：《读温飞卿词札记》，《中华文史论丛》1978 年第 8 期。

陈廷焯《白雨斋词话》亦道：

> 南渡以后，国势日非，白石目击心伤，多于词中寄慨，不独《暗香》、《疏影》二章发二帝之幽愤，伤在位之无人也。特感慨全在虚处，无迹可寻，人自不察耳。感慨时事，发为诗歌，便已力据上游。特不宜说破，只可用比兴体。即比兴中亦须含蓄不露，斯为沉郁，斯为忠厚。

他们都明确地感受到了南宋以后，比兴手法的运用，以及词体功能的开拓。实际上，宋人自己亦有自觉，如刘克庄自称其词：“别有诗余继变风。”(《自题长短句后》)又道：“粗识国风《关雎》乱，羞学流莺百啭，总不涉闺情春怨。”(《贺新郎·席上闻歌有感》)明确自己在词体实践中学习《诗经》的变风精神，强调对词体教化、讽谕功能的发挥，反对词风的绮靡、轻媚。

宋人的这种词论主张到了清代，被进一步发扬光大，如清初阳羡派的领军人物陈维崧倡导词体应效仿《诗经》、《离骚》蕴藉丰富、兴寄深厚的特征，反对绮艳、淫靡：

> 作者非有《国风》美人、《离骚》香草之态，意以优柔而涵濡之，则其入也不微，而其出也不厚。人或者以淫亵之音乱之，以佻巧之习沿之，非俚则诬。(《蝶庵词序》)

朱彝尊亦云：

> 念倚声虽小道……亦足以宣昭六义，鼓吹元音。(《静惕堂词序》)

主张词体继承《诗》之六义，而且在朱彝尊看来，词体“要眇宜修”、委婉曲折的总体风格，更宜于明代遗民寄托故国之思：

> 词虽小技……有诗所难言者，委曲倚之于声，其辞愈微，而其旨益远。善言词者，假闺房儿女子之言，通之于《离骚》、变雅之义，此尤不得志于时者所宜寄情焉。(《陈纬云红盐词序》)

所谓“不得志于时者”之语，意甚隐讳，实当指抱有家国之恨的明代遗民。所谓“通之于《离骚》、变雅之义”，即指以“闺房儿女之言”寄托自己的故国之思。在朱氏看来，词体“其辞愈微”、“其旨益远”的特征，既可让遗民表达对前朝的怀念之情，又会因为词旨的隐晦，避免招来杀身之祸。清代词坛的代表流派之一，常州词派更是将讽谕功能视作词体的根本功能，如张惠言有云：

> 盖《诗》之比兴、变风之义，骚人之歌，则近之矣。……要其至者，莫不恻隐盱愉，感物而发，触类条鬯，各有所归，非苟为雕琢曼辞而已。(《词选序》)

他指出词体不应追求靡丽之文辞，而应像《诗》、《骚》那样，运用比兴的手法，发挥讽谕功能，从张惠言所编的《词选》中亦可看出，他对词作意义的挖掘，也多从其讽谕意义着眼。常州词派的另一代表人物周济主张欲尊词体，先高词意。他反对粉饰太平、无聊应酬的应和之作，认为“信乎忠义之士，性情流露，不求工而工”。正是要求发挥词体的教化功能，以用于拯救世道人心。

综之，文体批评中“重神”、“尚悟”、“求新”的倾向，共同体现了中国传统文体学的生命意识。同时，这三者之间又紧密相联，“重神”倾向可说是总纲，在“重神”倾向的指引下，“尚悟”和“求新”分别从文体批评理论和文体实践理论两个方面体现了文体批评的生命本体意识。具体言之，“重神”倾向涵盖了文体批评的所有领域，而“尚悟”倾向，则主要是从文体批评的角度，强调批评家在领会文体之“神”的时候，应该使用感悟，而非分析的方式；“求新”倾向，则主要是从文体实践的角度，鼓励并倡导文体实践的“求新”精神。

第五章　文本于经：经学本体的确立

经学，就是研究群经之学问。这里的“经”，主要指儒家经典，开始是五经，① 后来逐渐扩大至七经、九经、十三经，② 经学就是对这些儒家经典的研究和阐释。

第一节　经学确立的两个原因

一般认为，经学正式确立于汉武帝时期，实际上在此之前纯学术意义上的经学就已经存在，如《论语·学而》载：“子曰：赐也，始可与言《诗》已矣。告诸往而知来者。”《论语·八佾》亦载：“子曰：起予者商也，始可以言诗已矣。”所谓“可与言《诗》”，就带有讨论、研究的意味。《论语·为政》载孔子对“诗三百”的经典评语云：“思无邪”，分明是进行了反复阅读和琢磨以后，才道得出的言语。更为重要的是，《论语》还开启了后世经学的实用性品格，这主要分为两个方面，就通经致用的角度而言，有“诵诗三百，授之以政，不达，使于四方，不能专对，虽

---

① 历史上曾发生今文经学派与古文经学派关于《乐经》是否存在的争论，不过即使按照古文经学派的看法，《乐经》存在过，但也早已亡于秦火，因此，此处只说五经。

② 又有十四经、二十一经之说，如宋史绳组《学斋占毕》云：“先时，尝并《大戴记》于十三经末，称十四经。”二十一经说，主张最力者似是段玉裁，他认为在十三经基础上应再加入《大戴记》、《国语》、《史记》、《汉书》、《资治通鉴》、《说文解字》、《周髀算经》、《九章算术》八书，组为二十一经，其理由是这些都是周官掌教国子的保氏书数之遗。但此二说未获主流认可，仅为一家之言。

多，亦奚以为”之句；就依经修身的角度而言，有“兴于诗，立于礼，成于乐”之语。诸经之中，孔子不惟读《诗》，还广泛涉猎其他经籍，如《庄子·天运》就引夫子自道之语云：“丘治《诗》、《书》、《礼》、《乐》、《易》、《春秋》六经，自以为久矣，孰知其故矣。”《史记·孔子世家》也载有“韦编三绝”之事。可见，如果仅将经学理解成对诸经的研究，则孔子之世就已开始，但是学界还将经学的正式确立定在汉武之世，其根本原因有二：

一、由思想理论转变为统治思想

汉武时期，经学的性质由思想理论转变为实际的统治思想，完成了经学的“政治化”。武帝即位之后，其积极的施政方针，与黄老思想为主旨的基本国策之间产生了尖锐矛盾，武帝急需用一种新的统治学说来取代黄老思想，儒学无疑是最佳之选。诚如冯友兰所言：“盖儒家通以前之典籍，知以前之制度，而又理想化之，理论化之，使之秩然有序，粲然可观。若别家则仅有政治，社会哲学，而无对于政治社会之具体办法，或虽有亦不如儒家完全，在秦汉大一统后之‘建设时代’，当然不能与儒家争胜也。”①为了让儒学更好地服务现实政治，经学家对儒学进行了种种改造，将其由思想之“学”变为统治之“术”。董仲舒在这方面“功不可没”。

作为《春秋》公羊学的大师，今文学派的代表，董仲舒通过对《春秋》的“创造性”解读，为武帝的改革提供理论支持，“《春秋》曰王正月。……何以谓之王正月？曰：王者必受命而后王。王者必改正朔，易服色，制礼乐，一统于天下”。(《春秋繁露·三代改制》)“大一统”思想的实质就是尊王，强调由王道来实现一统，这与武帝的施政思路是紧密相联的。此外，董仲舒还依经解释“君权天授”理论，他先道：“受命之君，天意之所予也。故号为天子者，宜事天如父，事天以孝道也。”

---

① 冯友兰：《中国哲学史》(上)，中华书局1961年版，第488页。

(《春秋繁露·深察名号》)并云："《春秋》之法，以人随君，以君随天。……屈民以伸君，屈君而伸天，《春秋》之大义也。"(《春秋繁露·玉杯》)通过据义解经、依经立义的方式，董仲舒不仅从理论上解释了皇权的至高无上，而且也使经学研究完全的政治化。

经学的政治化，不仅体现在理论的重新解读层面，还表现在实际操作层面。《汉书》记载张汤依《春秋》、《尚书》来判案，"汤决大狱，欲傅古义，乃请博士弟子治《尚书》、《春秋》，补廷尉史，平亭疑法"。丞相公孙弘也是将经学运用于政事的典型代表，所谓"习文法吏事，缘饰以经术"(《汉书·公孙弘传》)。无论是依经断狱，还是依经断事，都是要将经学的研究成果应用于现实的政治活动中。而且，从张汤、公孙弘显达的仕途，以及舆论对他们的赞誉来看，他们这种行为是受到鼓励的，因此，也随之形成了将经学应用于实际政治活动的风气。①

二、由支流变主流的经学

汉武时期，经学由支流变主流，由一般的学术思想转变为思想界的霸主，实现了经学的"垄断化"。如上文所言，在武帝之前，经学研究早已有之。可以说，从孔子论《诗》到董仲舒提出"独尊儒术"，三百余年的时间里，经学的血脉从未中断，即使是遭遇秦火，经学的研究依然在民间，甚至在官方存在。② 汉承秦制，设立博士，其中就有经学博士，《汉书·儒林传》载："言《易》自淄川田生；言《书》自济南伏生；言《诗》，于鲁则申培公，于齐则辕固生，燕则韩太傅；言《礼》，则鲁高堂生；言《春秋》，于齐则胡毋生，于赵则董仲舒。"这其中被立为博

① 应当承认的是，经学对于断狱、断事有多大的实用意义是很成疑问的，如张汤断狱真正依循的还是武帝旨意，所谓"所治即上意所欲罪，予监吏深刻者；即上意所欲释，予监吏轻平者"。公孙弘的依经断事，《汉书》中也有"缘饰"之评。经学所起的作用，更多地是给"上意"披上一层合法性的外衣，皇权在经学的遮盖之下，可以更无顾忌地挥舞它的指挥棒，而不会有"专断"之名。

② 如秦二世就曾问政于博士儒生叔孙通，事见《史记·刘敬叔孙通列传》。

士的就有言《诗》的申培公、辕固生、韩婴，言《春秋》的胡毋生、董仲舒，言《书》的伏生虽因年老未能当上博士，但其弟子晁错却继其衣钵成为《书》博士。这些经学博士，都出现在文、景之时。与此相比，汉武帝的不同在于确立了经学在思想界的垄断地位。

元光元年(前134年),[①] 董仲舒向汉武帝上《天人三策》，提出了著名的“罢黜百家，独尊儒术”说：

> 《春秋》大一统者，天地之常经，古今之通谊也。今师异道，人异论，百家殊方，指意不同，是以上亡以持一统；法制数变，下不知所守。臣愚以为诸不在六艺之科孔子之术者，皆绝其道，勿使并进。邪辟之说灭息，然后统纪可一而法度可明，民知所从矣。(《汉书·董仲舒传》)

与此同时，武帝大力提拔以经学出身者和提倡经学的官员，如公孙弘因治《春秋》而拜相封侯，外戚田蚡好儒术而位极人臣。当经学成为唯一的“禄利之路”时，天下学士“靡然乡风”也就不再奇怪。经学研究者的规模在武帝执政之后急剧扩张，“自武帝立《五经》博士，开弟子员，设科射策，劝以官禄，讫于元始，百有余年，传业者浸盛，支叶蕃滋，一经说至百余万言，大师众至千余人”。(《汉书·儒林传》)

经学的两次转变，实是相辅相成的关系，如果没有成为国家的统治学说，经学就不可能获得独尊的地位，经学霸权的获得，其背后是政治的推手。而经学一旦成为垄断思想，又反过来自觉地服务于现实政治，为王权的合法性提供理论依据，并积极参与现实的政治活动，中国两千余年“超稳固”专制模式的形成与维持，经学出力不少。朱维铮将“经学”定义为“中世纪中国的统治学说”。[②] 所谓“统治学说”，包含两层意

---

① 关于董仲舒提出“罢黜百家，独尊儒术”的谏议时间，有建元元年、元光元年、元光五年等不同看法，此取元光元年一说。

② 朱维铮：《中国经学史十讲》，复旦大学出版社2002年版，第2页。

董仲舒像

思，即占统治地位之学说和为统治者服务之学说。

明确了经学的这两层内涵，其对文体学产生的深远影响也就清晰可见了。具体言之，经学的政治化及其实用性品格，依托着意识形态的强力，造成了文体创作理论中“明道”说、“美刺”说、“教化”说的兴起；经学的垄断地位，使其所包含的审美倾向传播到文体学领域，促成了文体批评中尊古、崇雅和尚简的传统。

第二节　巫祝—儒士—诸子：“文本于经”理论的历史渊源考察

虽然身负统治学说的炫目光环，又占据垄断的地位，但是经学要对文体学进行干预和影响，需要一个理论的切入口，而经学家找到的切入口就是“文本于经”。基于这一理论，经学家们建立了经学与文体学之间的密切联系，文体学的经学本体因此得以确立，经学对文体学的影响也得以深入地展开。

有关"文本于经"理论，有两点需要澄清，首先这一理论并不是经学家的发明，早在先秦就已有类似的表述，如《庄子·天下》云：

> 《诗》以道志，《书》以道事，《礼》以道行，《乐》以道和，《易》以道阴阳，《春秋》以道名分。

《荀子·儒效》亦云：

> 《诗》言是其志也，《书》言是其事也，《礼》言是其行也，《乐》言是其和也，《春秋》言是其微也。

《庄》、《荀》二书虽未明言"文本于经"，但已经开始从文体功能层面对六经进行区分，而且这些功能的覆盖面非常之广。照此推断，后世衍生的文体若想实现其文体功能，必然要取法"六经"，故《庄》、《荀》二论可视为"文本于经"思想的萌发。①

其次，"文本于经"暗含的观点即以诸经为文体之始，以儒士为文体的创造者，但是通过对文体发生史的梳理，可以发现文体真正的创始者并不是儒士，而是巫祝。只是东周末年官学式微，这些本来的"天官"们，纷纷下移民间，并转换为儒士，而儒士全面接过巫祝文化衣钵的同时，也吸收了巫祝式的文体并加以改造，形成了以儒家诸经为基础的文体系统，并对后世文体产生了广泛的影响。

---

① 《荀子》作为儒学大家的著作，其对后世经学思想的启发自不待言，而《庄子》虽挂名为庄子所作，但《天下》一篇，学界已明证非庄子所作，其作者很可能是持有儒家思想的后学，即或不是，其对六经进行文体功能划分的思想亦明显来自儒家，因为"六经"一名本身就是儒家的专利，这是庄子已经承认的，如《庄子·天运》引孔子谓老子语曰："丘治《诗》、《书》、《礼》、《乐》、《易》、《春秋》六经，自以为久矣，孰知其故矣。"明言孔子治"六经"。如果说《天下》不是儒家所作，那只能说明儒家对六经进行文体功能划分的思想，不仅在其内部已经流行，就是"圈外"之人也已熟知。

一、作为文体创始人的巫祝

中国文体的产生，如果只是将源头定在“五经”，不仅将大大缩短中国文体的历史，而且也不符合实际情况。以诗体为例，《诗经》成书并形成影响应是周代以后的事，但诗体的产生远早于《诗经》，试举几例如下：

> 土反其宅，水归其壑，昆虫毋作，草木归其泽！（《蜡辞》）
>
> 南风之熏兮，可以解吾民之愠兮；南风之时兮，可以阜吾民之财兮。（《南风歌》）
>
> 断竹，续竹；飞土，逐宍。（《弹歌》）
>
> 候人兮猗！（《候人歌》）
>
> 苟日新，日日新，又日新。（《汤盘》）①

上面所列的诗歌，其创作年代都被认为早于周代，虽然，这些作品并不全都保留了原作的样貌，② 但是其基本体式应该还在，而且像《弹歌》、《候人歌》这样的作品，明显保留有原始先民的语言特征。这些诗歌的体制，有与《诗经》相同者，也有与《诗经》大异其趣者，这证明了前《诗经》时代，诗体远非定于一尊，而是呈现出多元化特征。那么，这些其体各异的诗歌又是如何产生的？刘师培认为它们都是巫祝之辞：“盖古

---

① 郭沫若认为此铭文当为：“兄日辛，祖日辛，父日辛。”乃叙商王世系，非是道德箴言。见郭文《汤盘孔鼎之扬榷》（《燕京学报》第9期）

② 有些学者对这些诗作的真实性提出质疑，如罗根泽先生在《中国诗歌之起源》中即认为《击壤》、《康衢》、《蜡辞》、《弹歌》等皆为伪作，但罗先生仅凭其只出现于汉代以后的文献中，就定为伪作，有武断之嫌。王力先生曾说：“诗歌起源之早，是出于一般人想象之外的。……相传帝尧时有一首《康衢歌》……又有一首《击壤歌》……我们当然不会相信这两首诗是尧时的民歌……不过，它也不会太晚，因为它用的韵是古韵之部字，以‘息’、‘食’、‘哉’为韵，这种古韵绝不是汉以后的人所能伪造的。”（王力《汉语诗律学》，新知识出版社1957年版，第1-2页。）

代文词，恒施祈祀，故巫祝之职，文词特工。今即《周礼》祝官职掌考之，若六祝六词之属，文章各体，多出于斯。又颂以成功告神明，铭以功烈扬祖宗，亦与祠祀相连。是则韵语之文，虽非一体，综其大要，恒由祀礼而生。欲考文章流别者，曷溯源于清庙之守乎！”①刘氏非常具有洞见性地看到，中国文体与巫祝文化的关系。确如刘申叔所言，几乎所有的韵语文体在源头上，都可以找到与巫文化的关联。其实，早在宋代，王安石便已提出：“诗为寺人之言。”叶舒宪从词源学和文化人类学两个角度证明“‘寺’的本义指主持祭仪的祭司或巫师，而早期文明中的神职人员同阉人来充当”，② 从而得出诗人的原型就是“净身祭司”。《太平御览》卷八十二载：“昔夏后启筮，乘两龙以登于天，占于皋陶曰：吉而必同，与神交通。”《山海经·海外西经》：“大乐之野，夏后启于此舞九代，乘两龙，云盖三层，左手操翳，右手操环……”这些无不证明巫是最早的诗人，所以诗本指巫师的言辞，且偏重指韵语文辞。不仅中国如此，印度诗体的产生也是类似的情况，“《梨俱吠陀》不仅是印度，也是印欧语系中最古老的诗歌总集。它虽然经过婆罗门祭司的编订，但还是保留着原始诗歌的主要特色——以颂诗的形式表达对自然和社会力量的崇拜，并幻想通过这种崇拜控制自然和社会。《阿达婆吠陀》主要是巫术诗歌。巫术是一种前于宗教的古老社会现象，表达了原始人企图以幻想手段征服自然的强烈愿望。在吠陀时代已经出现专职诗人，可能最早兼作巫师，后来又兼作祭司”。③

原始人类之所以倾向用韵语文体进行表达，是因为“在巫术思维中，人们相信语言尤其是韵语的神奇魅力，相信它能够诱导鬼神的活动，常在祭祀活动中使用韵语。……《尚书·舜典》：‘诗言志，歌永言，声依永，律和声，八音克谐，无相夺伦，神人以和。’就是说诗歌

① 郭绍虞：《中国历代文论选》，人民文学出版社 1959 年版，第 585 页。
② 叶舒宪：《〈诗经〉的文化阐释》，陕西人民出版社 2005 年版，第 147 页。
③ 季羡林：《东方文学史》，吉林教育出版社 1995 年版，第 61 页。

和音乐是人神沟通并达至和谐的手段，因而具有神性，有占卜的作用”。① 因此，韵语伴随着占卜的过程大量出现，中国的诗体便在这种无意识的创作中产生了。高亨也指出：“筮书之卦爻辞及卜书之兆辞，大抵为简短之韵语，有似歌谣，故谓之谣。”②可见，诗体、颂体等韵语文体在巫祝的卜辞中已经存在。

除了韵语文体，散行文体亦起源于巫文化。从现存的甲骨卜辞看，就是散行文体，并且分成叙辞、命辞、占辞和验辞四个部分。其中，叙辞记录时间和贞人的名字，命辞为所要占卜之事，占辞则是占卜结果，验辞主要为占卜的征验情况。甲骨卜辞不仅标志着中国散文的产生，并且其中分段叙事，层层推进的结构方式以及简练叙事、客观实录的语体特征，还对后来的散文产生了深远的影响。甲骨卜辞发展到后期，还出现了篇幅达一百五十多字的“大部头”作品，③ 记载了帝乙对危方的征伐，其中不仅有对过程的记录，还有对战争的描写，并且开始表达人的情绪。这些对于后来的散文文体的修辞以及言志传统都有影响。因此，巫祝文化才是文体的真正源头，巫祝才是文体的真正创始人。

二、儒士对巫祝文体的继承与散播

儒是巫祝的后裔。《说文解字》解“儒”为“柔也，术士之称”。章太炎《原儒》解术士道：“灵星舞子吁嗟以求雨者谓之儒……古之儒知天文占候，谓其多技，故号遍施于九能，诸有术者悉晐之矣。”这种术士，实际上就是巫祝。④ 孔子本人就是巫祝文化的继承者，雷海宗说：“孔子的儒学是直接或间接地由三代无数史官与筮人传下来的”⑤。随着周

---

① 过常宝：《先秦散文研究——早期文体及话语方式的生成》，人民出版社2009年版，第49页。

② 高亨：《周易古经今注》，中华书局1984年版，第17页。

③ 胡厚宣：《中国奴隶社会的人殉和人祭》，转引自过常宝：《先秦散文研究——早期文体及话语方式的生成》，人民出版社2009年版，第20页。

④ 章太炎：《国故论衡》，上海古籍出版社2003年版，第105页。

⑤ 孔祥骅：《先秦儒学起源巫史考》，《社会科学》1991年第12期。

代"官学"的衰微，本来的"天官"们往往"陷于饥寒，危于冻馁"，为了生计开始由庙堂走向民间，久之就转变成了儒士阶层，他们在全面接收巫祝文化的同时，也继承了巫祝的文体特征。比如儒家的经典之一《春秋》就明显受到了甲骨卜辞的影响，过常宝认为甲骨卜辞因为是与神沟通的言辞，所以采用了呈告的方式，而《春秋》也是采用了呈告的方式。另外，命辞是对事实的客观陈述，"并表现出恭候、聆听的态度，《春秋》受这种记述方式的直接影响"。再者，"《春秋》记事，在王年、月、干支日等时间提示下，载录国家大事，其体例即受甲骨卜辞的影响"。①儒士在继承巫祝文体的同时，还通过改造巫祝文体，形成了以儒家诸经为特色的文体系统，进而对诸子文体产生了广泛的影响。

墨家就是一个典型。《淮南子·要略》云："墨子学儒者之业，受孔子之术，以为其礼烦扰而不说，厚葬靡财而贫民，服伤生而害事，故背周道而用夏政。"由此观之，墨子曾是一位儒家的信徒，只因不满于儒家的"礼烦"、" 厚葬"，才另立门户。但是，墨子"兼爱"等思想实与儒

① 过常宝：《先秦散文研究——早期文体及话语方式的生成》，人民出版社 2009 年版，第 17-19 页。

家有千丝万缕之联系。故俞樾曰："《尸佼》谓孔子贵公，墨子贵兼，其实则一。"①除了思想的继承之外，墨子的文体亦仿效儒家。"《论语》之后，诸子往往自觉编写这种语录体著作，如《墨子》中《耕柱》、《贵义》、《公孟》、《鲁问》、《公输》五篇，均是泛记墨子行事言语，全篇无确定主题，形式散漫，题目亦取二字而成，在体制上全仿《论语》。"②《墨子》其他诸篇亦效仿《论语》而有"子墨子曰"这样的句式，记言体的特征非常明显。

法家亦深受儒家影响。法家的集大成者韩非是大儒荀子的弟子，其"法后王"、"王霸"等思想均取之于荀子，其文体亦深受荀子影响。如荀子的专论体散文，一改早期论说体的散漫，在论点的集中性、论说的逻辑性和论证的严谨性上都有质的飞跃，其文 32 篇，除了少数篇章外，其他均是专论型的说理文。这种专论体遗传到了韩非的文体之中，《韩非子》现存的 55 篇之中，除了《说林》2 篇，《储说》6 篇外，其他俱采专论文体。另外，荀子在文体中大量使用格言的手段（如《大略篇》），也被韩非所继承（如《说林篇》）。③

道家的创始人老子，原是周朝"守藏室之官"，其身份是职业文化人，与儒者同样是巫祝的后裔，而其著作的文体，在语体的训诫性上，亦可见与儒家之关联。儒家是巫祝文体的继承人，而巫祝文体中的"占辞"等文体，本为代神宣谕之词，因此，其文体带有很强的训诫特征，这一文体在儒家的经典中有明显的遗存，如《尚书·尧典》："帝曰：'契，百姓不亲，五品不逊，汝作司徒，敬敷五教，在宽。'"又"帝曰：'皋陶，蛮夷猾夏，寇贼奸宄，汝作士。五刑有服，五服三就。五流有宅，五宅三居。惟明克允。'"其文体明显借鉴了巫祝占辞中以上对下的语体特征，而《道德经》也有很浓厚的训诫色彩，如"上善若水。水善利

① 孙诒让：《墨子间诂·俞序》，中华书局 2001 年版，第 1 页。

② 过常宝：《〈论语〉的文体意义》，《清华大学学报》2007 年第 6 期。

③ 孙纪文：《〈淮南子〉中的文体形态及其深层意义》，《福州大学学报》2005 年第 3 期。

万物而不争，处众人之所恶，故几于道。居善地，心善渊与善仁，言善信，正善治，事善能，动善时。夫唯不争，故无尤。”通过以水喻德，教导人要学会“利万物而不争”。因此，可以说《老子》的文体是对儒家乃至其上巫祝文体的一种效仿。

由此观之，诸子文体虽然在后来的发展流变中，亦形成了自己的特色，但就其根源来说，实本于儒家。班固有言：“凡诸子百八十九家，四千三百二十四篇……其言虽殊，辟犹水火……今异家者各推所长，穷知究虑，以明其指，虽有蔽短，合其要归，亦六经之支与流裔。”（《汉书·艺文志》）意谓诸子的思想都源于六经，而通过历史的考察可以发现，诸子的文体亦与六经有着较大的关联。

第三节　经学家解读“文本于经”的两种思路

由于“文本于经”理论有着如此深远的历史渊源，经学家以及受经学影响的批评家才决定将其作为建立文体与经学之间联系的切入点。不过，经学视野中的“文本于经”，① 已经与其历史面貌截然不同，具体言之，主要依循两种思路，一是以经学化的实用性眼光看待诸经与文体的关系，强调文体对诸经“明道”、“美刺”、“教化”等功能的吸收；二是以经学化的审美性眼光看待诸经与文体的关系，强调诸经“雅正”、“简质”等特征对后世文体的影响。

一、对“文本于经”的实用性解读

汉代随着经学的正式兴起，为了贯彻“独尊儒术”的思想，将话语权紧紧把握在自己手中，经学家们已开始明确地倡导“文本于经”，因为文体创作及批评，其实质上是实现话语权的形式。“文本于经”的提

---

① 此处的经学家不仅指以治经闻名的经学家，如班固，也指受到经学思想影响的研究者，如刘勰。

出，其目的是要从理论上确立文体对于诸经的依附关系，强调诸经"美刺"、"明道"等功能对于文体的影响。如班固道："赋者，古诗之流也。"(《两都赋序》)认为，赋体来源于《诗》。班固是古文经学家的代表，他提出"文本于经"的主要目的，显然不是为了从文学角度寻找赋体的渊源，而是意在说明赋体继承了古诗"抒下情而通讽谕"、"宣上德而尽忠孝"的功能，能够达到"润色鸿业"、"悦豫众庶"的目的，因此他对赋体的定位是"《雅》、《颂》之亚也"。关于这一观点可以在《汉书·艺文志》中找到明证：

> 古者诸侯卿大夫交接邻国，以微言相感，当揖让之时，必称《诗》以谕其志，盖以别贤不肖而观盛衰焉。故孔子曰："不学《诗》，无以言"也。春秋之后，周道浸坏，聘问歌咏不行于列国，学《诗》之士逸在布衣，而贤人失志之赋作矣。大儒孙卿及楚臣屈原离谗忧国，皆作赋以风，咸有恻隐古诗之义。

班固认为，《诗》之主要意义在于国家的政治生活中，人们可以通过赋诗的方式进行交流、观政，更重要的是通过赋诗达到"美刺"的目的，而后世的赋家正是痛感赋诗言志传统的式微，才作赋以继承《诗》的讽谕传统。依据这一标准，他批评宋玉、司马相如等人的赋作"竞为侈俪闳衍之词，没其风谕之义"。班孟坚认为，赋作为"古诗之流"，对《诗经》的继承，主要不是在语言、形式层面，而是在文体功能层面。其实早在班固之前，同为经学家的司马迁就已经从讽谕这个角度，将赋体与诗经进行联系，"相如虽多虚辞滥说，然其要归引之节俭，此与《诗》之风谏何异"(《史记·司马相如列传》)。班、马从政治的角度，解读赋体与《诗经》的关系，正是一种经学家的典型视野。

到了东汉，王逸《楚辞章句》更是全面用经学的思想来解读楚辞，其《离骚叙》云："屈原履忠被谮，忧悲愁思，独依诗人之义而作《离骚》。上以讽谏，下以自慰。"从讽谕角度强调《离骚》对《诗经》的继承。

班固像

在此基础上，王逸还进一步将《离骚》之文与诸经之文进行一一对应，试图说明《离骚》从语体到风格层面，都对诸经进行了模仿：

夫《离骚》之文，依托五经以立义焉，“帝高阳之苗裔”，则《诗》“厥初生民，时惟姜嫄”也；“纫秋兰以为佩”，则“将翱将翔，佩玉琼琚”也；“夕揽洲之宿莽”，则《易》“潜龙勿用也”；“驷玉虬而乘鹥”，则《易》“时乘六龙以御天”也；“就重华而陈词”，则《尚书》咎繇之谋谟也；“登昆仑而涉流沙”，则《禹贡》之敷土也。

王逸的这种一一对应法，应是受到了庄、荀文体功能划分法的启发，而他所使用的方法又对后世的文体研究者产生了深远影响，如晋人挚虞有云：

古诗率以四言为体，而时有一句二句杂在四言之间，后世演之，遂以为篇。古诗之三言者，“振振鹭，鹭于飞”之属是也，汉

> 郊庙歌多用之。五言者，“谁谓雀无角，何以穿我屋”之属是也，于俳谐倡乐多用之。六言者，“我姑酌彼金罍”之属是也，乐府亦用之。七言者，“交交黄鸟止于桑”之属是也，于俳谐倡乐世用之。古诗之九言者，“泂酌彼行潦挹彼注兹”之属是也，不入歌谣之章，故世希为之。(《文章流别论》)

挚虞此法与王逸正好相反，王氏是从诸经中寻找一体(楚辞)的来源，而挚氏则是从一经(《诗经》)中寻找诸种诗体的来源，不过挚虞的这种论述方法显然受到了王逸的影响。除了诗体之外，挚氏还将颂、赋也看成《诗》的流变之体：

> 后世之为诗者多矣，其称功德者谓之颂……颂，诗之美者也。古者圣帝明王，功成治定而颂声兴。于是史录其篇，工歌其章，以奏于宗庙，告于鬼神。故颂之美者，圣王之德也。
>
> 赋者，敷陈之称，古诗之流也。……礼义之旨，须事以明之。故有赋焉。

从这两则引文中亦可看出，挚虞不仅将文体之源归于诸经，而且也是从实用功能看待文体与诸经的关系，他强调：“文章者，所以宣上下之象，明人伦之叙……王泽流而诗作，成功臻而颂兴，德勋立而铭著，嘉美终而诔集，祝史陈辞，官箴王阙。”挚氏之书对文体的来源、特征论述甚详，根据其残文看，他应该是将所有文体都归之于诸经的，① 但惜乎其书亡佚，不得见全豹。而颜之推将诸种文体归于诸经的言论则完整

① 《晋书·挚虞传》：“撰古文章，类聚区分为三十卷，名曰《流别集》，各为之论。”《隋书·经籍志》：“总集者，以建安以后，辞赋转繁，众家之集，日以滋广，晋代挚虞，苦览者之劳倦，于是采摘孔翠，芟剪繁芜，自诗赋下，各为条贯，合而编之，谓为《流别》。”所谓“各为之论”、“各为条贯”，当是指对各种文体的来源、特征都进行梳理和论述。

可见：

> 夫文章者，原出五经。诏命策檄，生于《书》者也；序述论议，生于《易》者也；歌咏赋颂，生于《诗》者也；祭祀哀诔，生于《礼》者也；书奏箴铭，生于《春秋》者也。(《颜氏家训·文章》)

不同于王逸只是描述一种文体(楚辞)对不同经典的继承与吸收，颜氏则将各种文体分门别类地归属于诸经，强调不同文体对应于不同的经典。同时，颜延之亦不忘强调各类文体的实用性功能，“朝廷宪章，军旅誓诰，敷显仁义，发明功德，牧民建国，施用多途”。(《颜氏家训·文章》)

元代郝经将各类文体归入《易》、《书》、《诗》、《春秋》四部，并强调各类文体都继承了四部的讽谕传统，如其《书》部总序言道：“《书》者，言之经。后世王言之制，臣子之辞，皆本于《书》。凡制、诏、赦、令、册、檄、教、记、诰、誓，命戒之余也，书、疏、笺、表、奏、议、启、状、谟、训，规谏之余也。国书、策问、弹章、露布，后世增益之耳，皆代典国程，是服是行，是信是使，非空言比，尤官样体制之文也。”在郝经看来，后世由《书》经衍生出的诸种文体，都是“命戒之余”、“规谏之余”，即都继承了《书经》讽谕的文体功能。同样在《易经》的总序中，他也在列举了一系列的文体之后，认为它们都遵循了《易经》“以意言明义理”，即“明道”的宗旨。(《续后汉书》卷六十六《文章总叙》)

清代章学诚提出了著名的“文备于战国”论。章氏认为，战国之文的形成有两大来源，就思想上来说，来源于“六艺”(六经)；就文体上来说，又特别从《诗经》中吸取了养分。就第一个来源，他举例道：“老子说本阴阳，庄、列寓言假象，《易》教也；邹衍侈言天地，关尹推衍五行，《书》教也；管、商法制，义存政典，《礼》教也；申、韩刑名，旨归赏罚，《春秋》教也。”可见，所谓“其源皆出于六艺”，主要是从思想层面而言，这实际上也是对《汉书·艺文志》理论的发挥。此外，战国之文就文体上来说，独源于《诗》教。他提出《诗》的主要意义体现在，外交使节(行人)之间可以赋《诗》言志，这里的“志”主要是讽谕之志。这实际上与班固的看法也是一样的，但章学诚进一步强调战国之文“委折而入情，微婉而善讽”的特点，是对《诗》“比兴之旨，讽谕之义”的继承，却是创新性的见解。章氏认为，战国诸子处于纵横之世，为了在激烈的竞争中能够推广自己的学说，因此才学习《诗经》文体，主要是想通过华彩的文辞，来加强说服效果。因此，从这个角度说，战国之文对于文体辞采的重视，是不得已的结果，其根本目的还在于达到劝谏、明道。但后世之文在学习诸子文体的过程中，往往偏离了“讽谕”的大义，滑向“好尚辞采”的末流。从这个意义上说，后世对辞采的片面追逐，其祸源已预埋于战国之文中，所谓“战国为文章之盛，而衰端亦已兆于战国也”。可见，在章学诚看来，《诗经》文体以及诸子文体的真义，还在于其实用价值，即通过文辞达到讽谕、明道的目的，而非文辞本身的美学特征。

二、对“文本于经”的审美式解读

对“文本于经”的审美式解读理论认为，诸经是语体与风格之美的正源，因此从文体发源的角度看，后世文体的语体和风格特征都由诸经而来。从创作实践的角度，文士为文应自觉效法诸经的语体与风格之美。

对诸经审美特征的自觉可以追溯到扬雄，他在《法言》中曾多次言及诸经的美学特征，如《寡见》篇云：“玉不雕，玙璠不作器。言不文，典谟不作经。”认识到辞采是经的必备条件之一。《孝至》篇又云：“观《书》及《诗》，温温乎，其和可知也。”《解难》篇云：“典谟之篇、雅颂之声，不温纯深润则不足以扬鸿烈而章缉熙。”以“温和”、“深润”来形容《书》、《诗》的风格特征，具是以审美的眼光考察诸经。

及至六朝，则开始从审美的角度关注文体与诸经的关系，如傅玄云：“《诗》之《雅》、《颂》，《书》之《典》、《谟》，文质足以相副。玩之若近，寻之若远，陈之若肆，研之苦隐，浩浩乎其文章之渊府也。”①(严可均《全上古三代秦汉三国六朝文·全晋文》卷七十九)从文体学的角度看，“玩之若近”当指语体之平易，“陈之若肆”当指语体之铺叙，“寻之若远”、“研之若隐”则指其风格之含蓄、隐晦。傅氏虽未明言《诗》、《书》与文体之关系，但他对《诗》、《书》美学特征的论述，并将之形容为“文章渊府”，应是指后世文体都从六经的语体与风格中吸取了养分。陆机亦提出文章写作要“漱六艺之芳润”。萧统《文选序》将赋、颂看成《诗》之变体，“吉甫有‘穆若’之谈，季子有‘至矣’之叹。舒布为诗，既言如彼；总成为颂，又亦若此”。“古诗之体，今则全取赋名。”萧氏论文强调辞采，因此他对《诗》与颂、赋二体的关系，也应主要从修辞的角度着眼。而上文提到的挚虞除了从实用角度看待诸经与文体之关系，也有从审美角度看待两者关系的言论，如“夫诗虽以情志为本，而以成声为节，然则雅音之韵，四言为正，其余虽备曲折之体，而非音之正也”。所谓“雅音之韵”主要指诗体的韵律以及其风格而言。在挚氏看来，四言体《诗》之正体，也是韵律与风格的正体，而三、五、七言在《诗经》中，并非正体，而是“杂在四言之间”的变体，故而也不能得《诗经》韵律与风格的雅正之美。挚氏此论，带有浓厚的经学意味，但是终究是从韵律与风格角度看待诸经与文体之关系，可说是经学化的审美观，即奉诸经所代表的语体、风格为审美之圭臬。

六朝时期，较为全面地从审美角度提出文体与诸经关系的是刘勰。在阐释这一理论之前，他首先重申了文体分类归属于诸经的理论：

> 论、说、辞、序，则《易》统其首；诏、策、章、奏则《书》发其源；赋、颂、歌、赞，则《诗》立其本；铭、诔、箴、祝，则《礼》总

---

① 傅玄此言本为回答“刘歆、刘向孰贤”之问而发，疑其本义是以《诗》、《书》之文质相副，喻人之文质彬彬。不过，仅就这句话本身来看，则是论述《诗》、《书》之美学特征对后世之影响。

其端；记、传、盟、檄，则在《春秋》为根：并穷高以树表，极远以启疆，所以百家腾跃，终入环内者也。(《文心雕龙·宗经》)

刘氏此处将各种文体分门别类归之于五经门下，与挚虞、颜之推有相似之处，但不同在于，他并不从实用层面说明五经对文体的影响，而是强调从审美层面认识五经对文体的影响。他极力强调五经本身的语言与风格之美，如总论“诸经”“洞性灵之奥区，极文章之骨髓”、“辞约而旨丰，事近而喻远”，分论又称《易》“旨远辞文，言中事隐”，誉《诗》“摛风裁兴，藻辞谲喻”，赞《礼》“据事制范，章条纤曲”，赏《春秋》“婉章志晦，谅以邃矣”。在明确了五经的美学特征之后，他进而提出后世文体之所以“流弊不还”，并不是因为没有继承五经的讽谕传统，而是因为没有学习五经文体“辞文旨远”的风格。所谓“励德树声，莫不师圣，而建言修辞，鲜克宗经”。显然，在刘彦和看来，文士们在思想层面，对于五经所包含的道德伦理多有师习，但是在文体层面，就没有学到五经的语体与风格之美，因此他所提出的宗经“六义”标准，多从审美角度着眼。

自刘勰以后，以经学化的审美眼光看待诸经与文体关系者代有其人，如韩愈中《进学解》云：

沉浸醲郁，含英咀华，作为文章，其书满家。上规姚姒，浑浑无涯；周诰、殷《盘》，佶屈聱牙；《春秋》谨严，《左氏》浮夸；《易》奇而法，《诗》正而葩；下逮《庄》、《骚》，太史所录；子云、相如，同工异曲。先生之于文，可谓闳其中而肆其外矣。

韩愈此论，对于诸经的风格之美有充分的认知，所谓“谨严”当指《春秋》“一字褒贬”、“微言大义”之书法，“浮夸”当指《左传》擅长铺叙，夸饰的修辞，“奇而法”当指《易》之隐晦而有深义，“正而葩”当指《诗》之雅正而有辞采。韩昌黎还提出自己是在继承和融汇诸经风格的基础上，借鉴《庄》、《骚》，形成了自己独特的文章风格。

柳宗元在《答韦中立论师道书》中谈到自己的创作经验时亦道：

> 本之《书》以求其质，本之《诗》以求其恒，本之《礼》以求其宜，本之《春秋》以求其断，本之《易》以求其动。此吾所以取道之原也。参之《谷梁氏》以厉其气，参之《孟》、《荀》以畅其支，参之《庄》、《老》以肆其端，参之《国语》以博其趣，参之《离骚》以致其幽，参之《太史公》以着其洁。此吾所以旁推交通而以为之文也。

其中，"本"的部分，求《书》之质、求《春秋》之断，含有从语体上效法二经简质、简约的意思；"参"的部分，则全是从论文的角度提出对诸经以及诸子、《离骚》、《史记》的模仿和学习。韩、柳二人虽也强调"文以明道"，并否定在创作中"炳炳烺烺，务采色，夸声音"等刻意追求文辞之美的行为，但他们在有关文体的论述中，亦强调学习五经的语体与风格之美。

后世从审美角度理解"文本于经"的理论还有很多，如宋人孙复《答张洞书》云："是故《诗》、《书》、《礼》、《乐》、《大易》、《春秋》，皆文也。总而谓之经者，以其终于孔子之手，尊而异之乎，斯圣人之文也。"(《孙明复小集》)明代宋濂亦言："文至于六经，至矣尽矣！"(《徐教授文集序》，《文宪集》卷七)又道："文学之事，自古及今，以之自任者众矣，然当以圣人之文为宗。"(《浦阳人物记·文学篇序》)"天地之间有全文焉，具之于《五经》。"(《赠梁建中序》)焦竑《刻两苏经解序》赞叹："文之致极于经。"(《澹园续集》卷一)袁枚亦认为："六经者，亦圣人之文章耳。"①等等，都是从审美角度论述诸经，认为诸经是文章之典范，强调文士应以诸经为宗。

---

① 袁枚：《答惠定宇书》，《小仓山房诗文集》第三册，上海古籍出版社 1988 年版，第 1529 页。

第六章　文体功能论：文体理论中的经学本体意识

通过“文本于经”的理论阐释，经学家以及受经学思想影响的文体理论家们，建立了诸经与文体之间的联系，并以此为基础，对文体批评的理论和倾向产生了深远的影响。就文体批评的理论而言，经学本体意识的存在，使得经学家主要关注文体的功能，并产生了大量有关文体功能的理论，大致可分为三类：明道论、美刺论、教化论。

第一节　“文以明道”论

经学凭借自己在思想和知识界的垄断地位，藉由“文本于经”这样的理论渠道，将自身的实用性品格注入文体学中，从而使其形成了强调文体为现实服务的传统，亦即是“文以明道”论的产生。

一、“文以明道”论的提出

“文以明道”理论的形成，经历了由“诸经明道”向“文以明道”的发展过程，即将“明道”的功能由诸经文体向其他文体推广的过程。

“诸经明道”的理论在先秦便已具雏形，如荀子云：

> 故《书》者，政事之纪也；《诗》者，中声之所止也；《礼》者，法之大分，类之纲纪也。故学至乎《礼》而止矣。夫是之谓道德之极。《礼》之敬文也，《乐》之中和也，《诗》、《书》之博也，《春秋》

之微也，在天地之间者毕矣。(《荀子·劝学》)

圣人也者，道之管也。天下之道管是矣，百王之道一是矣，故《诗》、《书》、《礼》、《乐》之道归是矣。《诗》言是，其志也；《书》言是，其事也；《礼》言是，其行也；《乐》言是，其和也；《春秋》言是，其微也。……天下之道毕是矣。(《荀子·儒效》)

荀子认为，天下之道在儒家圣人的思想中得以体现，而儒家圣人的思想又通过诸经得以展现，这也成为后世"明道"、"征圣"、"宗经"理论的先声。同时，荀子还指出诸经是从不同方面实现明道功能的，如《书》、《礼》是通过记录儒学对于政事与礼法的思想实现明道功能，《诗》是通过对儒学的"中和"之美思想的反映来实现明道①，《春秋》则通过在"微言"中弘扬儒学之大义实现明道功能。荀子首次全面阐释了诸经文体与儒家之道的密切联系，为后来"文以明道"理论的提出奠定了基础。

荀子像

① "《诗》者，中声之所止也"一句，王先谦在《荀子集解》中注曰："至乎中而止，不使流淫也。"并引《荀子·乐论》的"乐则不能无形，形而不为道则不能无乱，先王恶其乱故制雅、颂之声以道之，使其声足以美而不流"一段为证。

作为汉代经学的代表人物之一，扬雄继承孙卿之说，并以凭舟为济为喻，说明只有通过读经才能认识大道之所在：

> 舍舟航而济乎渎者，末矣。舍《五经》而济乎道者，末矣。(《法言·吾子》)

这里，扬雄从接受者的角度，重申了荀子的"诸经明道"思想。在此基础上，扬雄进一步提出，文体批评应以是否阐扬儒家思想为其标准，所谓：

> 好书而不要诸仲尼，书肆也。好说而不要诸仲尼，说铃也。(《法言·吾子》)
>
> 或曰："人各是其所是，而非其所非，将谁使正之?"曰："万物纷错则悬诸天，众言淆乱则折诸圣。"或曰："恶睹乎圣而折诸?"曰："在则人，亡则书，其统一也。"(《法言·吾子》)

扬氏认为，凡不以儒家思想为中心的文章著作，只能是材料的堆砌，即使有思想，也是不登大雅之堂的小说、邪说。① 照此推断，这类文章著作在文体方面亦应没有可取之处。他又指出如果没有儒学作为指导，就会造成思想和文体的混乱，而儒学的标准，在圣人还活着时就表现为他的言行，在其亡后就反映在他的著作之中。作为汉代经学的代表人物之一，扬雄已经将"明道"作为唯一的文体功能和文体批评标准，并由诸经扩展至所有文体之中，虽然还未明确说出"文以明道"，但他对这一理论的基本内涵已有清晰的界定。

及至南朝，作为七岁就"夜梦执丹漆之礼器，随仲尼而南行"的儒家信徒，刘勰第一次较为完整地阐释了"文以明道"理论。前人在讨论

---

① "说铃"一词，汪荣宝《法言义疏》注曰："铃以谕小声，犹小说不合大雅。"

“文以明道”的过程中，对这一理论何以产生、是否成立从未进行解释，而刘勰在其理论的一开头就提出并证明了明道乃文之本性。在《原道》中，刘勰指出，道为世界本原，天地万物皆为道之反映，而天地万物反映道的方式就是凭借自身之“文”，天之“日月”、地之“山川”、龙凤之“藻绘”、虎豹之“炳蔚”、泉激石之鸣，风拂林之响，自然界与人类社会中的一切形状、颜色、声音、节奏，无不是“文”，无不是对道之显现。文体自然也不能例外，它以自身之“文”反映道的存在。而文体的典范，或说能够完美反映道之存在的，就是儒家的圣人之文，刘勰在《原道》篇中描述一条从尧舜、夏商传至文王、周公再传至孔子的“明道”路线图，可见，只有儒家之文才是明道之正宗，所谓“写天地之辉光，晓生民之耳目”。因此“论文必征于圣”，而圣人之文又集中体现在诸经之中，因此“窥圣必宗于经”。通过这样一番逻辑的推演，刘勰就在继承前人的基础上，明确构建出“原道”、“征圣”、“宗经”的理论框架。

迨及唐代，韩、柳二人亦多次提出“文以明道”的主张，如韩愈云：

> 思古人而不得见，学古道而欲兼通其辞。通其辞者，本志乎古道者也。(《题欧阳生哀辞后》)
>
> 愈之所志于古者，不惟其辞之好，好其道焉尔。(《答李秀才书》)
>
> 君子居其位，则思死其官；未得其位，则思修其辞以明其道。(《争臣论》)
>
> 所著皆约六经之旨而成文。(《上宰相书》)

这里，韩愈从接受者和创作者两个角度强调了自己的“明道”主张。柳宗元亦道：

> 始吾幼且少，为文章，以辞为工。及长，乃知文者以明道，是

固不苟为炳炳烺烺、务彩色、夸声音而以为能也。(《与韦中立论师道书》)

今之文士咸能先理。理不一断于古书老生，直趣尧舜之道、孔氏之志，明而出之。(《与杨京兆凭书》)

柳氏不仅明确表示自己的创作以“明道”为宗旨，而且认为与其同时的文士亦多能“直趣尧舜之道、孔氏之志”，并据此认为当时文士的文章水平不亚于古人。

从文体学的角度看，韩、柳氏二人对于“明道”理论的推崇，其意义有二：

其一，确立了这一理论在中国传统文体学中的经典地位。尤其是韩愈，他既是文坛领袖，又为“道统”传人，有一批“韩门弟子”对其亦步亦趋，使其论文论道的理论得以广泛传播并深刻影响了当时、后世。《新唐书》本传赞曰：“至贞元、元和间，愈遂以《六经》之文为诸儒倡，障堤末流，反刓以朴，刬伪以真。……自愈没，其言大行，学者仰之如泰山、北斗云。”可见时人就已从经学的角度来理解和欣赏韩文，如张祜诗赞韩文：“别得春王旨，深沿大雅情。”(《读韩文公集十韵》)就认为韩文深得《春秋》“微言大义”与《诗经》“温柔敦厚”之精髓。宋人柳开也明确表示：“吾之道，孔子孟轲扬雄韩愈之道；吾之文，孔子孟轲扬雄韩愈之文也。”(《上王学士第三书》)可见其文、其论都深受韩愈的影响。欧阳修对韩愈的文风亦非常尊崇，他在《记旧本韩文后》中称赏韩文：“深厚而雄博”、“浩然无涯若可爱”。苏轼称韩愈“文起八代之衰，而道济天下之溺”，并认为韩文使“天下靡然从公”。(《潮州韩文公庙碑》)明代宋濂强调学习古文：“六籍之外，当以孟子为宗，韩子次之，欧阳子又次之。”(《文原》)桐城派三祖之一的方苞在《古文约选序例》道：“先儒谓韩子因文见道，而其自称则曰学古道，故欲兼通其辞。群士果能因是以求六经、语、孟之旨而得其所归，躬蹈仁义，自勉于忠孝，则立德立功，以仰答我皇上爱育人材之至意者，皆始基于此。”欧、苏、宋、方都是各自时代文坛的领军人物，他们对韩文的推崇，自然使韩文在各个时代都产生了广泛的影响。更为重要的是，他们也从文与道的关系角度，从经学与文体的角度来理解和学习韩文，“文以明道”论遂在他们的反复重申下成为一个权威命题，并被奉为作文、评文之圭臬。

其二，明确了“明道”论的现实性品格。如果说前人还是从理论的层面来认识“道”的内涵以及“明道”之功能。韩、柳则明确指出，“文以明道”的主旨在于干预现实、服务政治。如韩愈《原道》篇提出儒家之“道”的意义就在于，维护现实社会的道德、伦理和政治秩序：

以之为己，则顺而祥；以之为人，则爱而公；以之为心，则和而平；以之为天下国家，无所处而不当。

他引用《礼记·大学》的“修、齐、治、平”理论来阐发他的经世致用思想，认为“古之所谓正心而诚意者，将以有为也”。陈寅恪对此评价道：“退之首发现《小戴礼记》中《大学》一篇，阐明其说，抽象之心性与具体之政治社会组织可以融合无碍，即尽量谈心说性，兼能济世安民，虽相反而实相成……退之于此以奠定后来宋代新儒学之基础。”①与韩愈相比，柳宗元的“明道”论现实意味更加强烈，“伊尹以生人为己任，管仲衅浴以伯济天下，孔子仁之。凡君子之道，舍是无以为大者也”。(《答吴武陵论〈非国语〉书》)如果说韩愈所说的“道”还是以“仁”、“义”为内核的儒家之道，那么柳宗元所说的“道”则纯指治国之道。永贞革新失败后，柳宗元决定将自己的政治主张传之于后，所谓“辅时及物之道，不可陈于今，则宜垂于后”，这正是他创作的动机所在。

由荀子的“诸经明道”到韩、柳的“文以明道”，“明道”作为基本功能，不仅由诸经推及到其他文体，而且其理论的合法性也在论证中得以证明，其文体功能亦由理论层面向现实层面转进，并最终确立了这一命

① 陈寅恪：《金明馆丛稿初编》，三联书店 2001 年版，第 347 页。

题的现实性品格。可以说，后世关于这一理论的讨论都是在韩、柳所构建的框架中进行的。

二、经学本体意识与文、道关系的演变

通过对文、道关系相关理论的梳理可以发现，经学本体意识的强弱程度，会左右理论家们对文、道关系的看法。大体可以归纳为，经学本体意识愈强烈的理论家，愈强调文对道的依附关系，乃至漠视文体作为审美主体存在的价值。经学本体意识相对较弱的理论家，更容易从文、道互补的角度去理解两者的关系，同时也较为关注文体自身的审美特性和价值。

两汉是经学发展的第一个高峰，这一时期有关文、道关系的讨论，多带有极浓重的经学意味。董仲舒作为汉代经学的标志性人物，就明确提出"礼乐者道之具"：

> 道者，所由适于治之路也，仁义礼乐皆其具也。故圣王已没，而子孙长久安宁数百岁，此皆礼乐教化之功也。(《汉书·董仲舒传》)

因为董氏继承了先秦的传统观念，认为诗、乐、舞合一，因此他所说的礼乐，实际上包含了诗文在内。礼乐是道之具，诗文自然也是道之具。从董仲舒的论述中可以看出，他完全是从明道的角度，从政治实用性的角度去考虑文体存在的意义，而丝毫没有意识到文体的审美价值。

及至南朝，一方面是在制度层面，门阀制度破坏了凭借治经进入仕途的路径，一方面是在思想层面，玄学的兴起并占据了思想界的主流地位，这两方面都对经学的发展造成了较大的冲击，从而使南朝成为一个经学相对式微的时期。① 同时，随着四声说的兴起，以及对文辞之美的

① 有学者指出，魏晋乃至北朝经学的发展也取得了较大的成就，但同时也承认，就南朝而言，"经学在艰难地发展"。(参看庄庭兰：《魏晋南北朝经学发展论略》，《青海社会科学》2010 年第 4 期。)

推崇，这一时期的文体理论普遍关注对文体审美特性的挖掘。也正是在这一背景下，南朝理论家的经学本体意识相对薄弱，因此也多能从文、道互补的角度阐释“文以明道”理论，并较为重视文体的独立性。如刘勰一方面倡导“原道”、“征圣”、“宗经”，强调“文章之用，实经典枝条，五礼资之成文，六典因之致用”，但同时亦通过文、道关系的阐释，说明文辞之美乃是道之体现，又以诸经为例，说明“明道”之文本应具有文辞之美。在刘勰看来，文体的文辞之美与明道之用是一体两面、相辅相成，即所谓“道沿圣以垂文，圣因文以明道”。从《文心雕龙》的内容看，刘勰理论的重点也在于论文。不过，经学衰微的大环境下，并不代表所有理论家都对文、道关系持相同的看法。与刘勰形成鲜明对比，裴子野就极力强调文对道的依附关系，同时，否认文体本身的审美特质。《梁书》本传引范缜语称他“家传素业，世习儒史”，可见裴氏是经学世家出身，而这种学术背景也使他对文、道关系的认识与刘勰有较大差异。裴子野认为：“古者四始六艺，总而为诗，既形四方之风，且彰君子之志，劝善惩恶，王化本焉。后之作者，思存枝叶，繁华蕴藻，用以自通。”(《雕虫论》)他还通过对汉代以来文章发展史的梳理，提出这些创作都背离了为现实政治服务的初衷，虽然有文辞之美，但“淫文破典，斐尔为功，无被于管弦，非止乎礼义”。裴子野与刘勰之所以对文道关系的认识有如此大的差距，关键就在于其经学本体意识的强弱不同。

唐代随着《五经正义》的颁行，以及明经科的开科取士，经学得以复兴。于是“文以明道”论再次受到重视，如上文所言，韩、柳二人的相关言说就奠定了“文以明道”理论的经典地位及现实性品格。韩、柳二人都是自幼就接受经学的熏染，如韩愈出身儒学世家，其父仲卿、叔父去卿、兄会皆崇儒重道，他自己也是“生平企仁义，所学皆孔周”，他自言学习诸经的状态道：“究穷于经传史记百家之说，沈潜乎训义，反复乎句读。”(《上兵部李侍郎书》)他还与李翱合著《论语笔解》，均可见他深厚的经学修养。与此相类柳宗元亦深受家学影响，其父柳镇就对经学有一定研究，柳宗元在《先侍御史府君神道表》中誉其父“得《诗》之群，《书》之政，《易》之直、方、大，《春秋》之惩权”。在其父的影响下，柳宗元在经学上亦颇有创见，如他倡导以领会经义为主，反对经学中的章句之学，“略章句之烦乱，采摭奥旨，以知道为宗”。(《故银青光禄大夫右散骑常侍轻车都尉宜城县开国伯柳公行状》)“马融、郑玄者，独章句师耳。今世固不少章句师，仆幸非其人。”(《答严秀才论师道书》)正是以深厚的经学修养为基础，韩、柳形成了较强的经学本体意识，即以经学为宗旨，指导自己一切学术和思想活动，当然也包括论文活动，因此才有了韩、柳对于文体明道功能的强调，但需要指出的是，韩、柳除了是经学家外，还是文章大家，自身的创作实践又使他们领悟到，文体除了明道的功能之外，其语体与风格所透露出的审美价值亦不可忽略，韩愈强调为文要求变、求新，柳宗元对临文之际状态的描述，等等，都可看作对文体本身审美特征的一种体认。从这个角度看，韩、柳虽然也具有较强的经学本体意识，但并不像扬雄、裴子野那样偏执。

北宋初期的理论界基本继承了韩、柳二人关于“文以明道”的执中之论，如石介既强调“文章为道之筌”(《上王学士第三书》)，也强调文章本身就“实而有华”。田锡在文、道关系上，强调两者的自然契合，并关注文体本身之美。欧阳修讲“道胜文至”，既强调为文要与社会现实联系起来，并鄙视“务高言而鲜事实”的创作，同时也重视语言的精炼和风格的自然。周敦颐作为经学之变体——理学的代表人物之一，倡导“文以载道”，但由于其卫道思想并不十分强烈，因此还可以辩证地看待文、道关系。他既强调不以载道为务的文章，“不知务道德而第以文辞为能者，艺焉而已”，也认识到有文辞之美的文章，更利于道之传播，“笃其实而艺者书之，美则爱，爱则传焉”。但是随着理学的进一步发展，到了程颐，其卫道思想就趋向极端，并提出了“作文害道”说。他将“文章之学”与“儒者之学”相互对立，认为：

> 凡为文不专意则不工，若专意则志局于此，又安能与天地同其大也。……人见《六经》便以为圣人亦作文，不知圣人亦摅发胸中所蕴自成文耳。所谓“有德者必有言”也。(《遗书》卷十八)

在程氏看来，一切不以“明道”为宗旨的文章都是毫无意义的“闲言语”。本着这样的信念，他对倡导“文以明道”论的韩愈亦颇多微词：“退之晚来为文，所得处甚多。学本是修道，有德然后有言，退之却倒学了。”(《遗书》卷十八)所谓“倒学”，指韩愈关注“言”多过了关注“德”。程颐此论将南朝以来有关文、道互补关系的理论全盘推翻，又回到了汉代经学家的老路上去了，他说韩愈倒学，实际上倒是他自己倒学了。伴随着理学的进一步昌盛，朱熹又提出了“文道合一”说，反对将道、文两分的观点。朱熹此论是“有德者必有言”的翻版，他认为“文皆是从道中流出”，因此“文道合一”其决定因素还在于道。道是根本，文是枝叶。“言可少而德不可无，有德而有言者常多，有德而不能言者常少，学者先务，亦勉于道而已矣。”(《通书·文辞》注)依据这一理论，他批评韩愈等古文家“皆只是要作好文章，令人称赏而已，究竟何预己事，却用了许多风月，费了许多精神，甚可惜也”！(《沧州精舍谕学者》)程、朱之所以漠视文体之审美特征，皆在于其强烈的经学本体意识，使其只关注文对道的依附关系，将明道视作文体的唯一功能，任何与此无关的因素都予以剔除。

明初，程朱理学被定为官方学说，关于文、道关系的理论，也遵循了程朱的固有思路。这一时期的宋濂、刘基、方孝孺既是文坛的领袖，又是官方意志的代表，他们在思想界大力推行程朱理学，在文体理论方面，也严格地遵照程朱思想，高扬“文以明道”观，并严厉批驳对文辞之美的追求，所谓“纵如张锦绣于庭，列珠贝于道，佳则诚佳，其去道益远矣。此下焉者之事也”。(宋濂《赠梁建中序》)但到了明代中期，随着唐宋派的兴起，对文、道关系的阐释又重新回到了辩证的思路上来，既强调文体的明道功能，又强调文体自身的审美特征。唐宋派的代表之

—王慎中在《答廖东雩提学》中提出“文与道非二”之说，在《与林观颐》中又云：“所谓古文词者，非取其文词不类于时，其道乃古之道也。”唐顺之亦道：“文与道非二也，更愿兄完善神明以探其本原，浸涵六经之言以博其旨趣而复发之。”归有光认为：“以为文者，道之所形也。道形而为文，其言适与道称。……夫道胜则文不期少而自少，道不胜则文不期多而自多。溢于文，非道之赘哉？”(《雍里先生文集序》)茅坤自叙其论文宗旨亦云：“大略以为文必溯六艺之深而折衷于道，斯则天下之正统也。”(《与慎山泉侍御论文书》)这些言论都反映出，唐宋派非常重视文体的明道功能，但同时唐宋派并未忽略文体的审美特征，如王慎中论诗强调格调、创新，并尤其称誉盛唐诗人“人人有眼目，篇篇有风骨”；唐顺之论文讲法度，即所谓“开阖首尾经纬错综”之法，对文章的结构方式有详细的论述；茅坤论文重神，并涉及人物描写的形象性问题。凡此种种，都说明唐宋派在重道的同时亦重文，这主要是由于唐宋派在思想上对王学多有接受，使其经学本体的意识得以冲淡，故而其论文、道关系时也就不似程朱一派那么激烈、偏颇。

清代初期，在检讨明代中后期王学空谈心性影响文章创作，造成其空疏庸俗弊病的同时，一些理论家又开始强调道统与文统的合一，如黄宗羲提出“文之美恶，视道合离”的观点，“大凡古文传世，主于载道，而不在区区之工拙”，将是否明道作为判别文体高下的唯一标准，并严斥追求文辞的文体是“徒为观美之具”。而到了桐城派兴起之际，修正了黄氏之论，一方面强调“言有物”，另一方面也强调“言有序”。“言有物”即对儒家伦理、道德、性气、政治理论的阐发，“言有序”则是对文章之语体(音节、字句)及其风格的关注，而桐城派之所以能造成巨大的影响，还在于它的“言有序”理论。造成黄宗羲与桐城派理论旨趣大相径庭的原因正在于，黄氏痛感明亡的主要原因之一在于王学的兴起，使得士大夫丢弃了正统经学经世致用的精神和对国家社稷的责任感，在面对亡国的危机时候，他们既无法挺身而出挽狂澜于即倒，也没有“一死报君王”的勇气。同时，在黄宗羲看来，经学的式微也是汉家正统文化的式微，因此他重新倡导经学，就带有救国家与救文化的双重涵义，在这样一种实用主义精神的支持下，其文体理论自然就无暇顾及文体的审美特征。而到了桐城派显然没有黄宗羲这样的危机感，因此他们卫道意识就淡化得多，在处理文、道关系的过程中，才能文、道并重，甚至是在实际的理论论述中重文轻道。

通过对“文以明道”理论发展历程的简单回顾，可以看出，经学本体意识的强烈与否，直接影响到理论家以怎样的视角看待文与道及其两者的关系。同时，由于理论家经学本体意识形成的原因非常复杂，往往关联到各个时代经学的发展状况、社会思潮、个体性格乃至家学渊源，这就使得其经学本体意识并非只有强、弱两极，而是分成了很多层次，如与程颐相比，韩愈和刘勰的经学意识相对较弱，因此都能够注意到文体的审美特质，但是韩、刘之间经学本体意识也有强弱之分，因此他们对于文、道关系及文体审美特质的认识又有不同。

第二节　文以美刺论

如果说“明道”意在树立以儒家为正统的伦理、道德、政治思想，那么“美刺”则是以这套思想规范来衡量当世之人，尤其是统治阶层，对于符合规范者予以颂扬（美），违反规范者予以劝谏（刺）。简言之，“明道”就是树立标准，“美刺”就是依据标准进行评判。有关文体美刺功能的理论，在诸经中便已发端，到了汉代随着经学的兴起，这一理论得以继承和发展，并因为经学的垄断地位，辐射到其他文体的理论当中，确立了“美刺”功能理论在中国文体学中的地位。此外，在实践和讨论过程中，文体的美刺功能理论还表现出两个特点：其一，由于对象往往难以达到这套规范的高标准，因此对文体劝谏功能的使用频率远超过颂扬功能，久而久之，“美刺”成为一个偏义复词，这也导致文体理论更多地关注文体的劝谏功能。其二，在劝谏功能的运用上，文体理论家又提出“主文谲谏”说，提倡委婉温和的劝谏方式，相对排斥直露的表达。

一、经学美刺论的形成及其向文体学的辐射

美刺理论肇端于诸经，如《诗经》中便已对诗体的美刺功能有所自觉：

> 维是褊心，是以为刺。（《魏风·葛屦》）
> 夫也不良，歌以讯之。讯予不顾，颠倒思予。（《陈风·墓门》）
> 家父作诵，以究王讻。（《小雅·节南山》）
> 王欲玉女，是用大谏。（《大雅·民劳》）
> 吉甫作诵，其诗孔硕。其风肆好，以赠申伯。（《大雅·崧高》）
> 吉甫作诵，穆如清风。仲山甫永怀，以慰其心。（《大雅·烝民》）

此处所引六首，前四首说的是刺的功能，后二首说的是美的功能，意思表达得非常明确。除此之外，《论语·阳货》中孔子将《诗》的功能定义为兴、观、群、怨，其中的"怨"也含有刺的意思。《礼记·乐记》认为"声音之道与政通矣"，并基于此提出"治世之音安以乐，其政和；乱世之音怨以怒，其政乖；亡国之音哀以思，其民困"。这里的治世之音和乱世之音都体现了美刺的功能，只不过这种美刺不一定是有意为之，而亡国之音虽然主要表达的是缅怀的情绪，但对于新的统治者来说，也有殷鉴的作用，可算是变相之刺。①《左传·成公十四年》论《春秋》的文体特征时云："《春秋》之称，微而显，志而晦，婉而成章，尽而不污，惩恶而劝善。"亦多从美刺功能着眼。

---

① 关于《礼记·乐记》的作者与产生年代问题，理论界有争论，有人主张是春秋末期孔门弟子公孙尼子所作，有人主张是汉初儒士所撰。后一种理论较为合理，但为了行文的方便，这里仍将其视作《礼记》的一部分，放在诸经这一段加以论述。

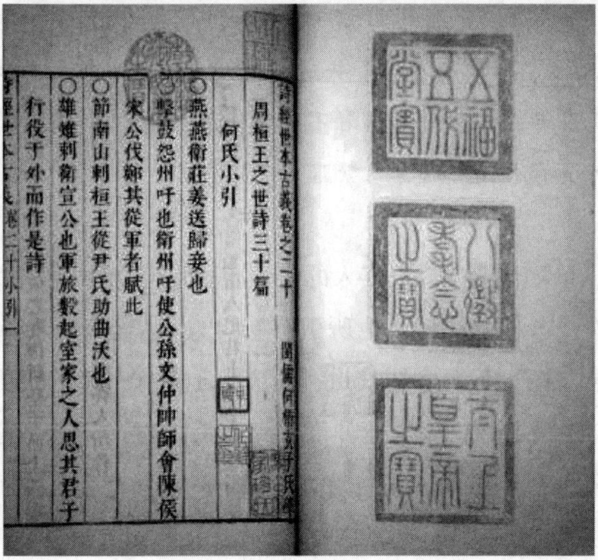
周桓王之世詩三十篇
何氏小引
○燕燕衛莊姜送歸妾也
○擊鼓怨州吁也衛州吁使公孫文仲帥師會陳侯
宋公伐鄭其從軍者賦此
○節南山刺桓王從尹氏助曲沃也
○雄雉刺衛宣公也軍旅數起室家之人思其君子
行役于外而作是詩

《诗经世本古义》

由此可见，对文体美刺功能的体认，早在诸经中就已经植下理论的因子，故而到了汉代经学兴起以后，这种理论因子也自然而然地被经学家们所继承。董仲舒就是典型代表，他在《天人三策》中云：

> 至于宣王，思昔先王之德，兴滞补弊，明文、武之功业，周道粲然复兴。诗人美之而作，上天祐之，为生贤佐，后世称诵，至今不绝。……及至周室之衰，其卿大夫缓于谊而急于利，亡推让之风，而有争田之讼。故诗人疾而刺之。（《汉书·董仲舒传》）

董氏继承了《乐记》“声音之道与政通”的思想，认为文体的美刺反映的是政治的兴衰，并在此基础上，从天人感应的角度，提出文体美刺功能所体现的不仅是臣民的意愿，更是上天的意志，如：

> 故圣人于鬼神也，畏之而不敢欺也，信之而不独任，事之而不专恃。恃其公，报有德也；幸其不私，与人福也。其见于《诗》曰："嗟尔君子，毋恒安息，静共尔位，好是正直。神之听之，介尔景福。"正直者得福也，不正者不得福，此其法也。以《诗》为天下法矣，何谓不法哉？（《春秋繁露·祭义》）

董氏认为，上天(鬼神)会根据人的正直与否而降福祸，《诗》之作者则依据上天的意志进行劝谏。他所引诗句出自《诗经·小雅·小明》，①诗义是劝导"君子"不要贪图安逸，而应忠于职守，亲近直士，唯有如此上天才会赐福于"君子"，董仲舒认为《诗》之意义正在于这样的劝谏功能。

刘向也有与董仲舒相类似的言论，他在《条灾异封事》中，将《诗》中的作品结合其产生时代进行梳理和分析后，认为凡是以颂美为主要功能的正风正雅之作，都产生在"诸侯和于下，天应报于上"，"凤鸟来仪"，"百兽率舞"的治世；凡是以劝谏为主要功能的变风变雅之作，都产生在"天变见于上，地变见于下，水泉沸腾，山谷易处"，"霜降失节"，"日月薄蚀而无光"的乱世。刘向认为，上天会根据人间政治的好与坏，分别呈现为祥兆与恶兆，而《诗》中的作品，正是这种天命的反应。

如果说董、刘的相关言论还只是其天人感应论的副产品，算不上对于美刺说的正面解读，那么到了《诗大序》(以下简称《序》)，② 则完全

---

① 董仲舒引文与原诗稍有出入，原诗为"嗟尔君子，无恒安息。靖共尔位，好是正直。神之听之，介尔景福"。

② 《诗大序》的作者及产生年代亦有争论，如子夏说、卫宏说、孔子说等，此处采《中国文学批评通史》之说法，认为其当完成于西汉中期以前。

是从美刺功能入手解释《诗》之“风”、“雅”、“颂”三体。① 其言道：

> 上以风化下，下以风刺上，主文而谲谏，言之者无罪，闻之者足以戒，故曰风。……国史明乎得失之迹，伤人伦之废，哀刑政之苛，吟咏情性，以风其上，达于事变而怀其旧俗也。雅者，正也，言王政之所由废兴也。……颂者，美盛德之形容，以其成功告于神明者也。

这里对三体的解读，不仅围绕着文体的美刺功能展开，体现了《序》对诸经美刺说的继承，而且其对美刺说的形成原因、内涵和方式还给予了较为详细的论述。就原因而言，《序》认为美刺的兴起是综合因素导致的结果，除了政治的兴衰之外，伦理、礼义的兴衰也起了作用，相比将美刺完全视作政治的传声筒，这种解读更为合理。就内涵而言，《序》的论述更关注刺的功能，虽然《序》认为，《风》纯为刺体，《雅》美、刺参半，②《颂》纯为美体，似乎美刺还是各占一半比例，但是在具体论述的篇幅上，《序》明显偏重于对“风”之功能的解读。就方式而言，《序》主张美刺应采取温和委婉的方式，此点将在下一节详细论述。

---

① 这种以美刺功能来解《诗》的思想，对后世影响很大，如郑玄的《诗谱序》就完全继承了这一思想，他在《诗谱序》中道：“论功颂德所以将顺其美，刺过讥失所以匡救其恶，各于其党，则为法者彰显，为戒者著明。……以为勤民恤功，昭事上帝，则受颂声，弘福如彼；若违而弗用，则被劫杀，大祸如此。吉凶之所由，忧娱之萌渐，昭昭在斯，足作后王之鉴，于是止矣。”郑氏认为《诗经》全为美刺之作，而且他认为孔子删诗，只取三百一十一篇(包括有目无辞者)，是因为这些诗已经能够起到为“后王之鉴”的作用，即达到变相美、刺的目的。孔颖达《毛诗正义序》亦云：“夫《诗》者，论功颂德之歌，止僻防邪之训，……若政遇醇和，则欢娱被于朝野，时当惨黩，亦怨刺形于咏歌。作之者所以畅怀舒愤，闻之者足以塞违从正。”也是完全从美刺的角度理解《诗经》。

② 孔疏曰：“王之齐正天下得其道，则述其美，雅之正经及宣王之美诗是也。若王之齐正天下失其理，则刺其恶，幽、厉小雅是也。……此雅诗者，言说王政所用废兴，以其废兴，故有美刺也。”

可以说，汉代学者在继承的基础上，进一步丰富和完善了先秦有关诸经美刺功能的理论。这些理论又通过经学的垄断地位以及“文本于经”的思想，辐射到其他文体当中，即不仅肯定诸经文体有美刺功能，也要求其他文体继承诸经的这一功能。有关汉赋的理论就是这方面的代表。

司马迁在《史记·司马相如列传》有云：

> 《大雅》言王公大人而德逮黎庶，《小雅》讥小己之得失，其流及上。所以言虽外殊，其合德一也。相如虽多虚辞滥说，然其要归引之节俭，此与《诗》之风谏何异。

太史公此处先是将大、小《雅》的文体功能总结为美、刺，然后又将司马相如的赋体与大、小《雅》相比类，意在证明司马相如的赋体虽然有过度夸张、铺陈的毛病，但还是继承了《诗经》的美刺功能，因此对长卿之赋总体上应取肯定态度。持同样观点的还有班固，他在《两都赋序》论汉赋之功能时道：“或以抒下情而通讽谕，或以宣上德而尽忠孝。”明确了汉赋应起到“通讽谕”(刺)和“宣上德”(美)的作用。而他这样说的理论依据就是赋为“古诗之流”，赋体既然来自于《诗》，自然也应继承《诗》之美刺功能。汉赋因为在实践中实现了这一功能，被他称作“《雅》、《颂》之亚”，意谓汉赋得《诗经》之“真传”，可以比肩于《诗经》中的大雅之作。

如果说班、马二人是从正面论述赋体对于《诗经》美刺功能的继承，扬雄则从反面表明了这一观点，即赋体本应继承《诗经》的美刺功能，但在实践中因过于重视文辞，从而使美刺功能无法实现，或者因为所占比重太小而无法起作用。他将赋体视为“壮夫不为的雕虫之技”，原因就在于赋体以无以复加的“靡丽之辞，闳侈钜衍”，结果不仅不能起到讽谏的目的，反而有怂恿、蛊惑的反效果，并据此提出了“辞人之赋”和“诗人之赋”的概念：

或曰："景差、唐勒、宋玉、枚乘之赋也，益乎?"曰："必也淫。""淫则奈何?"曰："诗人之赋丽以则，辞人之赋丽以淫。"(《法言·吾子》)

此处的赋，非指文体本身，而指文体中所使用的铺陈、排比的手法。同样采用了赋之法，以宋玉、枚乘为代表的"辞人"，关注于文体中文辞之美的展现，而忽略了美刺功能，因此被讥之为"丽以淫"；而以《诗》之诸多作者为代表的"诗人"，即将注意力集中于美刺功能的实现，因此被誉之为"丽以则"。

与扬雄相比，持论较为平允的是汉宣帝，针对有关文士与赋体的尖锐批评，他提出："辞赋大者与《诗》同义，小者辨丽可喜。譬如女工有绮縠，音乐有郑卫，今世俗犹皆以此虞说耳目，辞赋比之，尚有仁义风谕，鸟兽草木多闻之观，贤于倡优博弈远矣。"(《汉书·王褒传》)从宣帝的辩护之辞中可以看出，他对文体的审美功能是有一定认识的，但是同时也不能否认，他认为文士比倡优高明的地方，还是在于文士可以通过文体实现讽谕的功能，而非文士所作文章有娱悦耳目的作用。从这一点看，他虽然比扬雄平和一些，但其持论的基本立场并无不同，都以能否实现文体的讽谕功能为最高标准。

另外，汉代对于楚辞的评论上，亦可看出美刺理论的影响。王逸在《楚辞章句序》中将讽谏视作楚辞的最重要功能，如其在《楚辞章句》的总序中有云："(屈原)独依《诗》人之义，而作《离骚》，上以讽谏，下以自慰。"认为屈原创作《离骚》等楚辞作品，吸取了《诗经》的讽谏精神，并将之贯彻于楚辞之中。在分评诸作的时候，王逸也不断强调楚辞的讽谏功能，如评《离骚》云："言已放逐离别，中心愁思，犹依道径，以风谏君也。"评《九歌》云："《九歌》者，屈原之所作也……上陈事神之敬，下见己之冤结，讬之以风谏。"《大招》序中亦言："盛称楚国之乐，崇怀襄之德，以比三王能任用贤，公卿明察，能荐举人，宜辅佐之，以兴至治，因以风谏，达己之志也。”对于非屈氏的作品，如宋玉的《招魂》，王氏也认为是讽谏之作：“外陈四方之恶，内崇楚国之美，以风谏怀王，冀其觉悟而还之也。”从王逸的理论中可以看出，讽谏理论是如何通过经学家，向楚辞乃至其后的骚体赋的相关理论辐射的。

汉代经学的兴盛，使得参与文体功能讨论的学者大多具有经学的背景，除了这里所举的董、刘、班、马、扬、王之外，像桓潭、郑玄等人，都扮演着文体批评家与经学家的双重角色，都强调文体的讽谕功能。这也反映出汉代经学在思想和知识界的垄断地位，因此对文体理论的探讨就不太可能脱离出经学的大圈子。同时，还应看到，班、马、扬、王对于赋体、楚辞美刺功能的确认，都是依据了“文本于经”的理论，这可以分成两种情况，一种是像班固，直接将赋体说成是由《诗》体流变而来，因此理应继承《诗》体的美刺功能；另一种是像司马迁、扬雄、王逸，虽未明言赋体、楚辞是《诗》体的“后裔”，但在论述的过程中显然都将美刺功能视作《诗》体的重要特征，并以此来比量赋体、楚辞。班、马、扬、王诸人对于《诗经》以及汉赋、楚辞文体特征的理解是否准确，本书不予讨论，只是要通过对他们理论的梳理，展现汉代经学的美刺思想是如何通过自身的垄断地位以及“文本于经”的理论向赋体、楚辞辐射，并深刻影响了赋体(骚体赋)的创作。

由汉代确立的文体美刺理论，在后世嗣响不绝，而且也继承了汉代的论证方式，即依托经学的至高地位以及“文本于经”的思想，将美刺理论向其他文体辐射。如晋人皇甫谧在《三都赋序》中提出：“昔之为文者，非苟尚辞而已，将以纽之王教，本乎劝诫。”认为荀子、屈原等人最初所作的辞赋继承了《诗经》的讽谕精神，因此有“古诗之意”，而宋玉等人所作之赋“淫文放发，言过于实”，已经丧失了讽谕的功能，这种看法与扬雄完全一致，所不同的是，扬雄认为汉代的赋体也沿袭了宋玉辞赋“文丽用寡”的流弊，但皇甫谧却认为汉赋“初极宏侈之辞”，但“终以约简之制”，犹能起到劝谏的作用，仍可称为“近代辞赋之伟”。刘勰在《文心雕龙》中“依经立义”，将美刺功能的实现作为衡量文体是否合格的重要标准之一，如《辨骚》中评屈原“骚体赋”，既肯定其有“讥桀纣之猖披，伤羿浇之颠陨”的“规讽之旨”、“虬皮以喻君子，云蜺以譬谗邪”的“比兴之义”，但也批评其“康回倾地，夷羿彈日”的“谲怪之谈”和“依彭咸之遗则，从子胥以自适”的“狷狭之志”，故《辨骚》之“辨”，很大程度上是辨其是否具有“美刺讽谕”之义，辨其是否合于“依经立义”之旨。白居易在肯定“音声之道与政通矣”的基础上，认为诗体创作应该向《诗经》看齐，继承起讽谕的功能，强调诗体应起到“救济人病，裨补时阙”的作用。元人胡祇遹认为戏曲文体亦可起到美刺的功能：

> 乐者与政通，而伎剧亦随时所尚而变，近代教坊院本之外，再变而为杂剧。既谓之杂，上则朝廷君臣政治之得失，下则闾里市井父子兄弟夫妇朋友之厚薄。(《赠宋氏序》)

李贽认为施耐庵、罗贯中创作《水浒传》的动机是痛感“宋室不竞，冠履倒施，大贤处下，不肖处上。驯致夷狄处上，中原处下，一时君相犹然处堂燕雀，纳币称臣，甘心屈膝于犬羊”的历史教训，用小说文体发挥了美刺作用，他主张上至皇帝，下至大臣都“不可不读”《水浒传》，认为统治阶层应该按照《水浒传》的忠义思想来治理天下。张惠言一反传统词论关于词体功能在于抒发个人情怀的理论，强调词体应具“《诗》之比兴、变风之义”，所谓“变风之义”，自然指词体也应发挥针砭时弊的功能，凡此种种都是接受了经学文体美刺理论影响的结果。

二、“主文谲谏”传统的形成和影响

文体是发挥颂美的功能，还是发挥讥刺的功能，主要取决于写作对象的道德伦理水准。文士以儒家的一整套道德伦理标准对写作对象进行衡量，符合者即美颂之，不符者即讥刺之，但在实际的操作中，写作对象往往很难达到这套高标准，因此文体的讥刺功能就比颂美功能得以更频繁地实现，“美刺”在很大程度上成为了偏义复词，名虽为“美刺”，实则只有“刺”义。相应地，有关文体劝谏、讽谕功能的理论就得以更多地被讨论。

文体劝谏功能的实现过程，就其实质而言，是一种书面化的谏诤行为，而经学家们很早就注意到谏诤可以分为两种方式，一种是比较直接的进谏，一种则是比较委婉的进谏。如《白虎通义·谏诤》的“五谏”之说就已经对此有理论的表述：

> 人怀五常，故知谏有五。其一曰讽谏，二曰顺谏，三曰窥谏，四曰指谏，五曰陷谏。讽谏者，智也。知祸患之萌，深睹其事，未彰而讽告焉。此智之性也。顺谏者，仁也。出词逊顺，不逆君心，此仁之性也。窥谏者，礼也。视君颜色不悦，且却，悦则复前，以礼进退。此礼之性也。指谏者，信也。指者，质也，质相其事而谏。此信之性也。陷谏者，义也，恻隐发于中，直言国之害，厉志忘生，为君不避丧身，此义之性也。

这“五谏”中，指谏、陷谏属于比较直接的进谏，可以将其通称为“直谏”；讽谏、顺谏、窥谏属于比较委婉的进谏，可以将其通称为“讽谏”。《白虎通义》在此处没有明确这两种方式的优劣，但从其语境看，似是倾向于委婉进谏的。而且经学大体而言，亦是赞同委婉的进谏方式，这主要是受到了先秦儒家传统的影响，如《论语·里仁》云：“事父母几谏”，朱熹解之曰：“几，微也。微谏，所谓‘父母有过，下气怡色，柔声以谏’也。”所谓“几谏”即指委婉的讽谏。后世经学家受此影响，也强调劝谏应讲究方法，如董仲舒《春秋繁露·竹林》云：“且《春秋》之义，臣有恶，擅名美。故忠臣不显谏，欲其由君出也。《书》曰：‘尔有嘉谟嘉猷，入告尔君于内，尔乃顺之于外，曰：此谋此猷，惟我君之德。’此为人臣之法也。古之良大夫，其事君皆若是。”《后汉书·杜栾刘李刘谢列传》道：“礼有五谏，讽为上。若夫托物见情，因文载旨，使言之者无罪，闻之者足以戒。贵在于意达言从，理归乎正。"《孔子家语·辨政》："风谏，依违远罪避害者也。"凡此种种，无不是强调进谏应以讽谏为主。

经学的讽谏思想反映到文体学中，就是强调文体在发挥其讽谏功能时，亦应采用委婉的方式，避免直露的批评。如《礼记·经解》引孔子之语道："入其国，其教可知也。其为人也温柔敦厚，《诗》教也。"此处的"温柔敦厚"既指通过学《诗》能够形成温和朴实的性情，也指《诗》之宣教手段本身有温柔敦厚的特点，故孔疏云："温，谓颜色温润；柔，谓情性和柔。《诗》依违讽谏不指切事情，故云'温柔敦厚'，是《诗》教也。"①据孔疏看，正是《诗》委婉的讽谏风格，感染和教化了学《诗》之人，使其将《诗》之教义加以涵化，从而形成了温和朴实的性格特征。如果说《礼记·经解》中"讽谏"之义还是通过后人的注疏才能见出的话，以经学思想为指导的《诗大序》则明确地倡导讽谏，并提出了"主文谲谏"的理论。《诗大序》云："上以风化下，下以风刺上，主文而谲谏，言之者无罪，闻之者足以戒。"郑注曰："风化、风刺，皆谓譬喻，不斥言也。主文，主与乐之宫商相应也。谲谏，咏歌依违，不直谏。"孔疏云："'主文谲谏'，唯说刺诗者，以诗之作皆为正邪防失，虽论功诵德，莫不匡正人君，故主说作诗之意耳。诗皆人臣作之以谏君，然后人君用之以化下。"②可见，"主文谲谏"就其风格而言，应该含蓄、委婉，主张进谏者采取一种"依违"之间、若即若离的态度来进陈。就其形式而言，应该是和乐而歌，这可能是考虑到以歌唱的形式进谏，比口诵（尽管是委婉）的形式更容易让人接受，接受者会将进谏有意无意地当成一次表演，从而能以轻松、愉悦的心情对待进谏之辞，并在聆听的过程中领悟到谏者之义，而进谏之辞，因为歌唱的形式也会变得柔和，从而起到"润物无声"的效果。就其对象而言，"主文谲谏"只针对"下以风

① 《十三经注疏·礼记正义》，北京大学出版社1999年版，第1368页。
② 《十三经注疏·毛诗正义》，北京大学出版社1999年版，第13-14页。

刺上”而言，并不指“上以风化下”的方式。这不仅在孔疏中得到证明，而且就“谏”之本义来说，也是以下对上而言。①

需要指出的是，中国文体学理论中“主文谲谏”传统的确立，除了是受经学的影响之外，还与汉代以降，士人地位的下降以及文士身份的卑微有关。

首先，从士人的地位看，相较于先秦，汉代在政治和文化上的大一统局面，大大削弱了士人的自主性和独立性。先秦时，士人可以游走于各国之间，推行自己的治国主张和文化理想。及至汉代，士人对君主的人身依附关系加强，并进而成为官方政治和文化思想的宣传者。此外，先秦时期诸侯与士人之间相对平等的关系，也被君臣之间严格的尊卑关系所取代。这些都使得臣子在进谏时，更倾向于采用委婉的方式。

其次，从文士的身份看，又尤其显得卑微，甚至常被视作倡优之属，亦是文体及文体理论中“主文谲谏”传统确立的重要原因。文士之所以地位卑微，主要是由于文章本身带有美学特质，及其给阅读者带来的审美性感受，使作文之士与以愉悦君王为其主要目的倡优有类似之处，② 故太史公自叙身世云：“仆之先人非有剖符丹书之功，文史星历，近乎卜祝之间，固主上所戏弄，倡优所畜，流俗之所轻也。”与那些为帝国开疆扩土、出谋划策的士人相比，君主更愿意将文士视作供其娱乐

---

① 《说文》中，“谏”、“证”互文，似不能看出以下对上之义，但是许氏解“谂”为“深谏也”，又举例道：“《春秋传》曰：‘辛伯谂周桓公。’”周桓公即周公黑肩，是周公旦的后裔，周桓王的宗亲，也是实际掌权者，辛伯与周桓公是上下级的关系，由此可知，“谏”是以下对上的规劝。

② 《汉书·枚皋传》云：“皋不通经术，谈笑类俳倡，为赋颂，好嫚戏，以故得媟黩贵幸。”可见，枚皋正是因为其赋作的游戏意味比较浓，又加之不通经术的背景，才被目为类同倡优，虽然得到了皇帝的宠幸，但其实际地位是非常低下的。

消遣的侍从。① 甚至连士人群体内部，对于文士也抱鄙夷之态度，如张衡《论贡举疏》："夫诗画辞赋，才之小者，医国理政未有能焉……其高者颇引经训风喻之言，下则连偶俗语，有类俳优，或穷成文，虚冒名氏。""类同倡优"的现实处境，自然使得文士不敢，甚至是缺乏资格使用直谏的方式，而只能与倡优一样，用"谐隐"之体去实现进谏的目的。对于士人乃至文士地位的下降，与讽谏方式兴起之间的关系，郑玄在《六艺论》曾有较为详细的评说：

> 诗者，弦歌讽谕之声也。自书契之兴，朴略尚质，面称不为谄，目谏不为谤，君臣之接，如朋友然，在于恳诚而已。斯道稍衰，奸伪以生，上下相犯。及其制礼，尊君卑臣，君道刚严，臣道柔顺。于是箴谏者希，情志不通，故作诗者以诵其美而讥其过。

郑玄认为，较早时候(应指三代以前)的君臣之间是一种朋友关系，臣子可以当面直陈君主的优、缺点，而无谄、谤之谦，但后来世道陵夷，就有了严格的君臣之分、尊卑之别，这使臣子无法再像过去那样直陈己见，只能采用作诗这种迂回曲折的方式来达到美刺的目的。据郑氏所论，他所说的君臣之分，应出现在三代之时，但是以他对君臣尊卑关系严格程度的描述，以及话语间透露出的感叹、无奈来看，似乎更符合汉代皇权重压下士人们的状态和心情。郑玄此论，颇有借三代之酒杯，浇自己之块垒的嫌疑，或者说，郑玄试图用三代的故实，说明汉代士人(文士)地位下降导致了"主文谲谏"方式的兴起。

---

① 这种情况在汉代表现得尤为明显，原因之一就在于以汉大赋为代表的汉代文体特别强调文辞之美，从而进一步突出了文体审美性特质，甚至完全掩盖了其讽谏的功能，因此汉代的文士更容易被视作文学侍从，而非谋国之臣。故扬雄评写赋之人云："颇似徘优淳于髡、优孟之徒，非法度所存、贤人君子诗赋之正也。"不过亦有例外者，如上文提到的汉宣帝，但亦正如上文所指出的，宣帝真正看重赋体与文士的理由，还是文士可以借由文体实现讽谕，而不是因为文士可以文体实现娱乐耳目的作用。

综之，文体学中“主文谲谏”传统的形成，因是经学大传统与汉代以来士人地位下降的现实情况共同作用的结果。而这个传统一旦确立，不但成为文体美刺理论的支柱，而且还深刻影响了有关文体风格的理论，例如传统文体批评中对于“含蓄”之美的推崇，就明显受到了“主文谲谏”论的影响。①

第三节　文以教化论

在文体学中与美刺理论同时兴起的，还有教化理论。如果说美刺的主要对象是统治阶层，教化的主要对象则是普通民众，兼及贵族、士大夫阶层。教化理论亦是从诸经中发端，并在汉代因为经学的兴盛，辐射到文体理论当中，成为文体功能论的重要支柱之一。同时，由于教化的主要施及对象多是普通大众，使得教化论在普通大众接触较多的戏曲、小说等“通俗文体”理论当中特别盛行。

一、诸经中的教化论及其向文体学的辐射

文体的教化理论最早大约可以追溯到《今文尚书·尧典》，其载帝舜之言道：“夔！命汝典乐，教胄子。直而温，宽而栗，刚而无虐，简而无傲。”要求夔通过音乐，来培养贵族子弟们(胄子)美好的情操，即是从教化角度来理解文艺的功能。孔子曾言及“《诗》可以兴”，朱熹《集注》解为：“感发志意”，即是指修身而言。修身，即一种自我的教化，亦是教化之一种。先秦文献中，对于文艺的教化功能谈得最多、最全面的是《荀子》。《荀子·乐论》有云：

> 夫乐者，乐也，人情之所以必不免也。故人不能无乐，乐则必发于声音，形于动静。而人之道，声音动静，性术之变尽是矣。故

① 关于此一问题的论述见本编第三章第三节。

人不能不乐，乐则不能无形。形而不为道，则不能无乱。先王恶其乱，故制《雅》、《颂》之声以道之，使其声足以乐而不流；使其文足以辨而不諰；使其曲直、繁省、廉肉、节奏，足以感动人之善心，使夫邪污之气无由得接焉。

荀子在这里提出了一个非常重要的观点，音乐与人性是相通的。音乐是人追求愉悦这种本能的表现方式，是人发自内心的情感宣泄。这种相通的结果就是，不仅人之性情可以发而成音乐，音乐也可以反过来影响人之性情的养成。因此不同的音乐可以对人性的发展起到不同的作用："凡奸声感人而逆气应之，逆气成象而乱生焉；正声感人而顺气应之，顺气成象而治生焉。"而荀子本人是持"性恶论"的，照此推断，人性之恶自然而发必成诲淫诲盗之乐，而诲淫诲盗之乐又反过来增益人性之恶，形成恶性循环，最后的结果只能是"不能无乱"。基于这样的推论，荀子认为，先王制作《雅》、《颂》之乐，正是要寓教于乐，让民众在有节制的愉悦过程中受到教化，培养他们的"善心"。荀子在《乐论》中一再强调音乐的教化功能："故乐在宗庙之中，君臣上下同听之，则莫不和敬；闺门之内，父子兄弟同听之，则莫不和亲；乡里族长之中，长少同听之，则莫不和顺。"荀子如此看重音乐的教化功能，并不只是着眼于民众道德修养的提高，其最终目的在于借由民众道德修养的提高，以达到的"兵劲城固"的王者之治：

乐中平则民和而不流，乐肃庄则民齐而不乱。民和齐则兵劲城固，乱国不敢婴也。如是，则百姓莫不安其处，乐其乡，以至足其上矣。……是王者之始也。乐姚冶以险，则民流僈鄙贱矣。流僈则乱，鄙贱则争。乱争则兵弱城犯，敌国危之。如是，则百姓不安其处，不乐其乡，不足其上矣。故礼乐废而邪音起者，危削侮辱之本也。

考虑到先秦诗、乐、舞合一的实情，荀子有关音乐的教化理论也适用于诗歌文体，所以说，荀子首开中国文体学有关教化功能理论之先河，而且其后的理论都遵循着荀子的足迹，将研究的焦点放在文体教化功能的实用性价值上。

《礼记·乐记》在荀子理论的基础上，明确了古代诗、乐、舞合一的实际情况："诗，言其志也；歌，咏其声也；舞，动其容也。三者本于心，然后乐气从之。"同时也说明《礼记·乐记》的乐论同样适用于诗体。

在音乐教化理论方面，《礼记·乐记》全面继承了荀子的观点，认为音乐来自于人心："凡音者，生人心者也。情动于中，故形于声，声成文，谓之音。"并进而提出了"物感"说，即人心之所以能产生音乐，是受到社会、政治等方面的影响。因此不同的社会、政治状况下，就会有不同的音乐出现：

> 是故，治世之音安以乐，其政和。乱世之音怨以怒，其政乖。亡国之音哀以思，其民困。声音之道，与政通矣。

相较而言，荀子虽然在《乐论》的最后一部分谈到了从音乐中可以看出时代、社会的面貌，即将"声乐险"作为"乱世之征"之一，但是其总体的理论中，并未谈及人心何以能产生音乐，或说人之作乐的动机何在。而"物感"说则明确说明音乐的产生是人心受外在环境影响的结果。需要说明的是，"物感"说经过后世批评家的论述，其内涵有所扩张，其中的"物"既指社会现状，也指自然风景。"物感"说也多被理解成审美主、客体之间的互动、交流，带有生命美学的意蕴。但在《礼记·乐记》中，"物"还是侧重指社会、政治现状，从实用的角度出发，《礼记·乐记》认为：

> 乐者，音之所由生也；其本在人心之感于物也。是故其哀心感者，其声噍以杀；其乐心感者，其声啴以缓；其喜心感者，其声发以散；其怒心感者，其声粗以厉；其敬心感者，其声直以廉；其爱

心感者，其声和以柔。六者非性也，感于物而后动。是故先王慎所以感之者。故礼以道其志，乐以和其声，政以一其行，刑以防其奸。礼乐刑政，其极一也，所以同民心而出治道也。

人心感于物而有喜怒哀乐，并发而为不同的乐声，但是这里的“物”，显然不是美学意义上的自然或人文之物，而是社会、政治之现状，故后文才有“先王慎所以感之者”之语。正是由于民众因之生感的“物”，关系到国家的安危，民众之“感”反映的是政治是否清平、社会是否安定，先王才会如此谨慎、关注。另外，《礼记·乐记》也多次明白地表示音乐与道德伦理之间有直接联系：“乐者，通伦理者也”；“审乐以知政，而治道备矣”；“知乐，则几于知礼矣。礼乐皆得，谓之有德”。由于音乐与社会、政治、伦理之间有如此密切的联系，《礼记·乐记》才强调统治者(圣人)不仅要通过音乐以观政情、民情，还应以音乐为手段来教化民众：

乐也者，圣人之所乐也，而可以善民心。其感人深，其移风易俗，故先王著其教焉。

就具体的教化方式而言，《礼记·乐记》还非常重视礼、乐并用，因为二者有互补的作用。礼仪主要以规范制度、明令行止的方式进行，而音乐则主要以春风化雨、润物无声的方式进行，所谓“礼节民心，乐和民声”。就过程而言，礼仪是借由约束人的外在行为、明确尊卑贵贱，从而达到节制民心的目的，是由外而内的。音乐则通过和同人的内心情感、消弭由等级带来的距离感与疏远感，从而达到外在的和谐共处，是由内而外的，所谓“乐者为同，礼者为异”。

通观《礼记·乐记》关于文体功能的论述，经历了由物感说到反映论，再到教化论的推演过程。与此相比，董仲舒则更为直接地阐明了文体的教化功能。董氏在《天人三策》的首篇中有云：

> 圣王已没，而子孙长久安宁数百岁，此皆礼乐教化之功也。王者未作乐之时，乃用先王之乐宜于世者，而以深入教化于民。教化之情不得，《雅》、《颂》之乐不成。故王者功成作乐，乐其德也。乐者，所以变民风、化民俗也。其变人也易，其化人也著，故声发于和而本于情，接于肌肤，藏于骨髓。故王道虽微缺，而筦弦之声未衰也。夫虞氏之不为政久矣，然而乐颂遗风，犹有存者，是以孔子在齐而闻《韶》也。……凡教化不立，而万民不正也，夫万民之从利也，如水之走下，不以教化隄防之，不能止也。是故教化立而奸邪皆止者，其隄防完也；教化废而奸邪并出，刑罚不能胜者，其隄防坏也。(《汉书·董仲舒传》)

上文曾经提及，董氏在文、道关系上，完全将文视为道的工具，据此可见，工具化的表现之一就是非常关注文体的教化功能。从这段论述中可以看出，董仲舒继承了荀子的乐论思想，认为礼乐的教化功能是防止人性滑向奸邪深渊的屏障。此外，不同于荀子与《礼记·乐记》强调礼乐的教化功能与刑政的约束功能并用，董氏认为，礼乐、尤其是音乐的教化功能，是防止“奸邪并出”的唯一手段。

汉代经学的兴盛，使得对于文体教化功能的讨论，在批评家中得到广泛的共鸣，如《诗大序》有言：“故正得失，动天地，感鬼神，莫近于诗。先王以是经夫妇，成孝敬，厚人伦，美教化，移风俗。”正是强调“上以风化下”。刘向在《说苑·贵德》中以《甘棠》之诗为例道：“百姓叹其美而致其敬，甘棠之不伐也，政教恶乎不行？……诵其文章，传今不绝，德之及也。”认为召公的德政使百姓发自肺腑地对其进行讴歌，而讴歌的诗作又因为其中巨大的感化力量，能够流传百代并影响后世之人。班固在谈及赋体之功能时亦道：“或以宣上德而尽忠孝。”东汉的经学大师郑玄遍注群经时，亦将对文体教化功能的强调贯彻于注释之中，如在《仪礼·乡射礼》注中有云：“此六篇(按：即《周南》之《关雎》、

《葛覃》、《卷耳》，《召南》之《鹊巢》、《采蘩》、《采蘋》)，其风化之源也，是以合金石丝竹而歌之。"又《仪礼·乡饮酒礼》注中曰："文王作邑于丰，以故地为卿士之采地，乃分为二国：周，周公所食；召，召公所食。于时文王三分天下有其二，德化被于南土，是以其诗有仁贤之风者属之《召南》焉，有圣人之风者属之《周南》焉。夫妇之道，生民之本，王政之端，此六篇者，其教之原也，故国君其臣下及四方之宾燕用之合乐也。"就连以道家思想为主调的《淮南子》亦受到了经学的影响，在论及文体功能时注重其教化功能的实现，如《淮南子·泰族训》："(民)有喜乐之性，故有钟鼓筦弦之音……因其喜音而正雅颂之声，故风俗不流。"

随着文体学的发展，教化理论成为中国传统文体功能学的支柱理论，使其后的文体理论都反复强调文体的教化功能，并在此基础上出现了对文体功能进行划分的趋势。

二、教化论的"民间化"

汉代关于文体教化功能与讽谕功能的理论表述，常常是并列而行，即认为一种文体应该同时担当讽谕和教化两种任务，如"上以风化下，下以风刺上"；"或以抒下情而通讽谕，或以宣上德而尽忠孝"。但是在其后的文体理论中，一些批评家自觉不自觉地开始对文体的功能进行细分，将教化和讽谕功能分别赋予不同的文体。这种变化的原因主要有二：

首先是对文体功能不同取向的自觉。讽谕与教化作为两种文体功能，其作用的对象往往有较大差异。讽谕的对象主要是以君主为代表的统治阶层，而教化的对象则主要是民众。这两者在社会地位、文化水平、思想观念等方面都有巨大的差异，这使得文体在发挥不同功能的时候，其语体及风格亦会发生较大变化。讽谕之言是以下对上，考虑到对象本身的地位，以及进谏过程中可能存在的风险等问题，其在语体上趋向典雅、文言，风格上强调委婉、含蓄；教化之言是以上对下，考虑到对象本身的接受能力，也因为没有进谏过程中存在的压力和风险，因此强调语体通俗、浅显，风格的自然、活泼。考虑到中国传统文体学的尊体传统，即强调一种文体只能有一种相对稳定的语体和风格特征，这样截然相反的风格，显然很难在一种文体中同时存在。另外，传统文体学中的文体尊卑观念，也不允许诗体以通俗的语言和活泼的风格去实现教化功能。因此，在中国传统文体学的发展过程中，就逐渐确立了不同文体的基本语体和风格特征，让不同的文体发挥不同的功能。如诗、文其主导风格是委婉、含蓄，其主要对象是贵族和士大夫阶层，担当的主要文体功能就是讽谕；小说、戏曲的主导风格为浅显、自然，其主要对象是普通民众，担当的主要文体功能就是教化。诚如李渔所说：

> 曲文之词采，与诗文之词采非但不同，且要判然相反。何也？诗文之词采，贵典雅而贱粗俗，宜蕴藉而忌分明。词曲之然，话则本之街谈巷议，事则取其直说明言。(《闲情偶寄·词曲部上·词采》)

元明清的戏曲批评家在谈到戏曲文体的风格时，屡屡提及“本色”，所谓“本色”多指语体、风格的平易。冯梦龙在比较唐传奇与宋话本时亦云：“大抵唐人选言，入于文心；宋人通俗，谐于里耳。天下之文心少而里耳多，则小说之资于选言者少，而资于通俗者多。”(《古今小说序》)就非常清楚地指出，小说的受众是普通百姓，因此其文体风格应以通俗为主。

其次是文体尊卑观念的产生。魏晋南北朝时期，文体的尊卑观念就已经出现，如挚虞《文章流别论》云：“雅音之韵，四言为正，其余虽备曲折之体，而非音之正也。”“五言者……于俳谐倡乐多用之。”《文心雕龙·明诗》亦道：“四言正体，则雅润为本；五言流调，则清丽居宗。”这些言论显然都以四言体为尊，五言体为卑。这是在一体(诗体)之内分出的尊卑，而在不同文体之间，其尊卑的划分则更为明显，如明胡应麟曰：“诗至于律，已属俳优，况小词艳曲乎！宋人不能越唐而汉，而

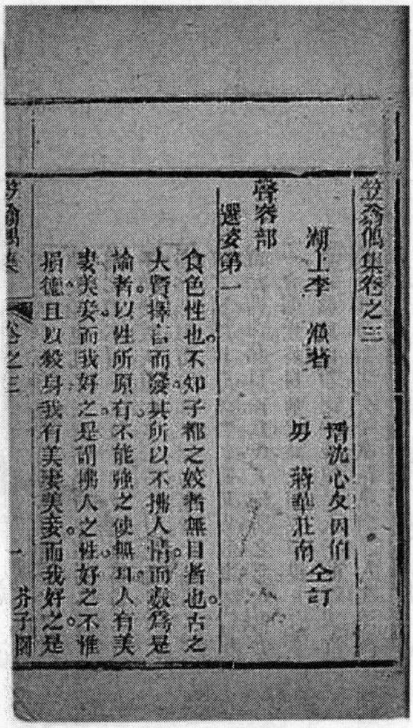

（清）李渔《闲情偶寄》

以词自名，宋所以弗振也。元人不能越宋而唐，而以曲自喜，元所以弗永也。”胡氏将文体与国力的强弱、国祚之长短联系起来自是不经之语，但从中亦可看出其文体尊卑的观念，即以诗为尊，以词、曲为卑。这种文体的尊卑观念又与社会地位的尊卑观念相结合，使得对于文体功能的认知发生了变化。批评家们认为诗体、文体因为地位崇高，宜于在庙堂之上对地位同样崇隆的君主进行讽谕，而戏曲、小说这样地位低贱的文体，则只合于草野之间对地位同样卑微的民众进行教化。

由于传统文体学对教化论作用对象，以及对文体风格影响等方面认知的深化，使得教化论天然所具有的“民间性”内涵得以凸显，同时又因为文体尊卑观念的产生，使得以“民间性”内涵为特征的教化论自然而然地与“民间性”文体——小说、戏曲走到一起，导致教化功能的论说更加频繁地出现于小说、戏曲的文体理论当中。

有关戏曲文体教化功能理论出现繁盛，应在明代以后。明代统治阶层对于戏曲的教化功能有清晰的认识：

凡乐人搬做杂剧戏文，不许妆扮历代帝王后妃、忠臣烈士、先圣先贤神像，违者杖一百；官民之家容令妆扮者同罪。其神仙道扮及义夫节妇、孝子顺孙、劝人为善者不在禁限。(《昭代王章》第三卷，《搬做杂剧》条)

永乐年间，相似的规定又被重申过。这些“王章”在规定戏曲题材的同时，也透露出对戏曲教化功能的自觉，所谓“义夫节妇、孝子顺孙、劝人为善者”均不在禁限之列，即是希望借由戏曲宣扬儒家的伦理、道德观念，达到教化民众的目的。为了配合这种官方意志，身为皇族的朱权在《太和正音谱·序》中也极力宣扬戏曲的教化理论：

夫礼乐虽出于人心，非人心之和，无以显礼乐之和；礼乐之和，自非太平之盛，无以致人心之和也。故曰：“治世之音安以乐，其政和。”是以诸贤形诸乐府，流行于世，脍炙人口，铿金戛玉，锵然播乎四裔，使鴂舌雕题之氓，垂发左衽之俗，闻者靡不忻悦。虽言有所异，其心则同，声音之感于人心大矣。

这段论述实是将汉代以来的文体教化论搬到了戏曲文体理论中，认为戏曲是民心的反映，民心之向背又主要受社会、政治状况的影响，因此戏曲在反映民心的同时，也在反映着当世的社会、政治状况，亦即“声音之道与政通”。朱权强调太平盛世的戏曲创作应该自觉遵循这种理论，多创作颂美型的作品，并寓教化于其中，使边远地区的人民也能感受到盛世气象，归心于朱明王朝。

由于官方的大力推进，戏曲文体理论中的教化论开始大量出现，如高则诚在《琵琶记》中开宗明义道：

正是不关风化体，纵好也徒然。……休论插科打诨，也不寻宫

数调，只看子孝共妻贤。(第一出[水调歌头])

将教化功能的实现视为戏曲文体水平高低的决定性标准。李开先亦强调戏曲创作应“不务虚文”，认为只有“激劝人心，感移风化，非徒作，非苟作，非无益而作之者”(《改定元贤传奇后序》)，才是真正发挥了传奇体的作用，他在说明自己选录元代传奇标准时亦云：“取其辞意高古，音调协和，与人心风教俱有激劝感移之功。尤以天分高而学力到，悟人深而体裁正者，为之本也。”吴江派的首领沈璟，其研究焦点在曲律，但是对于戏曲文体的教化功能亦有言论，如在谈到创作《埋剑记》的动机时，他说：“我思前事，作劝人群，继萧朱，追杜左，比雷陈。”吕天成在《义侠记序》中亦云：“先生(指沈璟)诸传奇命意皆主风世。”此处所说的“作劝人群”和“风世”都是指教化。就连以重视作品审美性著称的汤显祖对于戏曲的教化功能亦有详细的论述：

> 可以合君臣之节，可以浃父子之恩，可以增长幼之睦，可以动夫妇之欢，可以发宾友之仪，可以释怨毒之结，可以已愁愦之疾，可以浑庸鄙之好。然则斯道也，孝子以事其亲，敬长而娱死；仁人以此奉其尊，享帝而事鬼；老者以此终，少者以此长。外户可以不闭，嗜欲可以少营。人有此声，事有此道，疫疠不作，天下和平。岂非以人情之大窦，为名教之至乐也哉。(《宜黄县戏神清源师庙记》)

王骥德肯定发挥教化功能的戏曲作品道：

> 此方为有关世教文字。若徒取漫言，既已造化在手，而又未必其新奇可喜，亦何贵漫言为耶？……故不关风化，纵好徒然，此《琵琶》持大头脑处，《拜月》只是宣淫，端士所不与也。(《曲律·杂论第三十九》)

及至清代，黄周星谈及自己创作传奇的动机时道："一为吾生哀穷悼屈，一为世人劝善醒迷"，希望借由自己的创作以达到"人人皆生欢喜之心，动修省之念，其于世道人心，或亦不无小补"。(《人天乐自序》)洪昇在自序中表明自己创作《闹高唐》，是希望读者从中获得"择交、惩忿、报恩、反邪归正、势力不可倚、妖术不可恃、权奸之误人家国"一类的教益。李调元评明传奇《五伦全备记》道："所述皆名言，天下大伦大理，尽寓于是；言带诙谐，不失其正，盖邱文庄公(邱濬)假以劝善者。"李渔在为《香草亭》所作的序文中亦道："情文俱备而不轨乎正道，无益于劝惩，使观者听者哑然一笑而遂已者，亦终不传。"将教化功能的实现，作为衡量戏曲文体的最高标准。

需要特别指出的是，清代除了继承明代以来的戏曲教化理论，还从语体特征和人物塑造等方面论述了戏曲教化功能的实践问题。如李渔从语体的角度，分析了戏曲文体更有利于教化功能实现的原因：

> 窃怪传奇一书，昔人以代木铎。因愚夫愚妇识字知书者少，劝使为善，诫使勿恶，其道无由，故设此种文字，借优人说法，与大众齐听，谓善者如此收场，不善者如此结果，使人知所趋避，是药人寿世之方，救苦弭灾之具也。(《闲情偶寄·词典部上·结构》)

李渔此说，不仅重申戏曲的教化论，而且说明戏曲的接受对象多是文化水平低下的普通民众，故借助他们都能理解的口语来传播道德伦理观念，自然比诗、文更有利于教化功能的实现。孔尚任在《桃花扇》第十出借说书人柳敬亭之口，从人物塑造的角度谈及教化功能的实现方式："这些含冤的孝子忠臣，少不得还他个扬眉吐气；那般得意的奸雄邪党，免不了加他些人祸天诛；此乃补救之微权，亦是褒讥之妙用。"这里，孔氏提供了实现教化功能的具体方式，即通过对不同人物命运的设置，寓惩恶扬善的理念于其中，从而使观剧者在无形中受到教育。

与此相比，有关小说文体教化功能的理论发端要早得多，汉代桓谭在《新论》中就已涉及，其曰：“若其小说家，合丛残小语，近取譬喻，以作短书，治身理家，有可观之辞。”此处所说的“短书”，正是指包括寓言、神话故事与笔记俗语在内的“小说”文体。桓谭认为，小说文体虽然地位低卑，但是因为有补于“治身理家”，被称为“可观之辞”。这种理论伴随着明清小说创作的兴盛而进一步得到发展。如冯梦龙在《警世通言序》中谈及自己的创作动机时云：

> 令人为忠臣，为孝子，为贤牧，为良友，为义夫，为节妇，为树德之士，为积善之家，如是而已矣。

明确表示实现小说的教化功能是他创作的唯一目的。欣欣子在《金瓶梅》的序言中认为该书：

> 语句新奇，脍炙人口，无非明人伦，戒淫奔，分淑慝，化善恶，知盛衰消长之机，取报应轮回之事……其他关系世道风化，惩戒善恶，涤虑洗心，无不小补。……合天时者，远则子孙悠久，近则安享终身；逆天时者，身名罹丧，祸不旋踵。人之处世，虽不出乎世运代谢，然不经凶祸，不蒙耻辱者，亦幸矣。故吾曰：笑笑生作此传者，盖有所谓也。

表示《金瓶梅》通过对人物命运的设计和描写，有劝谕民众、裨补世道的作用。东吴弄珠客评《金瓶梅》亦道：“然作者亦自有意，盖为世戒，非为世劝也。”可以说，类似的序文和评语在每一部明清小说中都可觅见其踪影。

另外，小说的批评家们也更早地注意到小说文体在语言方面通俗易懂的特征，及其对于实现教化功能的巨大意义。如明人蒋大器认为《三国志通俗演义》的特色在于：

> 文不甚深，言不甚俗，事纪其实，亦庶几乎史。盖欲读诵者人人得而知之，若诗所谓里巷歌谣之义也。(《三国志通俗演义序》)

相对于官修史书的晦涩文言，小说文体“文不甚深，言不甚俗”的语言特征，不仅使粗通文字的普通大众也能读史，而且能够像《诗经》那样寓教化之义于文字之中，使读者在阅读的过程中，也能够“读到古人忠处，便思自己忠与不忠；孝处，便思自己孝与不孝”。张尚德在《三国志通俗演义引》中亦对小说的语言特征及其对实现教化功能的意义有明确论述：

> 好事者以俗近语，隐括成编，欲天下之人，入耳而通其事，因事而悟其义，因义而兴乎感，不待研精覃思，知正统必当扶，窃位必当诛，忠孝节义必当师，奸贪谀佞必当去，是是非非，了然于心目之下，裨益风教，广且大焉。

余邵鱼在《题全像列国志传引》中谈及自己的创作动机时说：“惧齐民不能悉达经传微辞奥旨，复又改为演义，以便人观览，庶几后生小子开卷批阅，虽千百年往事，莫不炳若丹青，善则知劝，恶则知戒。”清楚地表示，自己的创作正是要让晦奥的经传之义明晰化、通俗化，从而方便“后生小子”观览。这里批评家们所关注的主要是浅近自然的语言风格本身对实现教化功能的意义。

还有批评家进一步关注到因为此种语言风格产生的独特感染力对于文体教化功能实现的意义，如罗烨在《醉翁谈录》中论道：

> 说国贼怀奸从佞，遣愚夫等辈生嗔；说忠臣负屈衔冤，铁心肠也须下泪。……噇发迹话，使寒门发愤；讲负心底，令奸汉包羞。

冯梦龙《古今小说序》中言及说话人的表演能使人“再欲捉刀，再欲下拜，再欲决脰，再欲捐金；怯者勇，淫者贞，薄者敦，顽钝者汗下。虽小诵《孝经》、《论语》，其感人未必如是之捷且深也”。其在《警世通言序》中对于小说感染力有更加生动的描写：

> 里中儿代庖而创其指，不呼痛。或怪之，曰：“吾顷从玄妙观听《三国志》来，关云长利骨疗毒，且谈笑自若，我何痛为！”

此处，罗、冯二人中所说的都是形诸口传的小说，而非文本形式的小说，但是就传统小说的历史而言，口传在相当长的时间里都是小说传播的主要方式，口传的方式甚至对小说文体的语言和风格都产生了深远的影响。① 可以说，口传就是传统小说文体的组成部分之一，亦是实现小说文体功能的重要方式之一。借由口传以及说话人的生动演绎，小说文体的感染力得以大大增加，其教化的实际效果也随之增强。

需要指出的是，本书有关文体功能分化的观点只是相对而言，诗、文担当美刺功能，小说、戏曲担当教化功能的理论是就其大体而言，并不意味着诗、文就不具教化功能，而小说、戏曲也不具美刺功能。实际上，早在汉代班固就曾提及小说的讽谏功能：“小说家者流，盖出于稗官。街谈巷语，道听途说者之所造也。孔子曰：‘虽小道，必有可观者焉！致远恐泥，是以君子弗为也。’然亦弗灭也。闾里小知者之所及，亦使缀而不忘。如或一言可采，此亦刍荛狂夫之议也。”所谓“一言可采”，即是认为小说也与采诗官所采民间歌谣一样，有讽谕君主、裨补时政的作用，这就是从讽谏的角度认识小说的文体功能。金圣叹也曾有言：“为此书者，吾则不知其胸中有何等冤苦而为如此设言。然以贤如

① 在传统的话本小说乃至后来的章回体小说中，都可明显地看到说话这种表演形式对于小说文体的影响，如在结构上，话本小说中的“得胜头回”(正文之前的小故事)和章回体小说中的“卷头诗”，都直接取自于说话的表演形式。在语言上，小说中常见的“看官”、“下回分解”、“一张嘴难说两家话”、“花开两朵，单表一枝”等程式化的语言也来自说话。

孟子，犹未免于大醇小疵之讥，其何责于稗官?”金氏认为《水浒传》是作者发愤之作，其批评的矛头直指统治阶层。在具体的章回评论中，他亦指出作者“于道君皇帝每多微词焉”。说明金圣叹对小说文体的讽谏功能也有所体认。在戏曲方面，杨维桢是比较早从正面论及戏曲讽谏功能的理论家，他在《朱明优戏序》中道：“百戏有鱼龙、角抵、高絙……而皆不如俳优侏儒之戏，或有关于讽谏而非徒为一时耳目之玩也。”(《东维子文集》)他认为与其他百戏相比，戏曲因为讽谏功能，所以显得特别有价值，他也因此非常欣赏朱明氏的傀儡戏，认为“于降臣辟民之际，不无讽谏所系”。另外在有些情况下，文体的教化与美刺功能是同时实现的，如上文所举朱权《太和正音谱·序》的例子中，他要求戏曲一方面颂美盛世，一方面教化民众，认为颂美盛世有益于民心的归化，而民心的归化亦有助于盛世的实现，两者是一而二、二而一的问题。

第七章　秩序的建立：文体批评倾向中的经学本体意识

经学对于文体批评的影响，除了使其关注文体的实用性功能，从而生成了明道、美刺、教化的功能论，还养成了其尊古、崇雅、尚简的倾向。

第一节　文体批评中的“尊古”倾向

“尊古”之“尊”，既有尊重的意思，也有遵从的意思。所谓尊重，就是以古为贵；所谓遵从，就是以古为法。文体批评理论形态中“尊古”倾向的形成，主要是受到经学“尊古”思想的影响，产生了“以古为贵”、“以古为法”的倾向。另外，宗经思想也在其中起到了重要作用，由于诸经文体产生的时代都比较久远，因此批评家们在宗经的同时，也激发起了崇古的意识。文体批评理论形态中“尊古”倾向的具体表现主要有两点：一是文体上以古体为尊，以近体为卑；二是语体、风格上的复古诉求。

一、经学“尊古”思想的形成

经学“尊古”思想的形成应该追溯到先秦儒家。先秦儒家思想上的一个显著特征就是有尊古倾向，孔子的终身理想就是恢复西周之礼法制度，所谓“周监于二代，郁郁乎文哉，吾从周”。孔子热衷于恢复周礼的根本目的是希望用礼法制度扭转春秋“礼崩乐坏”的乱世局面，而现实层面恢复周礼实践的失败使得孔子转而从思想层面传播和推广周礼文化，并进而形成了其思想上“尊古”、“好古”的倾向，这在他的自述之中并不鲜见，如：“古者言之不出，耻恭之不逮也。”(《里仁》)“述而不作，信而好古。”(《述而》)“我非生而知之者，好古，敏以求之者也。”(《述而》)对于制度以及伦理问题的讨论，孔子也经常引“古”为据，如在讨论射礼与力役制度时，孔子有云：“射不主皮，为力不同科，古之道也。”(《八佾》)在讨论居丧之礼时，面对子张“高宗谅阴，三年不言”的疑问，孔子引古礼答曰：“何必高宗，古之人皆然。君薨，百官总己以听于冢宰，三年。”(《宪问》)孔子的好古之情在今古对比的言论中，表现得尤为明显，如：“古之学者者为己，今之学者为人。”(《宪问》)“古者民有三疾，今也或是之亡也。古之狂也肆，今之狂也荡；古之矜也廉，今之矜也忿戾；古之愚也直，今之愚也诈而已矣。”(《阳货》)可见，不但古人的优点今人难及，就是古人的缺点也比今人来得实在自然。

孔子的尊古倾向自然也影响到了后世的儒家弟子，如曾子倡导“慎终追远”，在强调慎重于丧葬、祭祀之仪的同时，也包含着尊古的思想倾向。孟子论道，亦频引古事为据，如《梁惠王上》中引古代贤王事迹说明与民同乐的道理，《公孙丑下》中以古制说明丧葬既要“尽心”又需“量力”的道理，《滕文公上》中不仅记载孟子引三代旧制说明税收和学校制度之事，更以赞誉的口吻说孟子“言必称尧舜”。在今古对比上，亦表现出“厚古薄今”的态度：

> 古之君子，过则改之；今之君子，过则顺之。古之君子，其过也，如日月之食，民皆见之；及其更也，民皆仰之。今之君子，岂徒顺之，又从为之辞。(《孟子·公孙丑下》)

就连公认“法后王”的代表荀子亦多有复古之论，如《荀子》开篇即言：“不闻先王之遗言，不知学问之大也。”(《劝学篇》)又云：“将原先王，

孟子像

本仁义，则礼正其经纬蹊径也”。(《劝学篇》)在《非相篇》，荀子更直言：“凡言不合先王，不顺礼义，谓之奸言”。

此外，在诸经中，对于三代乃至上古时代的赞美和追慕之情更是随处可见，三代旧制、先王遗训更成为立论最可依傍的证据，以《礼记》为例，其中《乐记》一篇提到“先王”凡 17 处，① 可以说，处处以“先王”为榜样，如：

> 是故先王慎所以感之者。故礼以道其志，乐以和其声，政以一其行，刑以防其奸。礼乐刑政，其极一也，所以同民心而出治道也。
>
> 是故先王之制礼乐也，非以极口腹耳目之欲也，将以教民平好恶而反人道之正也。

---

① 《乐记》一篇的结集时间，现在一般认为是在汉代以后，但是其中的很多具体的论述应该出自先秦人之手，只是到了汉代才将其辑于一体。

是故先王之制礼乐，人为之节，衰麻哭泣，所以节丧纪也；钟鼓干戚，所以和安乐也；昏姻冠笄，所以别男女也；射乡食飨，所以正交接也。

夫乐者，先王之所以饰喜也，军、旅、鈇、钺者，先王之所以饰怒也。故先王之喜怒，皆得其侪焉。喜则天下和之，怒则暴乱者畏之。先王之道，礼乐可谓盛矣。

由于先秦儒家思想本身极其浓厚的“尊古”倾向，至汉代经学兴起之后，儒家“尊古”思想亦借由诸经深深扎根于经学之中。

西汉经学的代表人物董仲舒，其思想的核心就是“奉天法古”，他认为：

《春秋》之道，奉天而法古。是故虽有巧手，弗修规矩，不能正方圆；虽有察耳，不吹六律，不能定五音；虽有知心，不览先王，不能平天下；然则先王之遗道，亦天下之规矩六律已。故圣者法天，贤者法圣……天下无二道，故圣人异治同理也，古今通达，故先贤传其法于后世也。春秋之于世事也，善复古，讥易常，欲其法先王也。（《春秋繁露·楚庄王》）

董仲舒引《春秋》为据，说明“法古”是行王道之正。同时，针对改制派提出的“王者必改制”的观点，董仲舒斥其为“闻其名，而不知其实”的皮相之论。他认为所谓“改制”只是为了顺应天意表明“非继前王”的一种仪式，其具体内容包括“徙居处、更称号、改正朔、易服色”，但“大纲、人伦、道理、政治、教化，习俗、文义”等核心的内容则应“尽如其故”，不可更改，“故王者有改制之名，无易道之实”。董氏的理论可说是“天不变，道亦不变”的最初版本，董仲舒在这里不仅重申了儒家的尊古思想，而且对改制思想进行了有意识的曲解，实际上是变相地否定了与尊古相对立的创新思想。

从西汉另一位经学大师刘歆的言谈中，我们亦可以感受到强烈的尊古的情结。他在《移太常博士书》中针对今文博士拒绝将古文经纳为官方学说，反驳道：

且此数家之事，皆先帝所亲论，今上所考视，其为古文旧书，皆有征验，内外相应，岂苟而已哉！夫礼失求之于野，古文不犹愈于野乎！

刘氏认为古文经都是用古时文字写成，在时间上更为久远，因此比靠民间口传而成的今文经更为可信。此处，刘歆说“古文旧书，皆有征验”，实际上他所说的征验，除了提出古文经是鲁共王破孔庙壁所得，以及有孔安国作传之外，并没有提出新的证据证明古文经的可靠性。刘歆立论的最大依据实则就是他潜意识中的“崇古”、“尊古”思想。在他看来，凡是古的必是真理，必然可靠。另外，从他讽刺今文博士的话中，亦可看出他的“尊古”思想：

分文析字，烦言碎辞，学者罢老，且不能究其一艺，信口说而背传记，是末师而非往古。

他认为今文经的学者们没有将研究放在复明古义，而沉溺于琐碎的辞句解释是舍本逐末的行为。

此外，从一些反例中也可以看到汉代经学“尊古”思想的盛行，如王充有言：

夫俗好珍古不贵今，谓今之文不如古书。夫古今一也，才有高下，言有是非，不论善恶而徒贵古，是谓古人贤今人也。……盖才有浅深，无有古今；文有伪真，无有故新。(《论衡·案书》)

从“俗好珍古不贵今”的“俗”字中，可以看出当时“厚古薄今”是一种在社会上普遍存在的价值取向，王充的论述之所以显得突兀，正是因为其理论挑战了人们的常识。《汉书·元帝本纪》中载宣帝批评儒家之语道：“俗儒不达时宜，好是古非今”，亦是典型的反例。而当时的社会各阶层之所以普遍持“厚古薄今”之观念，当是得力于经学家们的极力宣扬。

值得一提的是，经学“尊古”思想的形成，除了受到儒家传统的影响之外，还应是受到了中国先秦以来文化大环境以及批判法家思潮的影响。就先秦文化与思想的状况而言，虽然诸子百家对于“尊古”与“革新”的问题有各自的看法，但就其大体趋势而言，“尊古”无疑是主流。除了儒家是典型的尊古派，道家亦持尊古的观念。《道德经》五千言中可以明显地感受到老子对于当时物质和思想文化的鄙弃，所谓“五色令人目盲；五音令人耳聋；五味令人口爽；驰骋畋猎，令人心发狂；难得之货，令人行妨”。“大道废，有仁义；智慧出，有大伪；六亲不和，有孝慈；国家昏乱，有忠臣。”“人多利器，国家滋错；人多伎巧，奇物滋起；法令滋彰，盗贼多有。”同样，庄子在其著作中同样表现了对当代社会状态和文化的蔑视，如他在《齐物论》一篇言道：

> 古之人其知有所至矣。恶乎至？有以为未始有物者，至矣，尽矣，不可以加矣。其次以为有物矣，而未始有封也。其次以为有封焉，而未始有是非也，是非之彰也，道之所以亏也。

否定当世的同时，老、庄都对远古社会充满了向往之情，庄子认为最完美的社会就是远古的自然之世，用庄子的话讲，就是“至德之世”。道家的思想总体上表现出一种“复归”的精神，即老子所说：“万物并作，吾以观复。夫物芸芸，各复归其根，归根曰静，是谓复命，复命曰常，知常曰明，不知常妄作凶。”从社会状态而言，是由纷争的当代社会回归平静、安宁的上古社会；从思想状态而言，是由物欲蒙蔽的混沌状态回归淡泊虚静的澄明状态。先秦的另一大思想流派墨家，在有些方面也持尊古、复古的主张。如墨子论“兼爱”便以大禹、文王、武王为例，说明“兼爱”之可行。所谓“兼相爱，交相利。此圣王之法，天下之治道也，不可不务为也”。(《墨子·兼爱中》)意谓要向古代的圣王学习“兼爱”之道，从“交相害”的当代乱世回归“兼相爱”的上古太平之世。在论述“非攻”之时，墨子对古、今进行对比云：“古之仁人有天下者，必反大国之说，一天下之和，总四海之内，焉率天下之百姓，以家臣事上帝山川鬼神。……此则知者之道也，先王之所以有天下者也。今王公大人天下之诸侯则不然，将必皆差论其爪牙之士，比列其舟车之卒伍，于此为坚甲利兵，以往攻伐无罪之国。”(《墨子·非攻下》)古今对比之下，墨子自然希望今之王公大人向古之先王学习，罢兵息战。①

秦汉易代之际，一部分是为了吸取秦亡的教训，一部分是为了划清与秦朝的界限，汉代统治者对秦人所奉行的法家思想进行了深入的批判，并形成了一股思潮，凡是涉及秦朝与法家者，多在汉代经学家的批评之列，法家的诸多理论自然也不能例外，因此法家所持的“治世不一道，便国不法古”、“不期修古，不法常可”等反对尊古、复古的观念，自然遭到汉代经学家们的强烈反对，其表现之一就是经学家们刻意强调自身理论的尊古倾向。

就具体的研究内容而言，经学家们所倡导的“尊古”仅指尊儒家之古，但是经学家们在思想上所抱持的“尊古”倾向的确立，应是先秦以来各种尊古思潮共同作用的结果。

二、尊古抑今：古体为尊、近体为卑

经学复古思想对文体学的影响之一，就是形成了以古体为尊、以近

① 虽然此处所言诸家均具有“复古”思想，但并不代表他们的“复古”思想完全相同。实际上，儒道墨诸家就“复古”的内容而言，有很大的差异，如儒家的复古主要是要恢复周代礼制，道家的复古则关注从精神和人性层面回归上古社会宁静和质朴的状态，墨家的复古则偏重在某些社会制度和文化层面，而并非要求全盘的复古。(如墨家所说的“尚同”就不是复古思想)

体为卑的观念，其原因有三：首先，由于古体产生的时间都较为古远，本着来自经学的"尊古"、"好古"心态，在文体批评中产生了推崇古体的倾向；其次，古体大多出自诸经，或者与诸经关系密切，批评家们因"宗经"激发起"崇古"的意识，也对文体尊卑观的形成有较大作用；再次，经学所推崇的明道、讽谕功能，在古体中发挥得较为充分，而在近体中则较少出现，也推动了古体为尊、近体为卑观念的产生。

文体尊卑观在汉代已经萌芽，如扬雄有云：

> 舍舟航而济乎渎者，末矣。舍《五经》而济乎道者，末矣。(《法言·吾子》)
>
> 或曰："良玉不雕，美言不文，何谓也?"曰："玉不雕，玙璠不作器；言不文，典谟不作经。"(《法言·寡见》)

扬氏认为诸经文体既是儒家之道的唯一载体，又是言而有文的典范，结合这种论述，我们再看看他对汉大赋"丽而淫"、"劝百讽一"的批评，显然扬雄是以诸经文体为尊，以汉赋为卑。扬氏之所以有此判断，既因他有尊古的心态，宗经的观念，还在于他认为诸经文体更好地发挥了明道的文体功能。

及至六朝，文体的尊卑观念已经相当明晰。如挚虞《文章流别论》所言："雅音之韵，四言为正，其余虽备曲折之体，而非音之正也。"显然，就诗体这一大类而言，挚氏以四言为尊体，① 其余均为卑体。挚虞认为："文章者，所以宣上下之象，明人伦之叙，穷理尽性，以究万物之宜者也。"以这个标准来衡量两汉以及曹魏时期诗体的创作实践，他认为四言诗体更好地担当了明道的功能，而五、七言体则更多地发挥其娱乐功能，所谓"于俳谐倡乐多用之"，这是挚虞以四言体为尊的主要

---

① "尊体"一词，有两种含义，一指在诸体之中，以某体为尊，其反义词是卑体；一指尊重、遵循一种文体的基本格调，其反义词是破体。此处用前一义。

原因所在。另外，挚氏虽然认为从三言到九言，都来自于《诗经》，但其中只有四言体是《诗经》之正体，而其他诸体都是偶一为之，因此单就与《诗经》的关系看，也是四言更为密切。需要特别指出的是，挚虞在这里已经明确地提到了不同文体担负不同功能的问题，如四言体主要担负对公的讽谕功能，其基本格调是庄重的、严肃的，而五、七言体则担负对私的娱乐功能，其基本格调是自由的、活泼的。如此一来，四言体因为有庙堂文学的光环，地位自然要尊贵得多。

与此相类，刘勰在《文心雕龙·明诗》中亦云："若夫四言正体，则雅润为本；五言流调，则清丽居宗。"同样以四言为尊，以五言为卑。刘勰这样说，既是其宗经观念所致，同时也与挚氏一样，认为四、五言诗体从基本格调而言，就是不同的。四言是正体，基本格调是雅润；五言是变体，基本格调是清丽。单就格调来看，雅润的"庙堂"气息、"贵族"气息就比清丽要明显，四言体比五言体要尊贵自不待言。

不过，挚、刘等人虽然推崇四言为尊体，但却不能否认，六朝时期五言诗的创作早已取代四言诗成为了主流，因此，如何合理地解释卑体取代尊体就成了摆在批评家们面前的一道难题。刘勰解决这一难题的方法是从诸经中找依据，所谓：

> 召南行露，始肇半章；孺子沧浪，亦有全曲；暇豫优歌，远见春秋；邪径童谣，近在成世；阅时取证，则五言久矣。(《文心雕龙·明诗》)

刘彦和试图以此证明五言体虽卑于四言诗体，但其存在的时间也很古远，且与诸经关系密切，这样就大大提高了五言体的地位，从而就能解释它何以取代四言体成为诗坛的主流。此举虽有牵强附会之嫌，但也正说明刘勰宗经、尊古的倾向。

孟棨《本事诗》曾载李白之言道："兴寄深微，五言不如四言，七言又其靡也。"所谓"兴寄深微"，指来自《诗经》的比兴手法及讽谕功能，李白认为这两个方面，四言体比五言体、七言体都要强，实际上，就其个人的创作实践而言，太白此言难以成立，然李白仍持此说，还在于他的“崇古”、“好古”的意识。另一位唐代诗人元结不仅在理论上将古体诗(尤其是四言诗)誉为“金石”之音，目近体诗为“拘限声病，喜尚形似”之体，而且在创作上亦忠实贯彻他的“尊古”主张，多作四言诗，并完全回避近体诗。元稹《进诗状》亦云：

> 自古风诗至古今乐府，稍存寄兴，颇近讴谣，虽无作者之风，粗中道人之采。自律诗百韵至于两韵七言，或因朋友戏投，或以悲欢自遣，既无六义，皆出一时，词旨繁芜，倍增渐恐。

元氏以自己所作的古风、古今乐府等古体诗为尊，以律诗为卑，其依据就是其古风、古今乐府继承了《诗经》六义的精神，重视诗体的讽谕功能。与此相比，律诗则多为遣怀和游戏之作，与《诗经》的文体特征相去甚远，因此以古体为尊，律体为卑。元稹此论实是对挚虞、刘勰二人文体功能论的继承。

朱熹在《答巩仲至第四书》中提出诗体“三变”说，亦表现出了以古体为尊的倾向：

> 古今之诗凡三变。盖自书传所记，虞夏以来，下及魏晋，自为一等。自晋、宋间颜、谢以后，下及唐初，自为一等。自沈、宋以后，定著律诗，下及今日，又为一等。然自唐初以前，其为诗者固有高下，而法犹未变，至律诗出，而后诗之与法，始皆大变，以至今日，益巧益密，而无复古人之风矣。

朱熹认为，三代以至唐初，虽然水平固然有高下之分，但是总体上还是以古体诗为主，但是到了唐初，随着沈佺期、宋之问等人作品的流行和备受推崇，律诗取代古风成为创作的主流，诗体的文风走上了“益巧益密”的不归之路。朱熹显是以古体为尊，以律体为卑，而且就古体本身而言，又以三代至魏晋为高，晋宋至唐初为卑，其持论的基调是愈古愈高。

胡应麟认为：

> 诗至于唐而格备，至于绝而体穷。故宋人不得不变而之词，元人不得不变而之曲。词胜而诗亡矣，曲胜而词亦亡矣。(《诗薮·内篇》卷一)
>
> 四言不能不变而五言，古风不能不变而近体，势也，亦时也。然诗至于律，已属俳优，况小词艳曲乎！宋人不能越唐而汉，而以词自名，宋所以弗振也。元人不能越宋而唐，而以曲自喜，元所以弗永也。(《诗薮·内篇》卷二)

听胡氏的口气，显是持文体“退化观”，即认为五言不如四言，近体不如古风，词曲又不如近体。他对以上文体尊卑序次的安排，既依据它们产生时间的远近，又带有宗经的色彩。胡应麟虽然无奈地承认文体的变化是时代的必然趋势，但他并不愿肯定其合理性，甚至认为宋之“弗振”、元之“弗永”正是因为他们崇尚词、曲这样卑俗、淫艳的文体，把国力强弱、国祚长短的问题与文体、文风相联系，这说明他在考虑文体尊卑的时候，也将讽谕、劝谏功能的发挥程度作为了评定的标准之一。

除了具体的批评实践之外，传统文体学中的“古尊近卑”思想还通过编选文集的方式表现出来，如姚铉编《唐文粹》，按照《四库总目》的说法是：“文赋惟取古体，而四六之文不录。诗歌惟取古体，而五、七言近体不录。”真德秀的《文章正宗》与四六、词曲等近体亦是皆不收录。这都体现出了以古体为尊的观念。吴讷编《文章辨体》虽然收录了四六、律赋、词曲等近体，但是将其另辟一辑附属于古体系统的古文、古诗、古乐府以及各种应用文体之后。

> 四六为古文之变，律赋杂体为古诗之变；词曲为古乐府之变。西山《文章正宗》凡变体文辞，皆不收录；东莱《文鉴》，则并载焉，今遵其意。复辑四六对偶及律诗、歌曲共五卷，名曰《外集》，附于五十卷之后，以备众体，且以著文辞世变云。（《文章辨体·凡例》）

这种明显带有歧视意味的分类方法，正是因为古文、古诗等是正体，地位尊贵，而四六、律赋等是变体，地位卑下，尊卑之体不能混编于一集之中。吴讷以古文、古诗、古乐府为尊的重要依据正是这些文体产生的时代较为久远，与诸经的关系较为密切，而且从他“作文以关世教为主”的观点来看，自然认为古体更宜于讽谕、教化功能的实现，故而尊之；而四六、词曲等体产生的时代既近，与诸经的关系又较疏远，且多娱乐、游戏之作，自然没有与古文、古诗平起平坐的资格。

另外，需要特别指出的是，在中国传统文体批评理论中，虽然就总体而言，尊体与卑体之间相互不能混淆，但是也存在着一条“破体通例”，即允许以尊体（古体）入卑体（近体），禁止以卑体入尊体。① 如李东阳云：“古诗与律不同体，必各用其体，乃为合格，然律犹可间出古意，古不可涉律。古涉律调，如谢灵运‘池塘生春草’、‘红药当阶翻’，虽一时传诵，固已移于流俗而不自觉。若孟浩然‘一杯还一曲，不觉夕阳沉’……乃律间出古，要自不厌也。”（《怀麓堂诗话》）王世贞亦云：“古乐府、《选》体、歌行，有可入律者，有不可入律者，句法、字法皆然。惟近体必不可入古耳。”古诗和律体，一为尊体，一为卑体，原则上本是不能相通的，但是因为古体的地位比律体高，故可以将其语体特色移入到律体当中，从而提高律体的地位。但是反之则不可，因为那样

① 此一观点引自吴承学《从破体为文看古人审美的价值取向》（《学术研究》1989年第5期）一文。

就意味着降低古体的地位。这是在一体之间，即都在诗体这个大类之中是如此，如果将之扩大到不同的文体大类之间，同样适用，如以诗入词可，以词入诗则不可，同样是因为诗体的地位比词体高。"破体通例"从反面证明了以古体为尊，以近体为卑的观念。

三、功能、风格、语体：文体复古的三种诉求

"复古"无疑是中国文学史和文学批评史的一个关键词，它在不同的时代背景下经由众多的文坛领军人物反复提出，但是这些"复古"论的内涵却并不相同。就文体领域的复古论而言，大致体现了三种诉求：一类是从文体功能角度提倡复古，希望发挥古文、古诗在明道、教化方面的优势，藉由复古来扭转颓靡的文风，并消除这种文风对庙堂政治、社会风气带来的危害；一类是从风格角度提倡复古，即以审美的眼光审视古文、古诗，希望能回归雄浑、古朴、富有气势的古风；一类是从语体的角度提倡复古，即从古诗文中提炼出各种写作的法则、规矩，要求后学在作文、作诗时严依古法。这三种诉求中，前一种是典型经学本体意识的产物，后两处虽然与经学实用主义的特征有所疏离，但亦是在经学熏陶下产生的，可视为经学化美学的产物。另外，有些批评家的复古诉求呈现出多元化的特征，但往往有侧重点，即主要倡导其中之一，而兼及了另外两者。

从文体功能角度提倡复古理论出现得最早，如扬雄就明确提出：

> 书不经，非书也。言不经，非言也。方者不经，多多赘矣！（《法言·问神》）

将诸经作为文体实践的典范。扬雄这样做的目的主要是想通过改良文风，来达到改良政风的目的。西汉末年，政权处于风雨飘摇之中，一面是统治阶层的"大兴徭役，重增赋敛"（《汉书·谷永传》）；一面是暴政

之下百姓的凋敝，所谓“民七亡而无一得”，“七死而无一生”。①（《汉书·鲍宣传》）面对如此局面，胸怀天下的扬雄希望自己能够有所作为，这从《法言》中他以孟子自况可以看出：

> 古者杨墨塞路，孟子辞而辟之，廓如也。后之塞路者有矣，窃自比于孟子。（《法言·吾子》）

他希望继承孟子之道统，用自己的学说、著作去廓清乱局。具体到文体领域而言，就是强调发挥文体的讽谕、劝谏功能，唤醒统治阶层，进而改良政风，挽救危局。正是出于这样的目的，他才对汉赋的“文丽用寡”、“劝百讽一”强烈不满，并要求为文要学习诸经的讽谕功能。当然，扬雄的复古诉求中也包含了对诸经浑大、古朴文风的欣赏，如他论《尚书》风格道：“虞、夏之《书》浑浑尔，《商书》灏灏尔，《周书》噩噩尔。下周者，其书谯乎！”（《法言·问神》）李轨注解“浑浑”为“深大”，“灏灏”为“夷旷”，“噩噩”为“不阿借”，② “谯”为“酷烈”。③ 可见，扬雄非常欣赏《尚书》浑大、古朴的风格特征，并认为自秦以下，文风陵夷，走上了酷烈、烦苛一路，去《尚书》远矣。但是就其诉求的主体来

① 《汉书·鲍宣传》载：“民有七亡：阴阳不和，水旱为灾，一亡也；县官重责更赋租税，二亡也；贪吏并公，受取不已，三亡也；豪强大姓蚕食亡厌，四亡也；苛吏徭役，失农桑时，五亡也；部落鼓鸣，男女遮列，六亡也；盗贼劫略，取民财物，七亡也。七亡尚可，又有七死：酷吏殴杀，一死也；治狱深刻，二死也；冤陷亡辜，三死也；盗贼横发，四死也；怨雠相残，五死也；岁恶饥饿，六死也；时气疾疫，七死也。民有七亡而无一得，欲望国安，诚难；民有七死而无一生，欲望刑措，诚难。”

② 汪荣宝疏曰：“《汉书·韦贤传》‘咢咢黄发’，颜注云：‘直言也。’‘噩’即‘咢’字，《文选·韦孟谏诗》作‘谔谔’，李注云：‘正直貌。’不阿借即正直之义。”（参看汪荣宝：《法言义疏》，中华书局1987年版，第156页）

③ 汪荣宝疏曰：“《音义》引《诗传》云：‘谯，杀也。杀，所戒切。故注云酷烈。’所引《诗传》，《鸱鸮毛传》文。《说文》：‘谯，娆譊也。’娆譊叠韵连语，烦苛之意，与酷烈义近。秦书酷烈，谓若始皇、二世诏令及诸刻石之辞，陗厉峻急，无复三代遗意。”（参看汪荣宝：《法言义疏》，中华书局1987年版，第156页）

说，还是希望借由效法诸经，发挥文体的明道、讽谕功能，以改良文风、政风。

南朝的裴子野是那个时代较少的崇尚复古的文章家，他将楚辞、汉赋视作绮艳文风之祖，并对此后的作家、作品多持否定态度，批评其文风"思存枝叶，繁华蕴藻……淫文破典，斐尔为功"。而根据《梁书》本传的记载，裴子野本人的创作是"不尚丽靡之词，其制作多法古，与今文体异"。可见，裴氏从理论和创作实践上，都坚持回归古风。但裴氏倡言复古的主旨还在于发挥文章的经世功能，他将文风与世道、政治相联系，并引荀子之言道："乱代之征，文章匿而采。"《雕虫论》认为不良的文风会对世道人心乃至庙堂政治产生负面的影响。这种说法实际上是继承了自荀子、《礼记·乐记》乃至《诗大序》以来，关于"乱世之音"与世道、政治相关联的理论，希望通过文风的复古，消除不良文风对社会各方面带来的消极影响。

在北朝，西魏的宇文泰、苏绰等人的复古理论与裴子野形成了呼应之势，为了抵制南朝靡丽文风的不良影响，宇文泰竟以官方的形式规定，朝堂公文必须以苏绰模仿《尚书》所写的《大诰》为范例，《周书·苏绰传》载：

> 自有晋之际，文章竞为服华，遂成风俗。太祖欲革其弊，因魏帝祭庙，群臣毕至，乃命绰为《大诰》，奏行之。……自是以后，文笔皆依此体。

苏绰所作的《大诰》完全效仿《尚书》古奥晦涩的风格，其中如"皇帝若曰"、"惟台一人"、"莫违朕命，时汝功"、"克绥我万方"等更是从句式上对《尚书》亦步亦趋的模仿。宇、苏在文体方面的复古，是他们政治制度、文化生活等一系列复古运动的一部分，这一复古运动以恢复周礼、"崇尚儒术"、"反风俗复古始"(《周书·文帝本纪》)为口号，希望借此来开创政治和社会生活的新局面，争取关中汉族的支持，并与被视为正朔所在的南朝争夺文化上的正统地位。他们对南朝传播过来的绮艳文风颇为不满,① 部分是因为这种文风与其复古的诉求相左，部分是因为对南朝在文化上的强势地位持有敌意和戒心。

隋朝初年李谔亦从政治着眼大力倡导文体的复古，这首先体现在他对六朝华靡文风的抨击上：

> 魏之三祖，更尚文词，忽君人之大道，好雕虫之小艺。下之从上，有同影响，竞骋文华，遂成风俗。江左齐梁，其弊弥甚……竞一韵之奇，争一字之巧。连篇累牍，不出月露之形；积案盈箱，唯是风云之状。(《隋书·李谔传》)

李谔提出只有《诗》、《书》、《礼》、《易》才是“道义之门”，要求为文应以诸经为鹄的，发挥明道的功能。他与裴子野一样，提出“文笔日繁，其政日乱”，将文风与政治相联系，认为一任六朝华艳的文风发展下去，将会对政治乃至社会风气产生极大的危害。

及至唐初，王勃亦认为文章与政治有密切关系，并将曹魏和南朝宋的灭亡归咎于对雕缛文风的倡导，认为文章的作用在于“甄明大义，矫正末流”：

> 屈、宋导浇源于前，枚、马张淫风于后。谈人主者以宫室苑囿为雄，叙名流者以沉酗骄奢为达。故魏文用之而中国衰，宋武贵之而江东乱。(《上吏部裴侍郎启》)

这种反复从文体与政治关系角度倡导复古的理论趋向，终于在陈子昂这里发生了变化，即由对文体明道功能的关注开始转向对风格之美的关

---

① 苏绰形容南朝文风对北朝的影响：“近代以来，文章华靡，逮于江左，弥得轻薄，洛阳后进，祖述不已。”(《周书·柳庆传》)

注，如陈氏在《与东方左史虬修竹篇序》中有言：

> 文章道弊五百年矣。汉、魏风骨，晋、宋莫传……齐、梁间诗，彩丽竞繁，而兴寄都绝。

所谓"汉魏风骨"，就风格层面而言，应是指汉、魏诗风中劲健、爽朗的特征。陈子昂虽然也谈到了诗体的兴寄问题，但是他显然更关注诗风本身的改善。殷璠在《河岳英灵集序》中也提出"风骨"一词，他批评南朝的诗作"都无兴象，但贵轻艳"，认为只有到了盛唐以后，诗风才重归"风骨"。从《河岳英灵集》序文的总体基调看，也是从纯文学的意义上讨论南朝至盛唐诗歌的发展得失，因此，殷氏所说的"风骨"其意义应与陈子昂相类。

中唐古文运动的整个过程中，其复古的内涵也从整体上呈现出由实用向审美的转换。在古文运动开展之初，依然只关注文体的明道功能，如古文运动的先驱之一萧颖士强调作文的根本意义在于"激扬雅训、彰宣事实"，重申了汉代经学家所倡导的发挥文体教化、明道功能的理论。依据此一标准，他批评骈文"局夫俪偶，放于奇靡"，倡言回归质实的文风。这从他对历代文士的评价中亦可看出：

> 颖士数称班彪、皇甫谧、张华、刘琨、潘尼能尚古，而混流俗不自振，曹植、陆机所不逮也；又言裴子野善著书。(《新唐书·萧颖士传》)

班、张诸人就一般文学史的评价而言，其地位并不能与曹、陆相敌，但萧颖士因为这些文士的"尚古"文风，将其排在偏于绮丽的曹、陆之前。对于南朝文士，萧颖士更是仅许裴子野一人，也因南朝文风华丽，独有裴氏独树一帜，为文以追慕古风为目标。而萧氏所谓的"尚古"，虽然带有对古体散文质朴风格的推崇，但更为重要的是，相比形式上有诸多限制的骈偶文体，古体散文更适合用于说理、明道，所以他的复古主张并不是从文学本身出发，而是以能否有益于政治、世道为标准。

到了韩愈，则开始更多地从审美的角度着眼，如他在谈及古文的学习对象时，除了诸经之外，还举出了《庄》、《骚》和扬雄、司马相如的汉赋：

> 《春秋》谨严，《左氏》浮夸，《易》奇而法，《诗》正而葩。下逮《庄》、《骚》，太史所录，子云、相如，同工异曲。先生之于文，可谓闳其中而肆其外矣。(《进学解》)

在一般的经学家眼中，庄散、屈骚和汉大赋都被认为是文风淫丽的始作俑者，是不能置入范文之列的，但是韩愈却对这些大家的文章非常欣赏，如在《答崔立之书》中将屈原、司马迁、司马相如、扬雄与孟子并称为豪杰之士，此外，韩愈还对西汉文士尤为重视，如：

> 汉朝人莫不能文，独司马相如、太史公、刘向、扬雄为之最。(《答刘正夫书》)
>
> 汉之时，司马迁、相如、扬雄，最其善鸣者也。(《送孟东野序》)

可见，韩愈的"复古"主张，主要是想以富有气势的古文来取代"绣绘雕琢"的骈文。虽然韩愈以道统继承人自居，论文也谈载道，但其论文之重点和亮点还在对文体风格的讨论上。另外一位古文运动的领袖柳宗元也是如此，如他论学习古文之法道：

> 本之《书》以求其质，本之《诗》以求其恒，本之《礼》以求其宜，本之《春秋》以求其断，本之《易》以求其动，此吾所以取道之原也。参之《谷梁氏》以厉其气，参之《孟》、《荀》以畅其支，参之《庄》、《老》以肆其端，参之《国语》以博其趣，参之《离骚》以致其

韩愈像

幽，参之《太史公》以著其洁，此吾所以旁推交通而以为之文也。（《答韦中立论师道书》）

除了诸经之外，他与韩愈一样，还罗列了《庄》、《骚》等被经学家视为异端的作品，而且，柳氏也非常欣赏西汉文章：

文之近古而尤壮丽，莫若汉之西京。……殷周之前，其文简而野；魏晋以降，则荡而靡；得其中者汉氏。（《西汉文类序》）

韩、柳在文体方面的复古主张，并不只是关注文体功能的实现，也并不一味要求回归诸经文体，而是关注到各时期文章在审美特征上的差异，强调要兼收并蓄，将古文中的经典风格熔为一炉，进而化铸出属于自己的独特风格。因此，他们复古主张虽然也包含着文体功能的理论，但是审美的意味更加强烈。

宋代的复古倾向，则呈现出交织的状态，文坛的领袖之一欧阳修推崇古文，但并不一味泥古、崇古，而是强调学习古代文风中“自然”、“峻洁”的特征，但是在其前的石介、其后的杨万里则更多地从经学的角度倡导复古。如石介道：

> 杨亿穷妍极态，缀风月，弄花草，淫巧侈丽，浮华篡组，刓锼圣人之经，破碎圣人之言，离析圣人之意，蠹伤圣人之道；使天下不为《书》之《典》、《谟》、《禹贡》、《洪范·诗》之《颂》、《雅·春秋》之经，《易》之繇、爻、十翼。(《怪说》)

石介对西昆体及其代表人物杨亿极力贬斥，就是因其艳丽的文风不仅与诸经相背，更重要的是损害了圣人之道，对社会思想和政治生活有负面作用。杨万里云：“诗者，矫天下之具也。”(《诗论》)十分强调诗体的教化、讽谕功能，同时，他还认识到诗的感染力对于发挥诗的教化功能至关重要，能够让人“欲不变而不得”，这实是对《荀子·乐论》关于乐“足以感动人之善心，使夫邪污之气无由得接”理论的继承和发挥。杨氏还以诸经文体的风格为标准来衡量后世的诗人：

> 太史公曰：“《国风》好色而不淫，《小雅》怨诽而不乱。”《左氏传》曰：“《春秋》之称，微而显，忠而晦，婉而成章，尽而不污。”……近世词人，闲情之靡，如伯有所赋，赵武所不得闻者，有过之无不及焉，是得为好色而不淫乎？(《诚斋诗话》)

杨万里主张在发挥诗体教化功能的时候，亦要求含蓄委婉，这其中又可看到《诗大序》“主文谲谏”理论的影响。

明代前后七子发起“复古”风潮虽然论调甚高，但并无太多经世、明道的意味，而是更多地从作文法度着眼倡导复古。李梦阳认为古人于作文之各方面均有成法，后学必须严格遵守，所谓“学不的古，苦心无益”；“文必有法式，然后中谐音度”。李攀龙也认为文章之法尽备于先秦西汉：

> 不以规矩不能成方圆，拟议成变，日新富有。今夫《尚书》、《庄》、《左氏》、《檀弓》、《考功》、司马，其成言班如也，法则森如也。吾摭其华而裁其衷，琢字成辞，属辞成篇，以求当于古之作者而已。(王世贞《李于鳞先生传》)

所谓"拟议成变"出自《周易·系辞上》的"拟议以成其变化"，用在此处，意谓要通过模拟、效仿逐渐达到变革、创新。但是就李氏的理论基调看，其侧重点显然还在"拟议"，而不是"成变"。后七子的领军人物，也是明代文坛的领袖王世贞也持文风"退化观"：

> 西京之文实，东京之文弱，犹未离实也。六朝之文浮，离实矣。唐之文庸，犹未离浮也。宋之文陋，离浮矣，愈下矣，元无文。(《艺苑卮言》)

王氏论诗、诗论都最重法度，如论七言律诗，就提出有"篇法"、"句法"、"字法"三个层次，而且每个层次中又分若干小点。王氏这样的细分，其目的就是要求作诗之人在每一个具体的点上都能针对性地师法古人，所谓"文必秦、汉，诗必盛唐"即是此意。

其后的陈子龙的复古论又开始走向多元，他既在文风上有着强烈的崇古、法古意识，如陈氏认为时代越古远的文章越艰深，越艰深就越高雅。"文之高者必难，卑者必易；时代远者必难，近者必易。"(艾南英《与陈人中论文书》)又说："好新而法亡"，认为宋人之文就是好创新而导致没有法度。同时，陈子龙也强调"诗之本"在于"忧时托志"，"作诗而不足以导扬盛美，刺讥当时，托物连类，而见其志，则是《风》不必列十五国而《雅》不必分大小也，虽工，余不好也"。(《六子诗叙》)"情以独至为真，文以范古为美。"(《佩月堂诗稿序》)

明代中后期，受阳明心学的影响，出现了“嗤点六经，訾毁三传，非圣无法”的思潮，为了纠正这种“学术蛊坏，世道偏颇”的局面，明清之际批评家们的复古主张重又回到了宗经上，钱谦益倡导以“反经正学为救世之先务”。(《新刻十三经注疏序》)而在文体批评方面，他明确提出：“《三百篇》，诗之祖也”，“六经，文之祖也”，要求文士“各本其祖”，重新回归经学传统。顾炎武强调“文须有益于天下”：

> 文之不可绝于天地间者，曰明道也，纪政事也，察民隐也，乐道人之善也。(《日知录》卷十九)

在《日知录》卷二十一“作诗之旨”他又引葛洪之言道：“古诗刺过失，故有益而贵；今诗纯虚誉，故有损而贱。”将是否发挥了诗体的明道、讽谕功能当作衡量诗体高低的唯一标准。戴震亦认为作文应“求其大本”，这个“大本”就是“道”，而非“艺”。(《与方希原书》)沈德潜说：

> 诗之为道，可以理性情，善伦物，感鬼神，设教邦国，应对诸侯，用如此其重也。秦汉以来，乐府代兴；六代继之，流衍靡曼。至有唐而声律日工，托兴渐失，徒视为嘲风雪、弄花草、游历燕衎之具，而诗教远矣。……今虽不能竟越三唐之格，然必优柔渐渍，仰溯风潮，诗道始尊。(《说诗晬语》)

这些批评家的言论都重新回到了宗经的路子上，强调发挥古文、古诗的明道功能，革除绮靡的文风对社会生活及政治的不良影响。但也有如刘熙载这样强调从风格层面倡导“法古”的理论家，如他有言：“文有古近之分。大抵古朴而近华，古拙而近巧……不是作散体便可名古文也。”(《艺概·文概》)

总之，不同的时代和理论背景，以及批评家个人不同的思想倾向，共同造成了复古论中三种诉求或交替出现，或融为一体。

第二节　文体批评中的“崇雅”倾向

“雅”，《尔雅》邢昺疏解“雅”曰“正也。”①《周礼·春官·大师》曰：“教六诗：曰风，曰赋，曰比，曰兴，曰雅，曰颂。”郑玄注“雅”曰：“正也，言今之正者，以为后世法。”②《诗大序》云：“故诗有六义焉：一曰风，二曰赋，三曰比，四曰兴，五曰雅，六曰颂。”其中，孔疏解“雅”亦完全承袭郑说。③《论语·述而》有“子所雅言”一句，何晏注解“雅言”曰：“正言也。”④另外，《玉篇》等亦多解“雅”为“正”之义。⑤可见，“雅”的主要含义为“正”、“正统”，包含有“标准”、“规范”、“官方”之义，如“雅言”即是指正统的官方语言，“雅乐”指帝王朝贺、祭祀天地等大典所用的音乐。同时，因为“雅”有“官方”之义，又被引申指“士大夫”、“贵族”式的情趣，如“雅韵”一词，既可指雅正的韵律，又可指士大夫所具有的“风雅韵致”。与此相对应，文体批评中“崇雅”亦包含着两层含义，一是崇尚正体，反对变体；二是崇尚雅体，反对俗体。

文体批评中文体规范意识和雅俗意识的形成，都是受到了经学“正名”思想的影响。因为“正名”思想中的规范意识，使得文体批评在一开始就非常关注文体的规范问题，提倡正体，反对变体；因为“正名”思想中的等级意识，以及由此而引申出的观念，使得文体批评有了文体的等级观念，这就从反面刺激了词曲的文体批评，形成的崇雅抑俗倾向，以期提高词曲的文体地位。因为经学“正名”思想对于文体的“崇雅”倾

① 《十三经注疏·尔雅注疏》，北京大学出版社 1999 年版，第 1 页。
② 《十三经注疏·周礼注疏》，北京大学出版社 1999 年版，第 610 页。
③ 《十三经注疏·毛诗正义》，北京大学出版社 1999 年版，第 11 页。
④ 《十三经注疏·论语注疏》，北京大学出版社 1999 年版，第 91 页。
⑤ 按照段玉裁的说法，“雅”之本义依《说文》应指一种名为“楚鸟”的禽类，而“正”只是假借义。不过，从后世对“雅”的释义来看，其所谓的本义完全湮没无闻，倒是“正”这个假借义成为“雅”的主要含义。

向有如此重要的影响，故而在此，首先要回顾一下经学“正名”思想的形成。

一、经学“正名”思想的形成

经学“正名”思想，① 其直接的源头就是先秦儒家的“正名”观。《论语·子路》记载，面对子路“卫君待子而为政，子将奚先”的问题，孔子答曰：“必也正名乎”，并进而提出了“名不正则言不顺，言不顺则事不成，事不成则礼乐不兴，礼乐不兴则刑罚不中，刑罚不中则民无所措手足”的著名论断。这里所谓的“名”，实指名分、名位。孔子的“正名观”，主要体现的是其政治、伦理思想中的等级观、秩序观，具体而言就是“君君，臣臣，父父，子子”。同时，以政治、伦理为中心，孔子还将这种正名思想推广到社会生活的各个领域，如：

> 割不正，不食。(《乡党》)
> 席不正，不坐。(《乡党》)
> 君赐食，必正席先尝之。(《乡党》)
> 升车，必正立执绥。(《乡党》)
> 君子正其衣冠，尊其瞻视，俨然人望而畏之，斯不亦威而不猛乎？(《尧曰》)

这些在今天看来过于苛刻的规范中，实含有等级、秩序的寓意，孔子希望通过在日常生活中不断地重复这些带有寓意的仪式性和礼仪性的动作，从而在潜意识当中强化人们的等级和秩序意识。因而，当有人在实

---

① 对于“正统”的理论言说虽然起于欧阳修，即其所写的“正统七论”及后来删定的三篇(《正统论序论》、《正统论上》、《正统论下》)，但是早在此之前，中国就已经有正统的观念。而且欧阳修对于“正统”的讨论主要是围绕着王朝的递传秩序和合法性问题展开，而先秦儒家的正统观念主要体现在对个体道德和行为的规范上。

孔子像

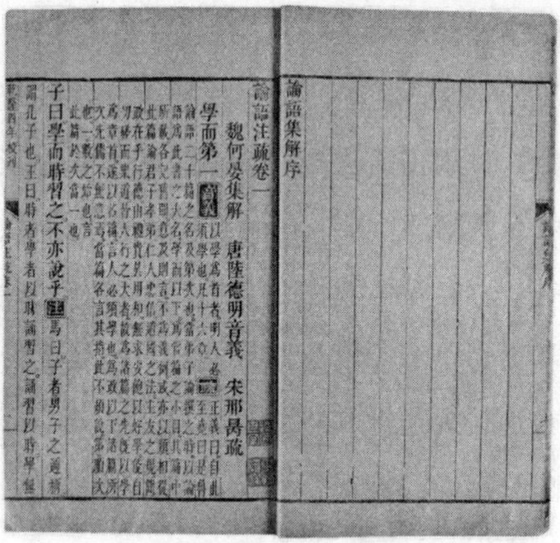

《论语注疏》

际生活中违背这些规范时，孔夫子就会极为愤怒：

> 八佾舞于庭，是可忍也，孰不可忍也！(《八佾》)

“八佾舞于庭”的严重性不仅仅在于它违背了礼仪规范，更在于它公然践踏了这些规范背后的君臣伦理。诸侯的公卿，居然使用天子的舞阵，尤其是这种僭越行为还发生在被奉为鲁国支柱、“三桓”之一的季氏身上时，就越发让人失望和愤慨。

孔子的“正名”思想，被儒家后学们进一步发扬光大，这其中尤以荀子贡献最巨，他曾专作《正名》一篇讨论这个问题。在荀子这里，“名”不再仅仅指名分、名位，还包含了制度、学说、概念、文字等含义，① 如“后王之成名：刑名从商，爵名从周，文名从《礼》”②中的“名”有制度之义；“故王者之制名，名定而实辨，道行而志通，则慎率民而一焉”中的“名”倾向指学说、思想；“然所为有名，与所缘以同异，与制名之枢要，不可不察也”中的“名”显然是指概念、名称；③ “名闻而实喻，名之用也。累而成文，名之丽也”中的“名”既有语言、辞采之义。因此，荀子的“正名”理论，其内涵也比孔子要大得多，不仅重申了儒家的等级和秩序观（“明贵贱”），还进一步提出要对思想、语言进行规范（“别同异”，“明是非”）。荀子对于违背这些规范的人，一方面进行道德上的谴责，并用正道去压制邪说，所谓“以正道而辨奸……故邪说不能乱，百家无所窜”；另一方面，更强调用刑法来对付传播异端邪说的“大奸”之徒，“故析辞擅作名以乱正名，使民疑惑，人多辨讼，则谓之大奸，其罪犹为符节、度量之罪也”。可以说，儒家的“正名”思想通过荀子的论述，其规范性和排他性意味大大增强，尤其是荀子对于语言、文辞规范性的言说，被经学家全盘接收，并间接地影响了汉代的文体批评理论。

两汉时期，经学家对先秦儒家“正名”思想的继承，除了表现在继续强调伦理、思想和语言的规范之外，还典型地体现在确认了儒家经典

① 杨倞在《荀子·正名》的题解中引《尹文子》曰：“名有三科：一曰命物之名，方圆白黑是也。二曰毁誉之名，善恶贵贱是也。三曰况谓之名，贤愚爱憎是也。”照此解法，则名有概念、名声之义，但是从《正名》的全篇来看，荀子所说的“名”还应包含文字、学说等义。

② 以下《荀子》的引文均出自《正名》一篇，恕不另外出注。

③ 杨倞注曰：“物无名则不可分辨，故因而有名也。”

和汉家王朝的正统地位。如董仲舒在其《天人三策》中提出：

> 诸不在六艺之科孔子之术者，皆绝其道，勿使并进。邪辟之说灭息，然后统纪可一而法度可明，民知所从矣。(《汉书·董仲舒传》)

可以说，荀子想做而没有做成的事，通过董仲舒等经学家的推动，终于以“罢黜百家，独尊儒术”的方式实现了。这不仅使儒家学说获得了思想上的垄断地位，而且经学家们还进一步“依经立义”，借重儒家学说为汉王朝的合法性地位提供辩护。这其中最有代表性的，还是董仲舒的学说。他通过对《春秋》诸经的重新解释，将“天人合一”的理论糅合其中，试图说明汉王朝的正统地位来自于上天之授，如他在《春秋繁露·三代改制质文》中有云：

> 《春秋》曰：王正月……何以谓之王正月？曰：王者必受命而后王。王者必改正朔，易服色，制礼乐，一统于天下，所以明易姓，非继人，通以己受之于天也。

他在《天人三策》中亦云：

> 《春秋》之文，求王道之端，得之于正。正次王，王次春。春者，天之所为也。正者，王之所为也。其意曰，上承天之所为，而下以正其所为，正王道之端云尔，然则王者欲有所为，宜求其端于天。(《汉书·董仲舒传》)

这里，董仲舒通过对《春秋》中“春王正月”句式的独特解读，阐明了他“君权天授”的思想，依据这一理论，汉取秦而代之自然也是天命所致。而他所说的“改正朔，易服色，制礼乐”之语也来自《礼记·大传》：“立权度量，考文章，改正朔，易服色，殊徽号，异器械，别衣服。”所不同的是，《礼记》此语是为了说明新政权虽然能够改旗易帜，但是“亲亲也，尊尊也，长长也，男女有别”这些道德伦理的法则新政权是不能改变的，“改正朔，易服色”在这里只是作为表面功夫的象征。但是到了董仲舒这里，“改正朔，易服色”虽然还是一种仪式，但其中加入了“顺应天命”的内涵，即天授命于炎汉，汉廷则通过“改正朔，易服色”的方式表示对上天的响应。

总之，经学家们的“正名”思想，促使他们将儒家学说确立为唯一的官方学说，又通过其解释政权的合法性，给诸经抹上浓厚的“官办”色彩，也使诸经的“唯一性”、“规范性”、“法则性”意味进一步加强，这深刻影响了当时及后世的文体批评理论。

二、崇正抑变：正体即为雅体

经学的“正名”思想，对文体批评理论的影响之一，就是在文体批评中树立起了“崇正抑变”的观念，这包括了两层内涵，一是树立起文体规范意识，强调尊体，① 反对破体；二是以诸经文体为正，推崇正体，反对变体。

如上文所说，荀子就已经对语言、文辞的规范性有所关注，而诸经中有关文体规范的言论，也证明并不只有荀子关注到这一问题，如《左传·襄公十九年》曰：

> 夫铭，天子令德，诸侯言时计功，大夫称伐。

《礼记·曾子问》对“诔”文体规定道：

---

① 此处所说的尊体，即强调遵循文体在语体、功能、格调等方面的规范，反对突破、改变这种规范。与上文“以古为尊”中的尊体不同。

> 贱不诔贵，幼不诔长，礼也。唯天子，称天以诔之。诸侯相诔，非礼也。

《礼记·祭统》亦云：

> 铭者，自名也。自名以称扬其先祖之美而昭著于后世者也。……铭之义，称美而不称恶，……铭者，论撰其先祖之有德善、功列、勋劳、庆赏、声名，列于天下，而酌之祭器，自成其名焉，以祀其先祖者也。……身比焉，顺也。昭示后世，教也。

可见，中国有关文体规范的理论产生甚早，而且这些理论中，可以嗅到浓郁的“正名”气息，如《礼记·曾子问》对于诔文体的规定，就是重申孔子“尊卑有序”、“长幼有别”的等级和秩序观。同时，“贱不诔贵，幼不诔长”这样的表述，一方面体现“正名”思想中的规范意识和排他意识，一方面也为中国文体批评定下了倡导尊体、反对破体的基调。另外两篇，《左传》和《礼记·祭统》都是从实用功能的角度解释文体规范，这也是“正名”思想的典型体现，诚如美国汉学家陈汉生有言：“儒家正名在这样的假设下工作：语言的主要功能是逐渐灌输指导选择和行为的态度。语言的使用应该作为社会控制的工具进行操作。”①受“正名”思想的影响，理论家们更关注文体在政治生活、礼仪制度中担当何种角色。这种现象到了汉代，表现得更为突出，如许慎在《说文解字》中对文体的规范和定义只关注到文体的功能，对其语体、风格不置一字，如：“祝，祭主赞词者。”“诗，志也。”“谶，验也。”“训，说教也。”“谕，告也。”“论，议也。”“戒，敕也。”“诰，告也。”“谚，传言也。”“史，记事者也。”与此相类，刘熙在《释名》中，对当时使用的主要公文文体的

---

①［美］陈汉生：《中国古代的语言与逻辑》，中国社会科学出版社 1998 年版，第 94-95 页。

规范和定义，绝大部分也只关注到它们的实用功能，如《释言语》：

> 说，述也，宣述人意也。
>
> 颂，容也，叙说其成功之形容也。
>
> 铭，名也，记名其功也。
>
> 纪，记也，记识之也。”
>
> 祝，属也，以善恶之词相属著也。
>
> 盟，明也，告其事于神明也。
>
> 誓，制也，以拘制之也。

《释书契》：

> 檄，激也，下官所以激迎其上之书文也。
>
> 谒，诣也；诣，告也，书其姓名于上，以告所至诣者也。
>
> 符，付也，书所敕命于上，付使转行之也。
>
> 策，书教令于上，所以驱策诸下也。

《释曲艺》：

> 令，领也，理领也，使不相犯也。
>
> 诏书，诏，昭也，人暗不见事宜，则有所犯，以此示之，使昭然知所由也。
>
> 称人之美曰赞，赞，纂也，纂集其美而叙之也。
>
> 叙，杼也，杼泄其实，宣见之也。
>
> 诔，累也，累列其事而称之也。
>
> 谥，曳也，物在后为曳，言名之于人亦然也。
>
> 谱，布也，布列见其事也。
>
> 碑，被也，此本葬时所设也，施其辘轳，以绳被其上，以引棺

也。臣子追述君父之功美，以书其上，后人因焉。无故建于道陌之头，显见之处，名其文，就谓之‘碑’也。

与许慎稍有不同的是，刘熙对于文体功能的解释除了详细一点之外，就是在少数文体的解释中涉及了语体问题。如解“诔”为“累也，累列其事而称之也”。这就有意无意地表示了诔在语体方面，会使用铺陈、罗列的手法。

汉代有关文体规范的理论，最典型的还是蔡邕在《独断》中对天子所用文体四种(策书、制书、诏书、戒书)和大臣所用文体四种(章、奏、表、驳议)进行了规范和说明，如释天子文体中的“策书”道：

策书，策者，简也。《礼》曰：不满百丈，不书于策。其制长二尺，短者半之。其次一长一短，两编，下附篆书，起年月日，称皇帝曰，以命诸侯王、三公。其诸侯王、三公之薨于位者，亦以策书诔谥其行而赐之。如诸侯之策。三公以罪免，亦赐策文，体如上策而隶书，以一尺木两行，唯此为异者也。

释大臣所用文体“表”道：

表者不需头，上言臣某言，下言臣某诚惶诚恐，顿首顿首，死罪死罪。左方下附曰某官臣甲上。文多用编两行，文少以五行，诣尚书通者也。公卿校尉诸将不言姓，大夫以下有同姓官别者言姓，章口报闻，公卿使谒者，将大夫以下至吏民，尚书左丞奏闻报可。表文报已奏如书，凡章表皆启封，其言密事得皂囊盛。

与许、刘相比，蔡邕对文体的解释要详尽得多，不仅涉及文体的功能、格式、用语，甚至连载体(绢帛、皂囊)都进行了详细说明。蔡氏如此用心，自然是要树立严格的文体规范，并要求写作者遵守这些规范，不可稍有违背。因此，从先秦到汉代对于文体的规范性理论，可以说是开创了中国文体学“尊体”理论的先河，并且确立了倡导尊体、反对变体的基调。

魏晋时期，虽然文体批评的理论倾向发生了重大改变，即由对文体实用功能的关注，开始转向对文体审美风格的关注，但是经学家所树立起的“尊体”意识则被完全继承，如曹丕“四科八体”之说。将曹丕此论与东汉理论家的理论相对照，可以发现，同样解释的是“诗”体，许慎看到的是“言志”的功能，曹丕看到的却是“欲丽”的风格；同样解释的是“铭”体，刘熙看到的是“记名其功”的功能，曹丕看到的却是“尚实”的风格。实用倾向与审美倾向的区别一目了然，但其共同点在于，都属于尊体理论。类似的例子还有很多，如陆机对“十体”的论说、皇甫谧对赋之解释、萧绎对“文”之分析，虽然多从审美的角度着眼，但是他们都无疑吸取了经学的尊体观念，即在理论的言说中抱有鲜明的“规范”意识，不同程度地强调了文体实践在语体、风格各方面都应遵守规则，反对完全脱离文体规则的创作实践。

与这种尊体理论同时存在的还有“正变”论。尊体理论主要是吸收了经学“正名”思想中的规范意识，强调为文需遵守文体在语体和风格方面的基本规则，但这些规则本身并不一定来自诸经。① 而“正变”理论则更为直接地将诸经文体奉为文体之正，要求文士临文之际，要以诸经文体为范本，凡是效仿诸经文体特征的就被认为是得体之正，凡是背离诸经文体特征的就被视为变体，甚至斥为谬体、讹体。

“正变”理论最早见于《诗大序》，其云：

> 至于王道衰，礼义废，政教失，国异政，家殊俗，而变风、变雅作矣。

---

① 如陆机的尊体意识虽然来自经学的遗传，但他所说的“绮靡”、“浏亮”、“相质”、“悽怆”等具体的风格要求，则与经学关系不大。

郑玄《诗谱序》继承了这一理论，并进一步明确地将周文王、武王、成王时期的诗作标为“正经”（正风、正雅），将周王朝衰落之后的作品标为“变风”、“变雅”。从文体学的角度看，所谓“正风”、“正雅”，当是指风格上较为浑大、庄重的诗作；“变风”、“变雅”，多是指风格上较为哀怨、凄厉的诗作。《诗大序》和郑玄显然更加推崇“正风”、“正雅”。①《诗大序》的“正变论”及其“崇正抑变”的倾向被后世的批评家所吸取，并用之于文体的批评当中。

《文心雕龙》可算是贯彻“正变”论的典范。刘勰在宗经意识的主导下，通过“四段法”，即“原始以表末，释名以章义，选文以定篇，敷理以举统”，从文体定义、文体发生、文体流变、文体功能、文体修辞、文体风格等多个方面树立起诸经文体的“正体”地位，并以此正体为标准，批驳各种变体。如刘勰论诗体，从释义层面就强调诗体与《诗经》之关系，所谓“诗者，持也，持人情性”。刘彦和对诗之义的解释来自于汉代经学家所作的《诗纬·含神雾》，② 这种释义明显牵强附会，意在强调诗体的教化、讽谕功能，但是刘勰此处仍然沿袭，其目的就是要将诗之义与《诗经》联系起来，因为在他看来，《诗经》之特点正在于“持人性情”，所谓“三百之蔽，义归‘无邪’，持之为训，有符焉尔”。将诗之义解为“持人性情”，等于就从根本上确立了《诗经》为诗体之源。就诗体的发生而言，刘氏依《周礼·春官·大司乐》“以乐舞教国子舞《云门》、《大卷》”的记载说明诗体的来源，又说“自商暨周，雅颂圆备，四始彪炳，六义环深”，显是以《诗经》之体为诗之正体。通过对诗体发展历史的简要回顾，他提出诗体经历了以四言为主到以五言为主的

---

① 郑玄等批评家对“正风”、“正雅”的欣赏，除了偏爱此种风格本身之外，更多的还是因为正风、正雅多出于兴盛之世，而变风、变雅多出于衰乱之世。出于对盛世的追慕之情而推崇正风、正雅，亦是带有经学背景的文学批评家们常为之事。

② 郑玄《诗谱序》云：“《虞书》曰：‘诗言志，歌永言，声依永，律和声。’”孔颖达于此处疏曰：“《诗纬·含神雾》云：‘诗者，持也。’……为诗所以持人之行，使不失坠。”可见“诗者，持人情性”的说法，完全是汉代经学家的解释。

变化，并指出这两种文体都来源于诸经，尤其是对五言诗体的源头的解读，更是不惜牵强地以《诗·召南·行露》中："谁谓雀无角，何以穿我屋"这样的例子为证，说明五言诗体来自《诗经》。就文体的功能而言，刘勰亦要求后世诗作效仿《诗经》的讽谕、教化功能，并因此表扬韦孟之诗"匡谏之义，继轨周人"，批评严忌、司马相如之作"属辞无方"。

论赋体时，刘彦和释赋之义道："《诗》有六义，其二曰赋。赋者，铺也，铺采摛文，体物写志也。"借鉴班固等人之说法，认为赋之体源于《诗经》的"赋"之法，则赋之正体自然亦源于《诗经》，通过赋体创作史的梳理，刘氏指出规范的赋体应做到"丽词雅义，符采相胜"，既要发挥抒情、讽谕的文体功能，又要具备华美、绮丽的文辞。据引，他批评变体之作"逐末之俦，蔑弃其本"，"遂使繁华损枝，膏腴害骨，无贵风轨，莫益劝戒"，背离了《诗经》中赋之正体的主旨。

论颂体时，刘勰将《诗经·周颂·时迈》作为颂体之源，"《时迈》一篇，周公所制，哲人之颂，规式存焉"。所谓"规式存焉"，自然是以《时迈》为颂体之正。据此，他表扬扬雄、班固、傅毅等人的颂作能够效仿《诗经》之体，所谓"或拟清庙，或范駉那"，认为他们能够以正体为范式，学习《诗经·周颂·清庙》和《诗经·商颂》中的《駉》、《那》二颂的笔法。与此相对，他批评班固的《北征颂》、傅毅的《西征颂》"变为序引，岂不褒过而谬体哉"！指责马融的《广成颂》、《上林颂》"雅而似赋，何弄文而失质乎"！认为这些作品因为过于追求文辞的华丽，已经与《诗经》中的颂体相去甚远。

论诔体时，亦借用经学家之言释诔道："累也，累其德行，旌之不朽也。"并以《左传》所载哀公对孔子的诔文为正体，所谓"古式存焉"。表扬崔骃、刘陶的诔文得体之正，"并得宪章，工在简要"，批评曹植在《文帝诔》中加入自陈之言，认为是变体之作，所谓"其乖甚矣"。

总之，几乎每一种文体，刘勰都将其源头追溯到了诸经（这在《宗经》篇中已有明确的表述），并奉之为正体、雅体，后世同一文体的创作，只要是符合正体的，他就肯定，反之，则讥为"变体"，甚至斥为"谬体"、"讹体"。刘勰在《附会》篇明确说明自己划分体之正、变的初衷正是"宜正体制"，即让"体"归正，归诸经文体之正。《风骨》篇又引《尚书》之言曰："辞尚体要，弗惟好异。"表明自己反对"跨略旧规，驰骛新作"。这些无不表明刘勰"崇正抑变"的基本立场。此外，刘勰在《体性》篇谈及"典雅"之体的特征时亦道："熔式经诰，方轨儒门者也。"可见，雅正之体的典范是诸经，崇雅即是崇正，而所谓正，即是诸经之正体。

钟嵘在《诗品》中亦表现出了较强的崇正抑变的意识，如凡是他认为与《诗经》有直接渊源关系的诗作、诗人，皆列为上品，如评"古诗"道：

> 其体源出于《国风》。陆机所拟十四首，文温以丽，意悲而远，惊心动魄，可谓几乎一字千金！

评曹植道：

> 其源出于《国风》。骨气奇高，词采华茂，情兼雅怨，体被文质，粲溢今古，卓尔不群。

评阮籍道：

> 其源出于《小雅》。无雕虫之功。而《咏怀》之作，可以陶性灵，发幽思。言在耳目之内，情寄八荒之表。洋洋乎会于《风》、《雅》，使人忘其鄙近，自致远大，颇多感慨之词。

在钟嵘看来《古诗》、曹、阮都得《诗》体之正，因此其文体的总体特征得列上品，而对于"有乖文体"的张融，则将其列为下品。

三、崇雅抑俗：卑体的出路

中国文体批评史中有一个特殊现象，即“雅俗”理论与“崇雅抑俗”的主张，多出现在文体地位较为卑下的词、曲文体当中。造成这种现象的原因是，受经学“正名”“尊古”思想影响形成的文体尊卑观念，使得古体天生就尊贵，其格调也自然雅正，如挚虞说：“雅音之韵，四言为正，其余虽备曲折之体，而非音之正也。”四言体因为出自《诗经》，“根正苗红”，天然地就是大雅之音，其文体功能也以明道、讽谕为主，因此不太可能存在“卑俗”的情况。而像词、曲这样的文体，出身本已卑微，在文体功能方面又多是充任游戏、娱乐的角色，格调就趋向媚俗、淫艳，因而批评家们为了提高词、曲的文体地位及其格调，提出了“崇雅抑俗”的理论。此处试以词体批评理论中的“崇雅抑俗”为例说明之。

词体批评理论中的“崇雅抑俗”倾向的形成，主要是通过三种途径，一是在风格上崇尚雅致、典雅；二是在语体上推崇雅辞、雅韵；三是强调美刺功能的发挥。

宋代是词体创作的第一个高峰，也是词体崇雅理论的第一个高峰，对雅致风格的推崇，也源于此时。如黄庭坚赞赏苏轼《卜算子·缺月挂疏桐》道：

> 语意高妙，似非吃烟火食人话。然非胸中有万卷书，笔下无一点尘俗气，孰能至此！(《跋东坡乐府》)

黄氏高度评价此首《卜算子》营造出的“空灵”意境，所谓“胸中万卷书”、“无一点尘俗气”均指词作表现出的典雅气息。王灼亦赞美苏轼“以诗为词”的创作手法道：

> 东坡先生以文章余事作诗，溢而作词曲，高处出神入天……诗与乐府同出，岂当分异？……东坡先生非心醉于音律者，偶尔作

歌，指出向上一路，新天下耳目，弄笔者始知自振。(《碧鸡漫志》卷二)

又批评柳永之词道：

惟是浅近卑俗，自成一体，不知书者尤好之。予尝以比都下富儿，虽脱村野，而声态可憎。(《碧鸡漫志》卷二)

王灼将代表新兴典雅词风的苏轼与代表传统绮艳词风的柳永对举，指出苏词创造出的典雅风格是词体创作的出路和希望所在，而柳永之作，虽然“间出佳句，又能择声律谐美者用之”，但整体风格趋向卑俗，故王氏对其极力贬斥之。苏轼刻意求雅对于提升词体格调的意义，胡寅论之最明：

词曲者古乐府之末造也，古乐府者诗之傍行也。……方之曲艺，犹不逮焉，其去《曲礼》则益远矣。然文章豪放之士，鲜不寄意于此者，随亦自扫其迹，曰：谑浪游戏而已也。……及眉山苏氏，一洗绮罗香泽之态，摆脱绸缪宛转之度，使人登高望远，举首高歌，而逸怀浩气超然乎尘垢之外，于是《花间》为皂隶，而柳氏为舆台矣。(《酒边词序》)

可见，词位地位之卑下，连曲艺都不如，更遑论诸经，但是通过苏轼等人的努力，从根本上改变了“花间”、柳永为代表的绮艳风格，使词体的格调大为提升。

张炎论词亦以“雅正”为主旨，他首先从源头上说明“雅正”为词之正体，“古之乐章，乐府、乐歌、乐曲，皆出于雅正”。(《词源》下卷序)另外，他还首标“清空”、“骚雅”之体：

词要清空，不要质实……白石词如《疏影》、《暗香》……不惟清空，又且骚雅，读之使人神观飞越。

他以姜夔词作为例，说明所谓“清空”，当指清新空灵的意境，是“雅正”的一种表现。所谓“骚雅”，张炎释曰：

景中带情，而有骚雅。故其燕酣之乐，别离之愁，回文、题叶之思，岘首、西州之泪，一寓于词。若能屏去浮艳，乐而不淫，是亦汉魏乐府之遗意。(《词源・赋情》)

可见骚雅，意谓既像《离骚》那般情感丰沛、自然抒发，又能像《诗》之《风》、《雅》那般哀而不伤、怨而不怒，保持典雅、中和之美，与此相对的，他认为如果“为情所役”则不能做到“发乎情，止乎礼义”，“则失其雅正之音”(《词源・杂论》)。

宋人对雅致、典雅风格的追求，对后世影响甚大，如元代赵孟頫、朱晞颜、张雨等人，明代陈子龙等人，均倡导词体崇雅守正，清代更是再次掀起一股崇雅抑俗的风潮。朱彝尊论词，以“尚雅”为中心，所谓“昔贤论词，必出于雅正”，“倚声虽小道，当其为之，必崇尔雅”，“盖词以雅为尚”，等等，持论甚为明确。他最推崇的两位词人姜夔、张炎也是雅词的代表人物。张惠言论词主张运用比兴手法，从而形成含蓄蕴藉的词风，并强调写词要有“雅心雅意”。周济建立词统，辨词体之正变，以温柔敦厚的典雅词风为正。

在语体层面倡导文体之雅，主要表现为对典雅辞句及和谐音律的追求。如张炎有云：

音律所当参究，词章先宜精思，俟词句妥溜，然后正之音谱，二者得兼，则可造极玄之域。(《词源・杂论》)

上文已提及，张炎论词主张“清空”、“骚雅”，而据此处言论看来，他认为清空雅境的营造，首先是建立在词妥律协的基础之上。沈义父亦云：

> 盖韵律欲其协，不协则成长短之诗；下字欲其雅，不雅则近乎缠令之体。(《乐府指迷》)

并以周邦彦之词为追求辞句和音律之雅的楷模，“凡作词，当以清真为主。盖清真最为知音，且无一点市井气，下字运意，皆有法度……此所以为冠绝也”。认为周词的典雅正是通过“知音”和“无市井之气的”文辞实现的。词论家对语体之典雅的追求，除了将修辞、韵律并举进行讨论外，还分开进行了论述。

就修辞方面，沈义父认为“用字不可太露，露则直突而无深长之味”，并批评柳永、康与之的词“韵律甚协，句法亦多有好处，然未免有鄙俗语”。虽然柳、康之词合于音律，但是因为有“鄙俗语”，亦即“用字太露”而遭否定。对于如何避免“用字太露”的问题，沈氏提倡用“代字”，所谓：

> 炼句下语，最是紧要。如说桃，不可直说破桃，须用“红雨”、“刘郎”等字；说柳，不可直说破柳，须用“章台”、“灞岸”等字。

沈义父的这种主张深遭后人诟病，但从沈氏之论中亦可体味到他在修辞方面倡导典雅的一番苦心。朱彝尊论词，亦强调语言要醇正精美，如云：

> 周公瑾《绝妙好词》选本虽未全醇，然中多俊语，方诸《草堂》所录，雅俗殊分。(《书绝妙好词后》)

通过对周密《绝妙好词》与何士信《草堂诗余》的对比，指出周集虽然未为尽善，但是因为所选词作语言醇正(多俊语)，比以婉丽之词为主的《草堂诗余》要典雅。他又以记载典故的形式批评黄庭坚的艳词道：

> 言情之作，易流于秽，此宋人选词多以雅为目。法秀道人语涪翁曰："作艳词当堕犁舌地狱。"正指涪翁一等体制而言耳。

法秀道人以这种近乎戏谑的方式，批评黄庭坚词作语言的俗媚，朱彝尊引出此语，显然是同意这种观点。清人汪森总结姜夔词作的特点道："句琢字炼，归于醇雅。"(《词综序》)亦认为姜词醇雅之风的形成，有赖于辞句的典雅。

就音律方面而言，批评家认为词体之雅主要表现为音律的和谐。李清照反对"以诗为词"，其重要依据就是词律与诗律有很大区别，"诗文分平侧，而歌词分五音，又分五声，又分六律，又分清浊轻重"。据此，她认为苏词是"句读不葺之诗"。实际上，李清照对于苏词的风格并不排斥，故有"酌蠡水于大海"的评语，但只就音律而言，她认为典雅之作必须合律，故将苏词排于词之正体之外。与此相关，张炎亦十分强调词之协律，他在《词源·音谱》中有提出"词之作必须合律"，又云：

> 词以协音为先，音者何？谱是也。古人按律制谱，以词定声，此正"声依永、律和声"之遗意也。

朱彝尊崇雅亦多从音律着眼，他所说的雅词其首要条件就是必须合律，"周邦彦、曹组、辛膺次、万俟雅言，皆明于宫调，无相夺伦"。他非常推崇姜夔的词作，重要原因之一就是姜氏之词音律和谐，所谓"泊乎南渡，家各有词……而姜夔审音尤精。终宋之世，乐章大备"(《群雅集序》)。与此相对，他批评明代的词人"周白川、夏公谨诸老，间有硬语；杨用修、王元美则强作解事，均与乐章未谐"(《词综发凡》)。

在功能层面，通过强调发挥词体的美刺、兴寄功能来崇雅抑俗也是批评家常用之法。李清照虽然反对“以诗入词”，但她论词亦“尚雅”，如她称誉李煜“尚文雅”，认为他能写出寄托亡国之音的作品，“语虽奇甚，所谓‘亡国之音哀以思’也”。李清照此说显然是继承了《礼记·乐记》和《诗大序》的思想，已经透露出倡导词体发挥讽谕功能的倾向。相形之下，对于保持词之“本色”的柳永，则表达了自己的鄙夷态度，“虽协韵律，而词语尘下”。刘克庄自称其词：“别有诗余继变风。”(《自题长短句后》)又道：“粗识国风《关雎》乱，羞学流莺百啭，总不涉闺情春怨。”(《贺新郎·席上闻歌有感》)强调词体应学习《诗经》的变风精神，发挥其教化、讽谕的功能，反对词风的绮靡、轻媚。

这种词论主张被清人发扬光大，如清初阳羡派的领军人物陈维崧倡导词体应效仿《诗经》、《离骚》蕴藉丰富、兴寄深厚的特征，反对绮艳、淫靡：

> 作者非有《国风》美人、《离骚》香草之态，意以优柔而涵濡之，则其入也不微，而其出也不厚。人或者以淫亵之音乱之，以佻巧之习沿之，非俚则诬。(《蝶庵词序》)

朱彝尊亦云：“念倚声虽小道……亦足以宣昭六义，鼓吹元音。”(《静惕堂词序》)主张词体继承《诗》之六义，发挥美刺、讽谕的功能：

> 词虽小技……有诗所难言者，委曲倚之于声，其辞愈微，而其旨益远。善言词者，假闺房儿女子之言，通之于《离骚》、变雅之义，此尤不得志于时者所宜寄情焉。(《陈纬云红盐词序》)

所谓“不得志于时者”之语，意甚隐讳，实当指抱有家国之恨的明代遗民。在朱氏看来，闺房儿女之言只是比拟、手段，词体真正要达成的是像《离骚》、变雅那样，发挥比兴寄托、经国济世的功能。张惠言论词之特征时道：

> 盖《诗》之比兴、变风之义，骚人之歌，则近之矣。……要其至者，莫不恻隐盱愉，感物而发，触类条鬯，各有所归，非苟为雕琢曼辞而已。(《词选序》)

指出词体不应一味追求靡丽之文辞，而应像《诗》、《骚》那样，运用比兴的手法，发挥美刺的功能，从张惠言所编的《词选》中亦可看出，他对词作意义的挖掘，也多从忠爱美刺着眼。周济主张欲尊词体，先高词意。他反对粉饰太平、无聊应酬的应和之作，认为“信乎忠义之士，性情流露，不求工而工”。正是要求词人发挥词体的教化功能，以用于拯救世道人心。另外，为了进一步发挥词体经世致用的功能，周济还从读者的角度，谈到对于词体“雅致”、“中正”内涵的挖掘，“夫人感物而动，兴之所托，未必皆本庄雅，要在讽诵紬择，归诸中正。辞不害志，人不废言，虽乖谬庸劣，纤微委琐，苟可驰喻比类，翼声究实，吾皆乐取，无苟责焉”(《词辨序》)。意谓对于那些庸劣的词作，亦可以通过接受者的重新阐释，展示其中讽世、劝世的雅正之声。

另外，值得一提的是，编造词集也是实现崇雅抑俗理论的方式之一。这种方式中包括了两种手段：一是在词集的编辑过程中，通过对作品的去取来表明崇雅的倾向，如曾慥《乐府雅词》、鲖阳居士《复雅歌词》，张孝祥《紫薇雅词》、赵彦端《介庵雅词》，程正伯《书舟雅词》等。二是通过序、跋申明自己的崇雅倾向。如汪森在序文中表示自己编选《词综》的目的正是革除《草堂诗余》的流弊，“世之论词者，惟《草堂》是规。白石、梅溪诸家，或未窥其集，辄高自矜翔。……历岁八稔，然后成书，庶几可一洗《草堂》之陋，而倚声者知所宗矣”。《草堂》即何士信编辑的《草堂诗余》，该集在词风上独尚婉丽柔靡，所选词作皆是此类，姜夔因词风清空骚雅，竟至一首不收。辛词中所选亦皆婉约之作，而于其豪放之词也是一首不收。汪森强调自己所编《词综》是要消除《草堂诗余》的影响，正是要改革词体软媚、绮丽的文风，使其转向雅致。

第三节 文体批评中的“尚简”倾向

本书所说的“简”，包括两层内涵，一指文辞的简约，以及由此形成的辞约意丰、含蓄蕴藉风格；一指文辞的简明，以及由此而形成的辞直意明、质实晓畅的风格。这两层理论内涵的提出，都是为了发挥文体美刺、教化的功能，亦即都是经学本体意识主导下产生的文体批评理论，而且批评家们的“尚简”理论中，往往同时有这两层内涵，只是根据语境的不同，其理论重心会有所侧重。但仔细分析，简约与简明在理论特征上有较大不同，主要体现在三个方面：首先，就文体功能的实现方式而言，前者主张通过简约的文辞委婉地表达劝讽之义；后者则主张通过简明的文辞清晰地表达劝谏之义。其次，就两者的美学倾向而言，前者产生于“三传”对于“春秋笔法”的论述，继承了先秦以来儒家温柔敦厚的美学主张，更倾向于含蓄蕴藉；后者形成于汉代以后，更倾向于平易质实。再次，就适用的文体而言，虽然两者都在诗、文等文体理论中出现，但相对来说，前者更多地出现于史传文体理论当中，后者更多地出现于论说文体(尤其是公文文体)理论当中。

一、经学“尚简”思想两重内涵的形成

经学“尚简”思想的形成，其源头可以追溯到先秦儒家。孔子对于文辞似乎并未特别推崇简约，而是强调“文质彬彬”，从文体学的角度可以理解为，言辞既有文采，又不过分。但是如果我们认定《春秋》为孔子所编的话，则他的文体实践则明显倾向于简约一路，典型的例子就是“春秋笔法”，后人总结有四种最为典型：一是常事不书，二是隐而不书，三是一字褒贬，三是爵号褒贬。① 所谓常事不书，指本不该载录

① 过常宝：《先秦散文研究——早期文体及话语方式的生成》，人民出版社 2009 年版，第 139 页。

的常规事件，一旦载录，就成了特殊事件，从而可以达到讽刺或褒扬的效果。如《春秋·桓公四年》载："四年春正月，公狩于郎。"《公羊传》释曰："春，正月，公狩于郎。狩者何？田狩也。……常事不书，此何以书？讥。何讥尔？远也。"何休解曰："以其地远。礼，诸侯田狩不过郊。"①诸侯狩猎本是不会记载的常事，但是因为鲁桓公狩猎有越礼行为，故特书一笔以示讽谕之义。所谓隐而不书，指本该记载的事，因为要达到讽刺的目的被史官故意忽略。如《春秋·隐公元年》没有记载费伯筑城之事，《左传》释曰："不书，非公命也。"费伯在没有国君的授命下，擅自筑城是一种违礼的行为，故隐而不书。所谓一字褒贬，即通过一字来暗示褒贬。如弑君之"弑"，即是贬义。所谓爵号褒贬，即通过对当事者爵位名号的改变来寄托自己的褒贬之义。如《春秋·隐公四年》载："翚帅师会宋公、陈侯、蔡人、卫人伐郑。"翚是鲁国宗室，按惯例应称"公子翚"，但此处仅称为"翚"，《公羊传》释曰："翚者何？公子翚也。何以不称公子？贬。曷为贬？与弑公也。"翚因为弑隐公而被贬低。

"春秋笔法"四种，虽然写法不同，但是宗旨是相同的，就是以简洁的文字包含大量的信息，从而造成一种蕴藉丰富的风格特征，即所谓"微言大义"。《左传·成公十四年》论"春秋笔法"道："微而显，志而晦，婉而成章，尽而不污，惩恶而劝善。"杜预解"微而显"为"辞微而义显"；解"志而晦"为"约言以记事，事叙而文微"。② 都意在强调"春秋笔法"文体的简约文辞与蕴藉风格。需要特别指出，不仅孔子在修订《春秋》时运用了"春秋笔法"，③ 更为可贵的是，"三传"的作者从理论上对这种"笔法"予以解读，尤其是《左传》的言论，已经涉及文体学的范畴。

---

① 《十三经注疏·春秋公羊传注疏》，北京大学出版社 1999 年版，第 79 页。

② 《十三经注疏·春秋左传正义》，北京大学出版社 1999 年版，第 765 页。

③ 关于《春秋经》的作者向无定论，此处从主流意见，认孔子为修订者，并认为"春秋笔法"乃孔子的创造。

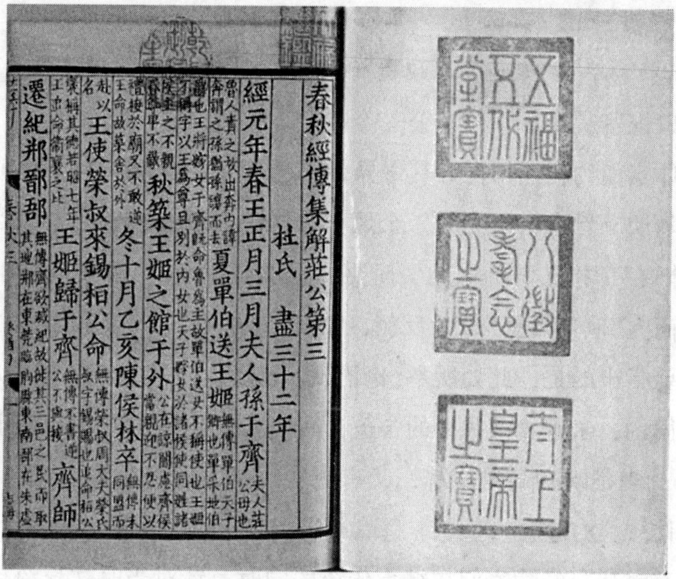

《春秋经传集解》

先秦的“尚简”理论，除了“三传”对于“春秋笔法”的阐释外，还有如《论语·卫灵公》载孔子“辞达而已矣”一句，有学者认为，其与“文质彬彬”是一个意思，即文辞既有文采、又不过分。① 但是仔细推敲一下本义，可以发现所谓“达”只是要求文辞能够传达意义即可，并无辞采方面的要求，所以何晏在解此句时曾引孔安国之语道：“凡事莫过于实，辞达则足矣，不烦文艳之辞。”②邢昺疏亦袭此说。可见，“辞达”应是指文辞简要。

《周易·系辞下》云：“吉人之辞寡，躁人之辞多”。孔疏注曰：“以其吉善辞直，故辞寡也。以其烦躁，故其辞多也。”③《系辞》之言重在说明不同性格之人有不同的文辞特征，但是这里面也包含明显的价值判

① 王运熙主编《中国文学批评史新编》即持此种观点。

② 《十三经注疏·论语注疏》，北京大学出版社 1999 年版，第 218 页。

③ 《十三经注疏·周易正义》，北京大学出版社 1999 年版，第 322 页。

断，即以辞寡之人为高。从文体学的眼光看，这种倾向实是崇尚文辞的简约。

《尚书·毕命》有云："政贵有恒，辞尚体要，不惟好异。商俗靡靡，利口惟贤，余风未殄，公其今哉！"①孔疏曰："为政贵有有常，言辞尚其体实而约，当不惟好其奇异。商之旧俗，靡靡然好相随顺，利口辩捷、阿谀顺旨者惟以为贤。余风至今未绝，公其念绝之哉！"②可见，所谓"体要"即指文辞的简约、简要，周康王为说明"体要"之义，还特别举出商人"利口辩捷"以为反例，"利口辩捷"者，指文辞繁多。

需要指出的是，此处所举《论语》、《易》、《书》三例，都只强调了文辞的简约，未曾言及风格的含蕴，而且据其语境推断，此三例中所说之"简"，当是既有简约文辞，又有质实风格，即将简约与简明之义混合于一体。

及至汉代，经学家们在继承传统的同时，针对当时文坛绮艳之风，又特别发展了先秦"尚简"理论中有关质实文风的理论，希望借此来扭转颓靡的文风。如桓宽《盐铁论·相刺》："歌者不期于利声，而贵在中节；论者不期于丽辞，而务在事实。"③桓氏此论，实是对夫子"辞达而已矣"的承袭和发挥，所谓"不期于丽辞，而务在事实"，强调文辞之重点不在于辞采的华丽，而在于是否有效传统文义。

董仲舒针对"文"、"质"关系论道：

> 志为质，物为文。文著于质，质不居文，文安施质？质文两

---

① 《毕命》一篇出自伪古文尚书，其真实性自然要打折扣，但是通过前面的分析亦可看出，"尚简"之论在先秦儒家确已存在，因此《毕命》遂出伪文，但它所反映的先秦"尚简"思想确是存在的。

② 《十三经注疏·尚书正义》，北京大学出版社 1999 年版，第 524 页。

③ 《相刺》一篇是文学与大夫的对话，此处之言是借大夫之口而说，本义指儒家经籍虽辞采昭章，但其所载思想迂于古法，不知通变，所以大夫讥其为"有辞而无实"，作为经学家的桓谭氏自然是反对此种观点的，故后文有文学反驳此论之言。但此论中"不期于丽辞，而务在事实"的主张，显然又是桓氏所赞同的。

备，然后其礼成。文质偏行，不得有我尔之名。俱不能备而偏行之，宁有质而无文。(《春秋繁露·玉杯》)

对文与质的关系，董氏一方面重申了儒家的"文质彬彬"论，但另一方面又提出在文质不可兼得的情况下，宁取"质"而舍"文"。董氏的理论典型地代表了经学崇尚"简质"的趋向。董氏还进一步举《春秋》所载介葛卢和州公的故实为例，说明有质无文的风格就好比人虽然不懂揖让之礼，但有诚挚之心，还是应该肯定，即所谓"虽弗予能礼，尚少善之"。而有文无质则如人虽擅长礼仪，但无尊敬之心，失却了根本，只能遭到否定，即所谓"非直不子，乃少恶之"。① 这种比喻显是强调质朴之体远优于徒有辞采之体。另外，董氏赞扬《春秋》"文约而法明"，亦是此意。(《春秋繁露·楚庄王》)

扬雄也崇尚简质的文风，他斥汉大赋为"雕虫之技"，在很大程度上也是由于汉大赋华艳的文风与其所推崇的简质文风相背。在《法言》中面对"君子尚辞乎"的问题，扬雄认为："君子事之为尚。"李轨注云："贵事实，贱虚辞。"②

班固引刘向、扬雄等人之观点评司马迁道："博极群书，皆称迁有良史之村，服其善序事理，辨而不华，质而不俚，其文直，其事核，不虚美，不隐恶，故谓之实录。"(《汉书·司马迁传》)所谓"质而不俚"，指司马迁之文辞虽然"简明直率"，但并不"俚俗"。

汉代经学家中对于简明文辞与质实文风提倡最有力的当属王充。他在《论衡·自纪》中详细论述了自己崇尚简质的文体主张。首先，面对当时崇尚艰深晦涩的文风，他指出著文的根本意义在于录事实、说道理，使此事、此理能够流传后世，如果故意把文章写得晦涩难懂，使人

---

① 需要指出的是，此处董仲舒所说的"文"与"质"，其内涵是多重的。既指风格，又指内容。对于儒家所言"文"、"质"内涵的分析，可参看王运熙、顾易生《中国文学批评通史·先秦两汉卷》孔子一节中对于"文质彬彬"的解读。

② 汪荣宝：《法言义疏》，中华书局1987年版，第60页。

不易明白其中的意义，就违背了写文章的本义。“口言以明志，言恐灭遗，故著之文字。文字与言同趋，何为犹当隐闭指意？”因此，真正的圣贤文章应该是简质易明的，“高士之文雅，言无不可晓，指无不可睹。观读之者，晓然若盲之开目，聆然若聋之通耳”。其次，他认为真正难写的不是艰深晦涩的文章，而是通俗易懂的文章。“夫笔著者，欲其易晓而难为，不贵难知而易造。”再次，他解释古代经籍难以理解的原因，并不是古人故意写得晦涩，而是语言习惯随着时间推移、地域差异发生了很大变化，造成古人的语言在今日难以被人读懂。“经传之文，贤圣之语，古今言殊，四方谈异也。当言事时，非务难知，使指闭隐也。”

在先秦儒家及经学家的共同影响下，文体批评理论形态的“尚简”倾向得以初步形成，而且“简”所具有的“简约”与“简明”的双重内涵也在此时得到初步阐释。下文将对“简约”与“简明”文风相关理论的发展，分而论之。

二、“文约事丰”：对简约文辞及蕴藉风格的推崇

六朝有关文体风格的理论，从总体上看，是倾向于肯定和倡导“华妍”文风的，如陆机在《文赋》中就提出“遗言贵妍”，认为文章应兼具文辞和音声之美，所谓“既音声之迭代，若五色之相宣”。钟嵘论诗，既强调要“干之以风力”，又要求“润之以丹彩”。萧统《文选》不收经、史著作，又独录其中的赞、论、序、述，也是因为“赞论之综辑辞采，序述之错比文华，事出于沉思，义归乎翰藻”。但亦有一些批评家倡导“简约”、“蕴藉”之体，如刘勰赞美诸经的共同特征就是“辞约而旨丰，事近而喻远”。又特别引《系辞》之言称誉《易》“旨远辞文，言中事隐”。又颂扬《春秋》“一字见义”、“婉章志晦”。以诸经的之体为标准，他一方面提倡文辞的“简洁”，所谓“文以辨洁为能，不以繁缛为巧”，（《议对》）“裁则芜秽不生，镕则纲领昭物”，一方面主张风格的“含蕴”，所谓“才核者善删，善删者字去而意留”。（《镕裁》）另外，如裴子野所著

《雕虫论》一文,① 直斥"绮艳"的文风"其兴浮，其志弱，巧而不要，隐而不深"。其中，"巧而不要，隐而不深"，当指文辞强为巧丽而不简要，风格故作隐晦而无内蕴。

刘、裴二人的"简约"之论，多是从宗经的角度出发提出的，这一传统在唐代初期亦得到继承，如王通在《中说·事君》中对于汉魏以来的文士多有评论，只有颜延之、王俭、任昉三人见许，因为在王氏看来，此三人"其文约以则"。他认为文体简约之士有"君子之心"，将文体的简约与文士的道德修养联系起来，这实是对孔子"有德者必有言"理论的复述，可见其论文亦是以宗经为主旨。而到了刘知幾，则开始较为系统地从纯文体学的角度提出"尚简"主张，这典型体现在《史通·叙事》一章中：

> 国史之美者，以叙事为工；而叙事之工者，以简要为主。简之时义大矣哉！……然则文约而事丰，此述作之尤美者也。……始自两汉，迄乎三国，国史之文，日伤繁富。逮晋已降，流宕逾远。必寻其冗句，摘其烦词，一行之间，必谬增数字；尺纸之内，恒虚费数行。

刘知幾的"尚简"主要是针对史传文体而言，他要求史传文体达到"文约而意丰"的效果，这种理论显然包含着向诸经，尤其《春秋》文体学习的诉求。更为重要的是，刘知幾不惟提出理论上的要求，还给出了具体的方法。他认为要想做到文体之"简"，首先是在体制上不能重复。刘氏罗列了四种史传的体制，即"直记其才行"、"唯书其事迹"、"因言语而可知"、"假赞论而见"，强调此四体不能在一篇之中重复使用，否则就会造成文风的繁冗拖沓。其次在具体的写法上，他又提出"省句"、"省

---

① 《雕虫论》乃裴氏佚书《宋略》中之一节，《通典》和《文苑英华》中均载有此文，注明为裴子野所作。在《文苑英华》中，此文前加有标题《雕虫论》，恐非作者原题，但此处为行文方便，亦名之曰《雕虫论》。

字”，在文辞上追求“不可再删一字”的极致简洁。

刘知幾的“尚简”并非只是主张文辞的简约，而是追求辞简而意丰。因此与“尚简”相配合的，还有“用晦”一说。

晦也者，省字约文，事溢于句外。……夫能略小存大，举重明轻，一言而巨细咸该，片语而洪纤靡漏，此皆用晦之道也。

可见，所谓“用晦”是用简约文辞蕴含丰富之意，从而造成言有尽而意无穷的效果。刘氏之所以如此推崇简约的文风，主要是有感于追求文辞的骈偶和文风的华艳对于史传文体产生的不良影响，他认为自六朝以降“史道陵夷，作者芜音累句，云蒸泉涌，其为文也，大抵编字不只，捶句皆双”，对辞采的过分关注严重妨碍到对史实的载录，“绮扬绣合，雕章缛彩，欲称实录，其可得乎”？针对有些史学家认为晋代史书“少气”、“罕华”的批评，他引班固评司马迁之语强调，史传文体应该“辨而不华，质而不俚，其文直，其事核”。(《史通·鉴识》)刘氏不仅在史传文体方面推崇简约的文风，而且在对其他文体的批评中，亦有“尚简”的倾向，如其评汉赋道：“喻过其体，词没其义，繁华而失实，流宕而忘返。”对汉赋的“繁华”表示不满。刘知幾的“尚简”思想对后世亦产生了深远影响，如方苞在《书韩退之〈平淮西碑〉碑》云：“碑记墓志之有铭，犹有赞论。……其指意辞事，必取之本文之外。班史以下，有括终始事迹以为赞论者，则与本文为复矣。此意唯韩子识之，故其铭辞未有义具于碑志者。或体制所宜，事有覆举，则必以补本文之间缺。”方氏认为碑记之体中，赞论不能与正文的内容重合，明显是受到了刘知幾的影响。

《漫斋语录》亦云：

诗文要含蓄不露，便是好处。古人说雄深雅健，此便是含蓄不露也。用意十分，下语三分，可几风雅；下语六分，可追李杜；下语十分，晚唐之作也。用意要精深，下语要平易，此诗人之难。

所谓“下语平易”显然不是要求文辞的简明，而是要求简约，因为简明则意在质实、明白，无余味可言。

此外，还有文士在具体的作家和作品批评中提出“尚简”，如元稹道：“苏子卿、李少卿之徒，工为五言……词意简远，指事言情，自非有为而为，则文不妄作。”(《唐故工部员外郎杜君墓系铭》序)“词意简远”可以分解成“词简”、“意远”，“词简”即是文辞的简约，“意远”即指其意在言外、意味深长的风格。

及至宋代，作为宋初经学的代表人物之一，柳开提出“君子之文，简而深，淳而精”。(转引自《诗人玉屑》)亦是将文体与道德挂钩，体现其浓厚的宗经意识。范仲淹在《尹师鲁河南集序》中赞赏杨亿的文风吸取《春秋》笔法，“其文谨严、辞约而理精”，并批评杨亿后学“刻辞缕意”、“专事藻饰”。虽然亦以宗经为主旨，但是较之柳开，其关注点开始转向文体本身。

真正使“尚简”成为诗文革新运动重要内容之一的人，当属文坛领袖欧阳修。他的“尚简”理论主要体现在四个方面，首先，他对诸经文风推崇备至，并称颂六经“妙论精言，不以多为贵”。(《六经简要说》)认为六经在文体方面的最大特征就是“简约”。其次，在史传文体理论方面，他曾将新修唐书与《旧唐书》相比较，认为“其事则增于前，其文则省于旧”(《进新修唐书表》)，这与刘知幾的“尚简”、“用晦”之论如出一辙，说明他在理论上有意识地倡导文体的辞约意丰，更为重要的是欧阳修还通过编修史书的实践贯彻了这一主张。① 再次，对于其他文体，欧阳修也强调简约，如在《与杜䜣论祁公墓志书》中他表明自己写墓志“止记大节，期于久远”，即希望通过“止记大节”的简洁笔法，使得“大节”所蕴含的墓主品行、道德能够更加耐人寻味，传之久远。在

① 《宋稗类钞》载“逸马杀犬”典，可为此论之注脚。

《尹师鲁墓志铭》中他赞赏尹氏为文“简而有法”，当是谓尹氏之文非徒为文字之简，而是简中又含丰富意蕴，故称“简而有法”。① 最后，欧阳修还和刘知幾一样，提出了达成文辞简约的具体方法，“著撰苟多，他日更自精择，少去其繁，则峻洁矣”(《与渑池徐宰》)，强调在写作完成之后，通过反复的修改，就可以使文体达到“峻洁”。②

苏轼评韦应物、柳宗元的诗“发纤秾于简古，寄至味于澹泊”。(《苕溪渔隐丛话·前集》卷十九)意谓韦、柳诗作的文辞看似简约却富有文采，其风格看似平淡却含蕴丰富，这同他评陶诗“质而实绮，癯而实腴”实为一意。苏轼不仅认为文辞之约可以达到风格上的含蕴之美，而且文辞本身也可从简约中展现出一种辞采之美。蔡絛《西清诗话》亦认为柳宗元的诗作“雄深简澹，迥拔流俗，至味自高”。(转引自《苕溪渔隐丛话·后集》卷三十三)陈骙则直云：“且事以简为上，言以简为当。言以载事，文以著言，则文贵其简也。文简而理周，斯得其简也。读之疑有阙焉，非简也，疏也。”(《文则》)

作为清代文宗的“桐城派”亦高标“尚简”之风，如方苞之“雅洁说”就是典型例证。“雅”、“洁”均就语体和风格两方面而言，其中对于“洁”的内涵，方氏解曰：

> 柳子厚称太史公书曰洁，非谓辞无芜累也；盖明于体要而所载之辞不杂，其气体为最洁耳。(《书萧相国世家后》)

可见，洁包含两个层面，就语体层面而言，指文辞的简要有序；就风格

① 欧阳修先称赏尹师鲁为文“简而有法”，紧接着又说他治学“长于《春秋》”，可见，尹氏为文的简约当是受到了“春秋笔法”的影响。又据刘熙载《艺概·文概》载尹师鲁、欧阳修曾经同为钱惟演所建双桂楼、临园驿做记，“欧记凡数千言，而尹只用五百字，欧服其简古”。为欧阳修所推服者，自然不仅仅是文辞的简约，还应指建立在简约文辞之上的含蕴丰富的风格。

② 《朱子语类》所载《醉翁亭记》写滁州四面之山，由先之数十字，直到最后删削为“环滁皆山也”五字，也是欧阳修主张由删改达成文风之简约的典型例证。

层面而言，指由语体之简要有序而形成的内蕴充实的风格特征。他认为简洁是判定文章高低的重要标准，“夫文未有繁而能工者，如煎金锡，粗矿去，然后黑浊之气竭而光润生”(《与程若韩书》)。方氏喻刊落繁辞如炼金中之去除杂渣，惟其如此，才能作出“成色”十足的文章。因为高度重视文体的简洁，他对很多文章大家都有批评之辞，如在《书柳文后》中批评柳宗元之文“辞繁而芜”者，在《书归震川文集后》批评归有光“辞号雅洁，仍有近俚而伤于繁者”。“桐城三祖”之一的刘大櫆对语言的简练也有较详细的论述：

> 文贵简，凡文笔老则简，意真则简，辞切则简，理当则简，味淡则简，气蕴则简，品贵则简，神远而含藏不尽则简，故简为文章尽境。(《论文偶记》)

据此看来，刘大槐实是将“简约”作为了衡文的最高标准。刘熙载也是清代“尚简”论的代表，如云：

> 文家会用字者，一字能抵无数字；不会用字者，一字抵不到一字。字如此，则句与段落皆可知矣。(《艺概·文概》

旗帜鲜明地标举“简约”文风。以此为依准，他首先推崇诸经文体的简约文风，如颂扬《礼记·檀弓》“语少意密，显言直言所难尽者，但以句中之眼、文外之致含藏之，已使人自得其实”，并许以“神境”。(《艺概·文概》)论孟子之文道：“至简至易，如舟师执舵，中流自在，而推移费力者不觉自屈。”其次，对于史传文体亦以“简约”为法，他引刘知幾评《左传》道“其言简而要，其事详而博”，并以此为史传文体之通例，“余谓百世史家，类不出此法”。再次，他对具体文士、作品的批评亦以“简约”为重要标准，如“谢叠山评荆公文曰：‘笔力简而健’。余谓南人文字，失之冗弱者十常八九，殆非如荆公者不足以矫且振之”。(《艺概·文概》）又誉梅舜钦之诗道："梅诗幽淡极矣，然幽中有隽，淡中有旨。"（《艺概·诗概》）这实是承苏轼"质而实绮，癯而实腴"、"发纤秾于简古，寄至味于澹泊"之语而来，意谓梅诗于平淡、简约之文辞中包含无尽之意蕴。

值得注意的是，李渔还从戏曲文体的角度谈及"尚简"问题，他认为戏曲文体应做到"意则期多，字惟求少"。李氏也强调反复删改是使文体简约的重要方法，"凡作传奇，当于开笔之初，以至脱稿之后，隔日一删，逾月一改，始能淘沙得金，无瑕瑜互见之失矣"。更为重要的是，李渔还道明了"隔日一删"、"逾月一改"的原因所在，"文章出自己手，无一非佳；诗赋论其初成，无语不妙。迨易日经时之后，取而观之，则妍媸好丑之间，非特人能辨别，我亦自解雌黄矣"。（《闲情偶寄·词曲部下·宾白》）李氏指出，文章甫一写就，所有的文士，无论水平高低，都认为自己的文章字字珠玑、句句铿锵，但是稍隔一段时间再来看，就会发现之前无法发现的问题，这极分明地说出了古往今来所有为文之士的通病，同时也表明删改对于简约文风形成的重要性。

三、"辞切事明"：对简明文辞与质实风格的推崇

在汉代经学影响下，初步形成的有关简明文辞以及质实风格的理论，到了六朝时期，亦有所发展，并主要体现在公文文体理论当中。①如曹丕"四科八体"中有"书论宜理"之说，要求书论文体通过清晰、富有层次的表达来阐明道理。又刘勰《文心雕龙·檄移》评檄文之体道："宣露于外，皦然明白"，"插羽以示迅，不可使辞缓，露板以示众，不可使义隐"，强调檄文重点在于示众，因此文辞应简明、风格要质实。刘勰赞扬隗嚣讨伐王新的《移檄造郡国》"文不雕饰，而辞切事明"，认

---

① 汉代已经有对公文文体的讨论，如桓宽论奏议文体道："议者，贵其辞约而指明，可于众人之听，不致繁文稠辞多言，害有司化俗之计。"（《盐铁论·水旱》）六朝批评家正是在此基础上进行了发展。

为是“得檄之体”。《议对》篇总结议对体之特征为：“文以辨洁为能，不以繁缛为巧；事以明核为美，不以深隐为奇。”曹丕、刘勰对公文文体简质风格的讨论，虽然在六朝整体趋向妍丽文风的理论中显得声音有限，但起到了承上启下的作用。

隋唐时期，出于对六朝文体创作实践的反省，反对绮靡，推崇质实的呼声开始逐渐增多。如隋初李谔激烈反对“竞一韵之奇，争一字之巧”的六朝文风，并积极拥护隋文帝“公私文翰，并宜实录”的主张，强调应以简明、质朴之体来替代华艳、不实之体。相对于李谔以六朝文体为反面典型，表明自己崇尚简质的主张，唐人卢藏用则以陈子昂为正面典型，表达了自己的“尚质”思想。卢氏认为陈子昂的作品“卓立千古，横制颓波，天下翕然，质文一变”。(《陈伯玉文集序》)意谓陈氏以质朴之作扭转了六朝以来的华艳风气。①

唐代对于简明文辞和质实文风推崇最力者当属白居易，他认为自己的“新乐府”：“其辞质而径，欲见之者易喻也；其言直而切，欲闻之者深戒也；其事核而实，使采之者传信也。其体顺而肆，可以播于乐章歌曲也”。(《新乐府序》)白氏的“尚简”之论有三个特征，首先，所谓“其辞质而径”，既指文辞的简明、直白，亦指风格的质实、直率；其次，他认为语体的简明不仅在于文辞的直白(其辞质而径)，而且在于韵律的顺畅(其体顺而肆)；再次，他从传播者(欲播之于乐章歌曲者)和接受者(见之者、闻之者)两个层面强调了语体简明对于意义传达的

① 从后人对陈子昂诗风的评价有争议，有人与卢藏用的观点相类，认为陈诗文辞简明，风格质朴，如王世贞评陈诗“淘洗六朝，铅华都尽”。(《艺苑卮言》卷四)即是一例，另外王夫之认为陈诗“似诵似说，似狱词，似讲义”(《唐诗选评》卷二)，虽然是贬义，但亦可看出，王夫之认为陈诗，尤其是《感遇》诸篇以简质为主要特征。还有一些批评家认为陈子昂诗风的主要特征在于“兴寄遥深”，如朱熹云：“余读陈子昂《感遇》诗，爱其词旨幽邃，音节豪宕。”(《斋居感兴诗序》)但无论后人如何评价陈子昂，此处卢藏用对陈子昂文风的评论，表明了他崇尚简质的观点。

重要性。① 白居易的“尚简”思想对于后人影响深远，据李肇所说，“元和以后……学浅切于白居易”(《唐国史补》)，可见中唐以后，白居易的“尚简”理论就已经被广泛接受，并在创作实践中得以贯彻。

及至五代，牛希济认为文章，尤其是朝堂公文“倘端明易晓，必庶几免于深僻之弊。夫僻事新对，用以相夸，非切于理道者。……窃愿复师于古，但置于理，何以幽僻文烦为能也”。(《表章论》)牛氏在此处对骈丽、古奥的文风都提出了批评，强调为文应做到简明易晓。

宋初文坛的领袖人物李昉的文风亦有“尚简”的倾向，《宋史·李昉传》载李昉“为文章慕白居易，尤浅近易晓”，又载其为后周记室时，“世宗览军中章奏，爱其辞理明白，已知昉所作”，可见李昉简质文风来自白氏的影响，并且成为了其文章的标志。

王禹偁亦颇受白居易的影响，② 故其论文也倾向“简质”，如他在《答张扶书》道：

> 夫文，传道而明心也。古圣人不得已而为之也。……既不得已而为之，又欲乎句之难道邪，又欲乎义之难晓邪，必不然邪！

他认为文是“传道之具”，圣人担心自己的思想与言论不能传之后世，故不得已著文以传道，因此文章的辞句应该简明易晓，而不是故作艰

---

① 需要说明的是，白居易有时过分强调文辞的直白，就误入了浅露一途，后人对此多有诟病，如司空图形容白氏之诗“如都市豪估”(《与王驾评事书》)，宋人张舜民直言：“乐天乐府，几乎骂。”(引自王若虚《滹南遗老集》)张戒《岁寒堂诗话》评杜枚诗句“多情却是总无情，惟觉尊前笑不成”云：“意非不佳，然而词意浅露，略无余蕴。元白、张籍，其病正在此，只知道得人心中事，而不知道尽则又浅露也。”白居易本人对此也有认识，如他在《和答诗十首序》中言道：“每下笔时辄相顾，共患其意太切而理太周。故理太周则辞繁，意太切则意激。然与足下为文，所长在于此，所病亦在于此。”

② 王氏早年诗体曾师法乐天，后期虽转向尊杜，但是其对于简明文辞及质实文风的提倡，似应与白居易有关。

深。王氏此论，近承乐天，远祧仲任，将文体的功能与语体、风格理论相结合，指出了简明语体、质实风格对于文体发挥传承功能的重要作用。他还遍举诸经为例，说明文章应做到“句易道”、“义易晓”：

《诗》三百篇，皆俪其句，谐其音，可以播管弦，荐宗庙，子之所熟也。《书》者，上古之书，二帝三王之世之文也，言古文者，无出于此，则曰：“惠迪吉，从逆凶。”……在《礼·儒行》者，夫子之文也。则曰：“衣冠中，动作慎，大让如慢，小让如伪”云云者。在《乐》则曰：“鼓无当于五声，五声不得不和；水无当于五色，五色不得不彰。”在《春秋》则全以属辞比事为教……在《易》则曰：“乾道成男，坤道成女。日月运行，一寒一暑。”夫岂句之难道邪，夫岂义之难晓邪？

王禹偁认为，五经都产生于上古，其文辞是真正古雅的典范，但是具体来看，并没有故作艰晦之辞句，反而为了让意思表达得清晰明白，采用了罗列事实(属辞比事)等最简单的修辞手法，以简明的文辞来表义。他主张为文应以六经为标杆，但不是为求所谓“古奥”的风格而故意磔裂经文，专作晦语，而是要学习经文“句易道”、“义易晓”的写作精神。

今为文而舍《六经》，又何法焉？若第取其《书》之所谓“吊由灵”，《易》之所谓“朋合簪”者，模其语而谓之古，亦文之弊也。

他还举韩愈为例道：“吾观吏部之文，未始句之难道也，未始义之难晓也。”并鼓励张扶“远师《六经》，近师吏部，使句之易道，义之易晓”。

在《再答张扶书》中，针对张扶推崇扬雄故作晦涩、艰深之文风，他反驳道：

子之所谓扬雄以文比天地，不当使人易度易测者，仆以为雄自大之辞也，非格言也。

张扶认为诸经“语艰义奥者十二三”，并以此为据说明自己文体的艰晦迂涩实是宗经所得，王禹偁指出张扶之文“语皆迂而艰也，义皆昧而奥也”，而非如诸经只有十之二三是语体古奥之句。另外，针对张扶“汉人莫不能文，独司马相如、刘向、扬雄为之最”，王禹偁列举诸家的代表作反问道：“何尝语艰而义奥乎？”王氏的这些言论，可说是宋代推崇简质理论最早的声音。

宋朝真正让“尚简”理论占据主流地位的仍是欧阳修，文忠公在文体方面除了推崇简约之外，亦有倡导简质的言论，如曾巩《与王介甫书》所载：

欧公更欲足下少开廓其文，勿用造语及模拟前人。……欧云：孟、韩文虽高，不必似之也，取其自然耳。

欧阳修所说的自然，就包含了对文辞简明、风格平易的要求，这与他论文强调“易明而可行”也是一致的。另外，他赞扬《易》之卦辞“易而明”，(《易或问》)更是明确倡导文辞的简明、易晓。苏轼亦称颂欧阳修的文体“其言简而明，信而通，引物连类，折之于至理，以服人心，故天下翕然师尊之”。(《欧阳文忠公集序》)可见，欧阳修在文体实践当中，也贯彻了他推崇简质的主张。

曾巩从文章的明道功能出发，提出“言能当于理”之说。他认为文章的好坏，并不取决于是否富有辞采，而在于能否明理。他以史传文体为理道：“古之所谓良史者，其明必足以周万事之理，其道必足以适天下之用。”(《南齐书目录序》)能够阐明理、道的文体，其语体自然不会雕琢、隐晦，而应以简明为主。

苏轼论文主“辞达”之说，并将之与扬雄的“艰深”之论相对立，批驳扬氏“好为艰深之辞，以文浅易之说”，由此观之，苏轼的“辞达”论包含有对简明之辞、质实风格的倡导。① 他评柳宗元之诗道：“诗须要有为而作，用事当以故为新，以俗为雅。好奇务新，乃诗之病。”（《题柳子厚诗》）“好奇务新”，指文辞和风格上追求新奇险怪，苏轼反对此种倾向，主张“以故为新”、“以俗为雅”，应是指以简明、平常之语句，写出不平常之内容。

南宋，倡导“简质”文风最有力者当属朱熹，他多次强调语体和风格的“平易”：

> 大抵圣贤立言，本自平易，而平易之中其旨无穷。（《朱子语类》卷一三九）
>
> 古人文章，大率只是平说，而意自长。后人文章，务意多而酸涩，如《离骚》，初无奇字，只凭地说将出，自是好。（《朱子语类》卷一三九）
>
> 诗须是平易，不费力，句法浑成。（《清邃阁论诗》）

朱熹对平易文风的强调，与他“文道合一”的主张是相协调的。在朱夫子看来，文没有独立地位，只有明道功能，而发挥明道功能的最好方法，就是保持语体的简明，同时禁止任何可能妨碍“明道”功能发挥的行为，如雕章琢句、求新求奇等。

明人对简质文体的推崇，多见于其尚真之论中，如李梦阳的“真诗乃在民间”论：

> 夫诗者，天地自然之音也。今途咢而巷讴，劳呻而康吟，一唱而群和者，其真也，斯之谓“风”也。孔子曰：“礼失而求之野。”今真诗乃在民间。（《诗集自序》）

---

① 苏轼的“辞达”说内涵比较复杂，但是对简明文辞和质实风格的推崇，应是其内涵之一。

此语虽出自王叔武，但李梦阳显然是同意这种观点的。此论虽重点在说明诗贵有真情实感，但通过他以诗为“天地自然之音”，以及强调自然而然地吟唱方式来看，李梦阳亦主张诗体辞句、韵律的自然、简明。此外，唐宋派的代表人物唐顺之提出的“本色论”，亦强调写诗应“直据胸臆，信手写出，如写家书，虽或疏卤，然绝无烟火酸馅习气，便是宇宙间一样绝好文字”。(《答茅鹿门知县第二书》)与李梦阳相类，唐氏也强调写诗应避免雕辞琢韵，采取直抒胸臆的方式，虽则文辞可能“疏卤”，但是内容真实、感人，亦是“绝好文字”。公安派的“性灵”之论，也要求为文重在真情的自然流露，这样所得到的文辞也真率、简明，风格也质实自然。

明代的这种求真、求质的理论对清人亦有影响，如刘熙载道：

> 说理论事，涉于迂就，便是本领不济。看昌黎文老实说出紧要处，自使用巧骋奇者望之辟易。(《艺概·文概》)

即可看到明代文体论“求真”说的影响，同时，也有朱熹“平易”说的痕迹的。所为“迂就”，当指对文章结构的布置、辞句的斟酌。在刘氏看来，真正的好文章应该“老实说出紧要处”，“老实”二字自是指文辞的简明，这种平易的叙事，一方面往往能够说理明澈，另一方面也会形成质实的风格。

此处，明清之际，还有很多倡导戏曲与小说文体文辞简明的理论，这在本编第二章第三节中已有讨论，兹不赘述。

本章通过对经学本体意识影响下生成的文体批评理论形态的考察，提炼出了“尊古”、“崇雅”、“尚简”三大倾向，并对其分开论述，但并不意味这三者之间是泾渭分明的关系，实际上，在古代文体批评中，这三种理论倾向往往互相交织，如“尊古”的倾向中，批评家在以古体为尊的同时，就包含有以古体为正的观念，这就涉及了“崇雅”的问题。相应地，“崇雅”倾向中对雅致风格的追求，常常也伴随着以古为雅的观念，“崇雅”在某种意义上也是“崇古”。“尚简”倾向中对简约风格的追求，也包含着对古体、古风的仰慕，“尚简”亦是“尚古”。可见，“尊古”、“崇雅”、“尚简”三者共同构成了经学本体意识下的文体批评理论形态，它们是不可分割的有机整体。

参考文献

典籍

李学勤:《十三经注疏》，北京大学出版社 1999 年版。

朱谦之:《老子校释》，中华书局 1984 年版。

徐梵澄:《老子臆解》，中华书局 1988 年版。

(清)郭庆藩:《庄子集释》，中华书局 1961 年版。

陈鼓应:《庄子今注今译》，中华书局 1983 年版。

(清)王先谦:《荀子集解》，中华书局 1988 年版。

(清)焦循:《孟子正义》，中华书局 1987 年版。

吴毓江:《墨子校注》，中华书局 1993 年版。

蒋礼鸿:《商君书锥指》，中华书局 1986 年版。

陈奇猷:《吕氏春秋新校释》，上海古籍出版社 2002 年版。

阎振益，钟夏:《新书校注》，中华书局 2000 年版。

刘文典:《淮南鸿烈集解》，中华书局 1992 年版。

(汉)董仲舒撰，(清)苏舆注:《春秋繁露义证》，中华书局 1992 年版。

(汉)司马迁:《史记》，中华书局 1959 年版。

(汉)桓宽撰，王利器注:《盐铁论校注》，中华书局 1992 年版。

(汉)扬雄著，汪荣宝注:《法言义疏》，中华书局 1987 年版。

黄晖:《论衡校释》，中华书局 1990 年版。

(汉)班固撰，(清)陈立注:《白虎通疏证》，中华书局 1994 年版。

(汉)班固:《汉书》，中华书局 1962 年版。

(宋)范晔:《后汉书》,中华书局1965年版。

(齐)刘勰著:《范文澜注》,人民文学出版社1958年版。

(齐)钟嵘著,曹旭笺注:《诗品笺注》,人民文学出版社2009年版。

(北齐)颜之推著,王利器注:《颜氏家训集解》,中华书局1993年版。

(唐)刘知幾撰,(清)浦起龙注:《史通》,上海古籍出版社2008年版。

(唐)韩愈著,马其昶校注:《韩昌黎文集校注》,上海古籍出版社1998年版。

(唐)柳宗元:《柳宗元集》,中华书局1979年版。

(宋)阮阅:《诗话总龟》,人民文学出版社1987年版。

(宋)胡仔:《苕溪渔隐丛话》,人民文学出版社1962年版。

(宋)严羽著,郭绍虞校释:《沧浪诗话校释》,中华书局1983年版。

(明)许学夷:《诗源辨体》,人民文学出版社2001年版。

(明)吴讷,徐师曾撰,于北山,罗根泽校点:《文章辨体序说　文体明辨序说》,人民文学出版社1998年版。

(清)王夫之撰,戴鸿森注:《姜斋诗话笺注》,人民文学出版社1981年版。

(清)叶燮等撰,霍松林等注:《原诗　一瓢诗话　说诗晬语》,人民文学出版社1979年版。

(清)刘大櫆:《论文偶记》,人民文学出版社1959年版。

(清)何文焕:《历代诗话》,中华书局1981年版。

(清)章学诚撰:《文史通义》,上海古籍出版社2008年版。

(清)永瑢:《四库全书总目提要》,中华书局1965年版。

(清)刘熙载:《艺概》,上海古籍出版社1978年版。

(清)皮锡瑞著,周予同注:《经学历史》,中华书局2004年版。

(清)皮锡瑞著,周春健注:《经学通论》,华夏出版社2011年版。

徐调孚:《蕙风词话　人间词话》,人民文学出版社1960年版。

丁福保:《历代诗话续编》,中华书局1983年版。

专著

蒋伯潜:《骈文与散文》,世界书局1941年版。

黄侃:《文心雕龙札记》,中华书局1962年版。

郭绍虞:《宋诗话考》,中华书局1979年版。

郭沫若:《郭沫若全集(第一卷)》,人民出版社1982年版。

詹锳:《文心雕龙的风格学》,人民文学出版社1982年版。

曾祖荫:《中国历代小说序跋选注》,长江文艺出版社1982年版。

钱锺书:《谈艺录》,中华书局1984年版。

刘麟生:《中国骈文史》,上海书店1984年版。

陈必祥:《古代散文文体概论》,河南人民出版社1986年版。

蔡镇楚:《中国诗话史》,湖南文艺出版社1988年版。

袁济喜:《六朝美学》,北京大学出版社1989年版。

傅修廷,黄颇:《文学批评思维学》,文化艺术出版社1989年版。

蔡镇楚:《诗话学》,湖南教育出版社1990年版。

刘德重,张寅彭:《诗话概说》,中华书局1990年版。

王运熙,顾易生:《中国文学批评通史(六卷)》,上海古籍出版社1992年版。

董乃斌:《中国古典小说的文体独立》,中国社会科学出版社1994年版。

童庆炳:《文体与文体的创造》,云南人民出版社1994年版。

陆海明:《中国文学批评方法探源》,中国社会科学出版社1994年版。

刘明今:《中国古代文学理论体系·方法论》,复旦大学出版社1995年版。

周予同:《周予同经学史论著选集》,上海人民出版1996年版。

丁锡根:《中国历代小说序跋集》,人民文学出版社1996年版。

钟涛:《六朝骈文形式及其文化意蕴》,东方出版社1997年版。

李建中:《魏晋文学与魏晋人格》,湖北教育出版社 1998 年版。

张健:《清代诗学研究》,北京大学出版社 1999 年版。

冯光廉:《中国近百年文学体式流变史》,人民文学出版社 1999 年版。

刘世林:《中国诗性文化》,江苏人民出版社 1999 年版。

林岗:《明清之际小说评点学之研究》,北京大学出版社 1999 年版。

朱东润:《中国文学批评史大纲》,上海古籍出版社 2001 年版。

朱维铮:《中国经学史十讲》,复旦大学出版社 2001 年版。

葛兆光:《中国思想史》,复旦大学出版社 2001 年版。

丁立君,王安节:《中国诗文评点史研究 》,时代文艺出版社 2001 年版。

邹云湖:《中国选本批评》,三联出版社 2001 年版。

程章灿:《魏晋南北朝赋史》,江苏古籍出版社 2001 年版。

张利群:《中国诗性文论与批评》,人民文学出版社 2001 年版。

李清良:《中国文论思辨思维》,岳麓书社 2001 年版。

谭帆:《中国小说评点研究》,华东师范大学出版社 2001 年版。

张伯伟:《中国古代文学批评方法研究》,中华书局 2002 年版。

孙筱:《两汉经学与社会》,中国社会科学出版社 2002 年版。

王南:《中国诗性文论与诗观念》,四川民族出版社 2002 年版。

褚斌杰:《中国古代文体概论》,北京大学出版社 2003 年版。

王元化:《文心雕龙讲疏》,广西师范大学出版社 2004 年版。

赵宪章:《文体与形式》,人民文学出版社 2004 年版。

黄应全:《魏晋玄学与六朝文论》,首都师范大学出版社 2004 年版。

韩高年:《诗赋文体源流新探》,巴蜀书社 2004 年版。

郭英德:《明清传奇戏曲文体研究》,商务印书馆 2004 年版。

朱万曙:《明代戏曲评点研究》,安徽教育出版社 2004 年版。

罗宗强:《玄学与魏晋士人心态》,天津教育出版社 2005 年版。

李建中:《古代文论的诗性空间》,湖北人民出版社 2005 年版。

郭英德：《中国古代文体学论稿》，北京大学出版社 2005 年版。

袁济喜：《中国古代文论精神》，山西教育出版社 2005 年版。

李士彪：《魏晋南北朝文体学》，上海古籍出版社 2005 年版。

白寅：《心灵化批评：中国古代文学批评的思维方式》，中国社会科学出版社 2005 年版。

贾奋然：《六朝文体批评研究》，北京大学出版社 2005 年版。

刘师培：《中国中古文学史讲义》，上海古籍出版社 2006 年版。

王庆华：《话本小说文体研究》，华东师范大学出版社 2006 年版。

徐复观：《中国艺术精神》，广西师范大学出版社 2007 年版。

李建中：《中国古代文论诗性特征研究》，武汉大学出版社 2007 年版。

李建中：《中国文化与文论经典讲演录》，广西师范大学出版社 2007 年版。

郭建勋：《辞赋文体研究》，中华书局 2007 年版。

李建中：《文心雕龙讲演录》，广西师范大学出版社 2008 年版。

杨星映：《中西小说文体比较》，中国社会科学出版社 2008 年版。

吴中胜：《原始思维与古代文论诗性特征研究》，中国社会科学出版社 2008 年版。

蒋长栋：《中国韵文文体演变史研究》，岳麓书社 2008 年版。

熊十力：《读经示要》，上海书店出版社 2009 年版。

陶东风：《文体演变及其文化意味》，云南人民出版社 2009 年版。

过常宝：《先秦散文研究》，人民出版社 2009 年版。

蒋原伦，潘凯雄：《历史描述与逻辑演绎——文学批评文体论》，云南人民出版社 2009 年版。

邱渊：《“言”“语”“论”“说”与先秦论说文体》，云南人民出版社 2009 年版。

刘毓庆：《从文学到经学：先秦两汉诗经学史论》，华东师范大学出版社 2009 年版。

边家珍:《经学传统与中国古代学术文化形态》,人民出版社 2010 年版。

吴承学:《中国古代文体学》,人民出版社 2011 年版。

任竞泽:《宋代文体学研究论稿》,商务印书馆 2011 年版。

马兴祥:《北宋经学与文论》,人民出版社 2011 年版。

[意]维柯著,朱光潜译:《新科学》,商务印书馆 1989 年版。

[法]列维·布留尔著,丁由译:《原始思维》,商务印书馆 1997 年版。

[日]青木正儿著,郑梁生、张仁青译:《中国文学思想史》,开明书店 1977 年版。

论文

牟世金:《〈文赋〉的主要贡献何在》,《文史哲》1980 年第 1 期。

胡国瑞:《魏晋南北朝骈文的发展及成就》,《武汉大学学报》1980 年第 5 期。

牟通:《韩愈的文论》,《山西大学学报》1980 年第 7 期。

黄国声:《古代题跋概论》,《中山大学学报》1980 年第 8 期。

王利器:《论文笔之分》,《西北大学学报》1981 年第 4 期。

赵永纪:《〈辨骚〉篇不属于总论吗?》,《复旦学报》1981 年第 5 期。

郭绍虞:《提倡一些文体分类学》,《复旦学报》1981 年第 9 期。

韩蓝田:《〈文心雕龙·辨骚〉辩》,《中州学刊》1982 年第 3 期。

於可训:《简论中国古典风格论的起源》,《武汉大学学报》1982 年第 3 期。

吴林伯:《〈文心雕龙·序志〉义疏》,《社会科学辑刊》1982 年第 5 期。

张碧波、雷啸林:《先秦散文论略——中国古代文学发展规律探微》,《社会科学战线》1982 年第 5 期。

李伯勋:《〈文赋〉琐谈》,《青海社会科学》1982 年第 12 期。

穆克宏:《谈文心雕龙的表现形式的特点》,《福建师大学报》1983

年第 4 期。

王运熙：《刘勰论宋齐文风》，《复旦学报》1983 年第 5 期。

牛龙菲：《中国散韵相间、兼说兼唱之文体的来源——且谈变文之“变”》，《敦煌学辑刊》1983 年第 6 期。

朱正华：《“辨体”辨》，《浙江师范学院学报》1983 年第 8 期。

朱一清：《论汉赋的艺术特色》，《文学评论》1983 年第 12 期。

林东海：《论诗诗论》，《文学评论》1984 年第 3 期。

萧兵：《〈天问〉文体的比较研究》，《文献》1984 年第 4 期。

胡国瑞：《诗词体性辨》，《文学评论》1984 年第 6 期。

康金声：《汉赋“拓宇于楚辞”质疑》，《山西大学学报》1984 年第 7 期。

董乃斌：《李商隐散文简论》，《西南师范大学学报》1984 年第 9 期。

冯俊杰：《赋体四论(一)——赋是“古诗之流”辨》，《山西大学学报》1985 年第 1 期。

杨明：《魏晋文学批评序论 》，《复旦学报》1985 年第 2 期。

杨明：《〈典论 · 论文〉“书论宜理”解》，《文学评论》1985 年第 4 期。

蔡润田：《才性与风格》，《晋阳学刊》1985 年第 6 期。

王运熙：《钟嵘〈诗品〉论诗人的继承关系及其流派》，《中州学刊》1986 年第 6 期。

詹锳：《文体与风格》，《河北大学学报》1985 年第 8 期。

葛晓音：《论唐代的古文革新与儒道演变的关系》，《中国社会科学》1987 年第 1 期。

吴予敏：《刘勰论艺术形式的因承和创新》，《西北大学学报》1987 年第 1 期。

马积高：《论赋的源流及其影响》，《中国韵文学刊》1987 年第 1 期。

徐天祥：《简论方苞的“雅洁”》，《江淮论坛》1987年第2期。

杨海明：《论唐宋词所积淀的民族审美心理》，《天津社会科学》1987年第3期。

董正春：《试谈〈战国策〉的“体”及其形象性说理的特点》，《山东社会科学》1987年第4期。

韩雪：《辞赋考辨》，《辽宁大学学报》1987年第4期。

康达维：《论赋体的源流》，《文史哲》1988年第1期。

李湘：《〈诗经〉与后世文体之赋间的源流关系》，《山东师范大学学报》1988年第3期。

陈文忠：《论王国维的艺术本体类型学思想》，《文艺理论研究》1988年第3期。

董运庭：《“艺者，道之形也”——刘熙载的艺术本体论》，《西北大学学报》1988年第4期。

万光治：《从文学描绘到描绘性文体的产生——散体赋文体特征探索》，《北京师范大学学报》1988年第4期。

雷庆翼：《试论“汉赋”和楚辞的关系》，《中国文学研究》1988年第4期。

杨胜宽：《宋词发达原因的再思考》，《社会科学》1988年第4期。

王运熙：《钟嵘诗论与刘勰诗论的比较》，《文学评论》1988年第4期。

陈良运：《文学的自觉时代与自觉的文学理论》，《江西师范大学学报》1988年第4期。

谢红华：《〈文心雕龙〉的修辞论》，《学术研究》1988年第6期。

杨海明：《宋词所包蕴的“心理内涵”》，《学术月刊》1988年第11期。

王增恂：《〈史记〉的叙述人问题和时空问题——从西方叙事学理论看〈史记〉的文学价值》，《广西师范大学学报》1989年第1期。

易扬：《艺文末品　政事先务——关于〈文心雕龙·书记〉》，《唐都学刊》1989 年第 2 期。

杨燕:《北宋词之“本色”与淮海词》,《山东大学学报》1989 年第 3 期。

万光治:《班固区划赋类标准试析 》,《四川师范大学学报》1989 年第 4 期。

金振邦:《略论中国古代文体分类》,《东北师大学报》1989 年第 4 期。

孙海洋:《试论汉代文学发展的进程及其矛盾》,《湘潭师范学院学报》1989 年第 5 期。

毕万忱:《汉赋渊源论》,《社会科学战线》1989 年第 6 期。

徐达:《陆机〈文赋,“方圆”说——兼论文体之常变》,《云南民族学院学报》1989 年第 10 期。

谢桃坊:《宋人词体观念形成的文化条件》,《社会科学战线》1990 年第 1 期。

潘新和:《感伪起妄　源流气烝——王充写作思想初探》,《信阳师范学院学报》1990 年第 1 期。

卓支中:《刘勰宗经主张之长短》,《海南师院学报》1990 年第 1 期。

曾维才:《谈古代文论中的品评批评》,《文艺理论研究》1990 年第 2 期。

邓鸿光:《韩愈与传统》,《华中师范大学学报》1990 年第 3 期。

陈文新:《论唐人传奇的文体规范》,《中州学刊》1990 年第 4 期。

张元生:《时代需要与韩愈散文的风格》,《锦州师院学报》1990 年第 4 期。

王志民:《汉赋与齐文化》,《文史哲》1990 年第 5 期。

施惟达:《〈文心雕龙〉文体论新议》,《思想战线》1991 年第 1 期。

李希运:《赋体文学起源论辨》,《唐都学刊》1991 年第 1 期。

李世跃:《从连珠体的构成看中国传统思维方式》,《江淮论坛》1991 年第 2 期。

梁道礼:《论前期古文家的理论与实践》,《陕西师范大学学报》1991年第2期。

王常新:《中国古代文体学思想》,《华中师范大学学报》1991年第2期。

顾农:《〈文心雕龙〉中的文学风格问题》,《扬州师院学报》1991年第2期。

了凡:《"一代有一代之文学"说略辩》,《西北师大学报》1991年第2期。

李文思,李文恕:《刘勰的文学史观》,《山西师大学报》1991年第3期。

尹相如:《论中国古代文体学的源流》,《昆明师专学报》1991年第4期。

曹虹:《从赋体的多元特征看辩证的文体论思想之产生》,《宁夏社会科学》1991年第5期。

陈亚丽:《〈文心雕龙〉的文章论》,《北京师范学院学报》1991年第6期。

刘树清:《传统文化心理的独特表达方式——论〈文选〉次文的丰富意蕴》,《广西师院学报》1992年第1期。

宋益乔:《赋的文体特征、社会功能及其当代表现》,《西南师范大学学报》1992年第2期。

张大新:《明理·图貌·传神·写心——关于山水游记形成过程的思考》,《文学评论》1992年第2期。

刘梦溪:《中国古代文论何以最重文体——汉译佛典与中国的文体流变之一》,《文艺研究》1992年第3期。

董芳:《刘勰批评方法新探》,《东疆学刊》1992年第3期。

曹毓生:《〈典论·论文,"齐气"辨》,《湘潭大学学报》1992年第4期。

黄永林:《古江汉民歌是楚辞产生的摇篮——楚辞与江汉民歌的关

系研究之一》,《华中师范大学学报》1992年第4期。

刘石:《苏轼“以诗为词”内因说——兼论苏辛之别的一个问题》,《文史哲》1992年第6期。

潘凯雄:《一种文学批评文体类型:意象总龟型》,《文艺争鸣》1993年第2期。

胡大雷:《汉代对诗歌文体功能的论述与“诗言志”传统》,《广西师范大学学报》1993年第2期。

仝国斌:《为文言文 以则统文——评陈骙〈文则〉》,《河南师范大学学报》1993年第2期。

李建中:《心哉美矣——中国古文论的艺术心理学价值》,《河南师范大学学报》1993年第2期。

李建中:《刘勰的人格境界与〈文心雕龙〉的人格理论》,《学术月刊》1993年第3期。

仇幼鹤:《〈文心雕龙〉文风论》,《河南师范大学学报》1993年第4期。

许结:《仿古与趋新——明清辞赋艺术流变论》,《江汉论坛》1993年第8期。

陈良运:《中国历代诗学批评型态简述》,《诗探索》1994年第1期。

刘书成:《中国古代小说类型理论的演进之迹》,《社科纵横》1994年第1期。

蔡镇楚:《诗话之学与古代文论》,《内蒙古师大学报》1994年第1期。

洛地:《“词”之为“词”在其律——关于律词起源的讨论》,《文学评论》1994年第2期。

王基:《曹丕批评观简论》,《上海大学学报》1994年第2期。

成九田:《中国古代文论的性质渊源与特色》,《北京社会科学》1994年第2期。

黄河:《〈文心雕龙〉文体研究的美学意义》,《华侨大学学报》1994年第3期。

孙小力:《论中国古代的文体分类观》,《上海大学学报》1994年第4期。

刘文忠:《用比较方法看齐梁文学思潮和古今文体之争》,《文学遗产》1994年第4期。

郭延礼:《论刘熙载文学批评的特色》,《齐鲁学刊》1994年第6期。

吴承学:《评点之兴——文学评点的形成和南宋的诗文评点》,《文学评论》1995年第1期。

徐枫:《常州词派词论的经世精神》,《西南师范大学学报》1995年第3期。

李复波:《试论诗话词话的文学价值》,《广西师范大学学报》1995年第3期。

程新炜:《中国古代文体论渊源与〈文心雕龙〉》,《青海师范大学学报》1995年第3期。

乔力:《"诗之余"论中唐文士词的文化品位与审美特征》,《文学评论》1995年第4期。

曹辛华:《柳宗元文章学说述评》,《河南师范大学学报》1995年第4期。

杨义:《中国古典小说的本体论和文体发生发展论》,《社会科学战线》1995年第4期。

穆克宏:《〈文选〉文体分类再议》,《江海学刊》1996年第1期。

李建中:《魏晋文学的人格生成》,《文学评论》1996年第2期。

张少康:《论文学的独立和自觉非自魏晋始》,《北京大学学报》1996年第2期。

韩经太:《"文""道"离合之辩——对一种特定文学文化现象的历史透视》,《吉林大学社会科学学报》1996年第2期。

穆克宏：《略论〈文选〉与《文心雕龙〉之关系》，《临沂师专学报》1996 年第 2 期。

李建中：《转型时期的才性理论——刘劭〈人物志〉研究》，《苏州大学学报》1996 年第 3 期。

曹道衡：《关于〈文选〉的篇目次第及文体分类》，《齐鲁学刊》1996 年第 3 期。

乔力：《终结共总结：论宋末元初词的创作实践与理论特色》，《江西社会科学》1996 年第 3 期。

王水照：《文体丕变与宋代文学新貌》，《中国文学研究》1996 年第 4 期。

许结：《论清代的赋学批评》，《文学评论》1996 年第 4 期。

柯素莉：《泛喻广譬　含蓄深沉——论柳宗元作品的讽谕特色》，《江汉大学学报》1996 年第 5 期。

乔力：《时代选择与艺术归指——论北南宋之交词》，《学术月刊》1996 年第 5 期。

朱迎平：《〈文章缘起〉考辨》，《古籍整理研究学刊》1996 年第 6 期。

傅刚：《论汉魏六朝文体辨析观念的产生与发展》，《文学遗产》1996 年第 6 期。

曹显征：《论史评与史考文体的形成及其特点》，《内蒙古社会科学》1996 年第 6 期。

张海明：《〈世说新语〉的文体特征及与清谈之关系》，《文学遗产》1997 年第 1 期。

郭英德：《传奇戏曲的兴起与文化权力的下移》，《中国社会科学》1997 年第 2 期。

周兴陆：《中国古代文学批评思维方式及其演进》，《阜阳师院学报》1997 年第 3 期。

许结：《论清代的赋学批评》，《文学评论》1997 年第 4 期。

陶礼天：《〈文心雕龙〉与六朝思想文化及文学艺术发展的关系》，《安徽师大学报》1997年第4期。

汪超宏：《李渔戏剧理论的自觉意识》，《华中理工大学学报》1997年第4期。

何沛雄：《欧阳修与韩愈的"古文"关系》，《社会科学战线》1997年第4期。

庄锡华：《严羽与诗话风气》，《江苏社会科学》1997年第5期。

岳继东：《花间词对"词为艳科"观念的影响及其意义》，《河南师范大学学报》1997年第6期。

蓝冰：《柳宗元山水散文的文体风度》，《内蒙古社会科学》1997年第6期。

陈果安：《明清小说评点与叙事学研究》，《中国文学研究》1998年第1期。

郑铁生：《明清小说评点对中国叙事学的意义》，《南开学报》1998年第1期。

樊德三：《中国古代的文学风格分类和表达方式论》，《盐城师专学报》1998年第1期。

陈道贵：《从〈山居赋〉看佛教对谢客山水诗的影响》，《文史哲》1998年第2期。

何春华：《简论韩愈的"破体为文"》，《广州师院学报》1998年第2期。

刘竹：《汉赋变体论析》，《云南师范大学学报》1998年第2期。

彭全德：《论韩愈、柳宗元"文"、"道"的异同点》，《山西大学师范学院学报》1998年第2期。

蒋济永：《静态的文体观和动态的质——文观〈文心雕龙〉文学发展新识》，《江海学刊》1998年第2期。

谭帆：《中国古代小说评点形态论》，《文艺理论研究》1998年第2期。

毛庆：《略论文赋对我国古代文论表述方式的贡献》，《江汉论坛》1998 年第 3 期。

周绚隆：《汉大赋的形成与汉初文化融合》，《山西大学学报》1998 年第 3 期。

徐培均：《欧阳修双重文学观评议》，《社会科学》1998 年第 3 期。

张利群：《中国古代辨体批评论》，《湛江师范学院学报》1998 年第 4 期。

李金松：《论明人之推尊戏曲》，《艺术百家》1998 年第 4 期。

王德华：《论魏晋六朝志怪小说的潜意识蕴含》，《浙江师大学报》1998 年第 4 期。

石文英：《论韩愈古文理论中的“道”及“胶”与“异”》，《厦门大学学报》1998 年第 4 期。

许结：《二十世纪赋学研究的回顾和瞻望》，《文学评论》1998 年第 6 期。

张晶：《词的本体特征——李渔词论的焦点》，《社会科学战线》1998 年第 6 期。

钟仕伦：《萧绎与梁代今古文体之争 》，《社会科学战线》1998 年第 6 期。

王珏：《苏轼、秦观的词与宋人的尊体意识》，《河南大学学报》1999 年第 1 期。

周敏：《试论韩愈古文与小说的关系》，《西北大学学报》1999 年第 1 期。

沈姬育：《试论元结革新文体的成就》，《天中学刊》1999 年第 1 期。

张利群：《汉魏屈赋论争的批评学意义》，《社会科学辑刊》1999 年第 2 期。

杜豫：《关于中国古代散文外部动力与内在规律的研究》，《曲靖师专学报》1999 年第 2 期。

冯保善：《明清小说与明清江苏经济》，《江苏社会科学》1999年第3期。

佴荣本：《论文学史的文体分类及其流变》，《江海学刊》1999年第3期。

黄震云，任振镐：《论中国文体形态与文体学》，《徐州师范大学学报》1999年第3期。

陈学广：《论"词为艳科"的词学观念》，《求是学刊》1999年第4期。

谭帆：《中国古代小说评点之类型》，《文学遗产》1999年第4期。

孙家政：《论明词衰蔽的原因》，《宁波大学学报》1999年第4期。

朱玲：《中国古代文体的文化特征》，《修辞学习》1999年第4期。

吴子林：《明清之际小说评点兴盛的成因》，《晋东南师专学报》2000年第1期。

赵逵夫：《〈中国文章分类学研究〉序》，《西北民族学院学报》2000年第1期。

张国俊：《古文运动是形成艺术散文的运动——对唐宋古文运动的再认识》，《陕西师范大学学报》2000年第1期。

傅刚：《汉魏六朝文体辨析的学术渊源》，《中国社会科学》2000年第2期。

李士彪：《〈文选〉选录范围和标准新探》，《福建论坛》2000年第3期。

陈良运：《中国古代文章学二辨》，《福建师范大学学报》2000年第3期。

张兴福，王伟翔：《古代中国应用文的初始实践——〈尚书〉的性质及文体类型浅析》，《社科纵横》2000年第4期。

朱万曙：《明代戏曲评点的形成与发展》，《东南大学学报》2000年第4期。

李士彪：《七体：文体演变的缩影》，《福建论坛》2000年第5期。

汪小洋：《“陆贾扣其端”与赋文体分类》，《南京理工大学学报》2000 年第 5 期。

祝尚书：《论南宋文学的东西部差异》，《四川大学学报》2000 年第 5 期。

张宏生：《文赋的形成及其时代内涵——兼论欧阳修的历史作用》，《文学遗产》2000 年第 6 期。

傅璇琮：《开拓文学史研究之新境——〈古代文体形态研究〉序》，《文学评论》2000 年第 7 期。

谭帆：《清后期小说评点摭谈》，《学术月刊》2000 年第 12 期。

李金坤：《论〈文心雕龙〉对〈文选〉之影响》，《文学前沿》2001 年第 1 期。

陶水平：《王夫之与钱谦益、叶燮诗学比较论》，《文学前沿》2001 年第 1 期。

吴承学：《先秦盟誓及其文化意蕴》，《文学评论》2001 年第 1 期。

高小康：《文学观念：时代特征与文体分野　近古文学观念中的古典主义精神》，《江海学刊》2001 年第 1 期。

李建中：《辨体明性——关于中国古代文论诗性特征的现代思考》，《华中师大学报》2001 年第 2 期。

虞蓉：《文心雕龙“论文叙笔”的“文用”标准》，《四川大学学报》2001 年第 2 期。

王雪棠：《〈周易〉的占问与上古文学的问对体》，《东北师大学报》2001 年第 2 期。

江震龙：《从〈史传〉篇看〈文心雕龙〉文体论的得失》，《福建师范大学学报》2001 年第 2 期。

韩云波：《刘知幾〈史通〉与“小说”观念的系统化——兼论唐传奇文体发生过程中小说与历史的关系》，《西南师范大学学报》2001 年第 2 期。

贾奋然：《论齐梁古今文体之争》，《首都师范大学学报》2001 年第

4期。

史小军：《论复古者的文体意识及其影响》，《学术研究》2001年第4期。

沈金浩：《文体学研究的学术空间》，《学术研究》2001年第4期。

郭英德：《中国古代文体形态学论略》，《求索》2001年第5期。

韩高年：《南朝赋的诗化倾向的文体学思考》，《文学评论》2001年第5期。

罗立刚：《宋代"文统"观论纲》，《求索》2001年第5期。

范卫平：《"文学自觉"问题论争评述——兼与张少康、李文初先生商榷》，《甘肃社会科学》2001年第5期。

曹萌：《论中国古代小说审美中的尚补史思想》，《河南师范大学学报》2001年第6期。

罗立刚：《论元人"一代之文学"观的发明》，《学术研究》2001年第7期。

彭玉平：《文体学研究的学术空间》，《中山大学学报》2002年第1期。

李剑波：《格调说的文体学意义》，《齐齐哈尔大学学报》2002年第1期。

苗怀明：《唐代选官制度与中国古代判词文体的成熟》，《河南社会科学》2002年第1期。

王齐洲：《赋体起源和宋玉的文体创造——兼论汉代赋论家的赋体探源》，《湖北大学学报》2002年第1期。

莫恒全：《从〈文体论〉看〈文心雕龙〉的学术性质》，《广西师院学报》2002年第2期。

莫砺锋：《从苏词苏诗之异同看苏轼"以诗为词"》，《中国文化研究》2002年第2期。

刘志伟：《从陆机诗赋论看其诗学赋学思想价值——兼论诗赋理论研究的思维模式与方法》，《西北师大学报》2002年第2期。

周楚汉:《唐宋八大家文章通变论》,《贵州社会科学》2002 年第 2 期。

刘松来:《经学衰微与汉赋的文体升华》,《江西师范大学学报》2002 年第 3 期。

杜庆波:《论毛宗岗小说评点之“戏曲手眼”》,《五邑大学学报》2002 年第 3 期。

邓红梅:《词:一体两面——从宋人对东坡词的批评与东坡词论考察宋代的词体观》,《山东师范大学学报》2002 年第 3 期。

史小军:《复古思潮与文体意识——唐代古文运动与明代七子派文学复古运动的文体学省察》,《人文杂志》2002 年第 3 期。

李建中:《原始思维与中国古代文论的诗性特征》,《文艺研究》2002 年第 4 期。

李双华:《冯梦龙与话本小说的雅化》,《重庆师院学报》2002 年第 4 期。

韩高年:《三代史官传统与古史传述方式》,《社会科学战线》2002 年第 4 期。

赵海:《论中国传统文论的分类特征》,《上海交通大学学报》2002 年第 4 期。

李小菊:《20 世纪中国古代章回小说文体研究述评》,《中州学刊》2002 年第 4 期。

陈铁民:《安史之乱前后的儒学复兴思潮与文体革新》,《东南大学学报》2002 年第 5 期。

鲍恒:《词体与词体学略论——词学研究中的两个基本问题》,《安徽大学学报》2002 年第 5 期。

张毅:《关于汉赋的“丽以淫”与“丽以则”》,《天津师范大学学报》2002 年第 5 期。

姜剑云:《论傅玄“引其源而广之”的文体风格观念》,《文艺理论研究》2002 年第 5 期。

阎霞：《论中国古代诗论、画论在文体上的相通与互渗》，《三峡大学学报》2002 年第 5 期。

王运熙：《文质论与中国中古文学批评》，《文学遗产》2002 年第 5 期。

跃进：《独断与秦汉文体研究》，《文学遗产》2002 年第 5 期。

陈允锋：《〈文心雕龙〉的通变观及其批评方法特点》，《洛阳师范学院学报》2002 年第 6 期。

李建中：《儒道释文化的诗性精神与中国古代文论的诗性特征》，《文艺理论研究》2003 年第 1 期。

莫恒全：《〈文心雕龙〉文体论的价值和意义》，《广西师范学院学报》2003 年第 1 期。

陶思遥：《从〈蒹葭〉与〈山鬼〉看北南歌诗文化之不同》，《华侨大学学报》2003 年第 1 期。

张振龙：《建安前期文学创作与文人文学观念的情感深化》，《唐都学刊》2003 年第 1 期。

包礼祥：《招贤纳士的呼唤：汉初侯国赋探赜——兼论汉赋的社会功能》，《中州学刊》2003 年第 1 期。

蒋骏：《尊体和破体——略论韩愈的诗和文》，《山东理工大学学报》2003 年第 3 期。

白贵：《诗话勃兴于宋代的条件与成因》，《河北学刊》2003 年第 3 期。

曹萌：《论中国古代通俗小说的教育倾向》，《郑州大学学报》2003 年第 3 期。

张毅：《尚“气”、明“志”和凝于“神”——论韩、柳“古文”理论的实践品格》，《南开学报》2003 年第 3 期。

杨桂青：《“奇”：中国古代叙事文学的根本审美特征》，《南京大学学报》2003 年第 4 期。

虞蓉：《“五经皆文”：〈文心雕龙〉潜在的逻辑前提——刘勰的“宗

经观”新探》，《四川大学学报》2003 年第 5 期。

贾奋然：《六朝文体与儒家礼教文化》，《孔子研究》2003 年第 5 期。

钱志中：《魏晋南北朝文体理论之特色》，《东南文化》2003 年第 9 期。

王珂，代绪宇：《格律诗是古代汉诗主导诗体的原因——兼论词与曲在古代汉诗中的文体调和作用》，《南都学坛》2003 年第 6 期。

许军：《论宋元小说的道德劝惩观念》，《广西社会科学》2003 年第 11 期。

张家梅：《词体之“要眇宜修”论》，《广西社会科学》2004 年第 1 期。

刘丹妮：《对楚辞及屈原文化地位变迁原因的探寻》，《晋阳学刊》2004 年第 2 期。

孙秋克：《论戏曲评点的特点、历史发展和理论建树》，《云南艺术学院学报》2004 年第 2 期。

王冉冉：《以论说文文法评点小说结构——金圣叹小说评点的一个本质特征》，《华东师范大学学报》2004 年第 2 期。

姚小鸥：《〈天问〉意旨、文体与诗学精神探原》，《文艺研究》2004 年第 3 期。

谢思炜：《白居易讽谕诗的诗体与言说方式》，《陕西师范大学学报》2004 年第 3 期。

郭德茂：《曹丕“本同末异”新议》，《社会科学评论》2004 年第 3 期。

力之：《关于姚鼐章学诚批评〈文选〉分类之得失问题——兼论“七”、“设论”与赋的关系》，《江汉大学学报》2004 年第 3 期。

张世君：《明清小说评点章法概念析》，《暨南学报》2004 年第 3 期。

吴建民：《曹丕文学思想的原创性》，《阜阳师范学院学报》2004 年第4期。

李清良，何书岚：《论汉代史学对中国文学批评史的影响》，《中国文学研究》2004年第4期。

李建中：《反(返)者道之动》，《文学评论》2004年第4期。

李建中：《论〈文心雕龙〉的诗性智慧》，《长江学术》2004年第5期。

袁济喜：《六朝文体论的人文意蕴》，《江海学刊》2004年第5期。

张松来：《错位与"失语"经学语境与汉大赋的话语方式》，《文艺研究》2004年第5期。

扬爱君：《〈文心雕龙〉文体论之再认识》，《内蒙古师范大学学报》2004年第5期。

钱志熙：《论中国古代的文体学传统——兼论古代文学文体研究的对象与方法 》，《北京大学学报》2004年第5期。

阎霞：《从寄生到弥漫——中国文论批评文体原生形态考察，华中师范大学学报(人文社会科学版)》2004年第5期。

王磊，刘明：《论中国古代文体序列的特点及其文化成因》，《兰州学刊》2005年第1期。

王少良：《刘勰"宗经"观念下的文学"通变"论》，《黑龙江社会科学》2005年第1期。

吴中胜：《汉字的诗性特征与中国古代文论的思维方式》，《文艺理论研究》2005年第1期。

踪凡：《晋代的汉赋研究及其学术史意义》，《南京师范大学学报》2005年第2期。

樊宝英：《选本批评与古人的文学史观念》，《文学评论》2005年第2期。

孙纪文：《〈淮南子〉中的文体形态及其深层意义》，《福州大学学报》2005年第3期。

邓新跃，刘杼：《文体学视角与古代诗学辨体理论研究》，《上海交通大学学报》2005 年第 3 期。

张海鸥，梁穗雅：《北宋“话”体诗学论辨》，《中山大学学报》2005 年第 3 期。

郭英德：《中国古代文体分类学刍议》，《中山大学学报》2005 年第 3 期。

钱志熙：《再论古代文学文体学的内涵与方法》，《中山大学学报》2005 年第 3 期。

王齐洲：《雅俗观念的演进与文学形态的发展》，《中国社会科学》2005 年第 3 期。

张海鸥：《北宋“话”体诗学论辨》，《山东大学学报》2005 年第 3 期。

郗文倩：《从游戏到颂赞——“汉赋源于隐语说”之文体考察》，《中国文学研究》2005 年第 3 期。

薛泉：《试论李东阳的文体辨析说》，《殷都学刊》2005 年第 4 期。

胡大雷：《〈文选〉六臣注的文体论与〈文心雕龙〉异同》，《广西师范大学学报》2005 年第 4 期。

欧明俊：《词为宋代“一代之文学”说质疑》，《中国韵文学刊》2005 年第 4 期。

胡大雷：《中古文学批评模式论纲》，《江汉大学学报》2005 年第 4 期。

胡建次：《中国古代文学比较批评的承传》，《中南大学学报》2005 年第 4 期。

王水照：《文话：古代文学批评的重要学术资源》，《四川大学学报》2005 年第 4 期。

唐辉：《易学视野中的刘勰文学通变观》，《云梦学刊》2005 年第 5 期。

许结：《赋的地理情怀与方志价值》，《济南大学学报》2005 年第 5 期。

高黛英：《〈古文辞类纂〉的文体学贡献》，《文学评论》2005年第5期。

姚爱斌：《协和以为体，奇出以为用——中国古典文体学方法论初探》，《文艺理论研究》2005年第6期。

陈军：《"一代有一代之文学"观与戏曲身份认同》，《云南师范大学学报》2005年第6期。

吴中胜：《论古代文论直觉思维的非时间性》，《江西社会科学》2005年第8期。

张世君：《明清小说评点中的戏曲概念析》，《学术研究》2005年第10期。

李建中：《中国文论：说什么与怎么说》，《长江学术》2006年第1期。

李建中：《周易与中国文论的诗性之源》，《江海学刊》2006年第1期。

李建中：《文备众体：中国古代文论的言说方式》，《文艺研究》2006年第1期。

胡建次：《中国古代文学意象批评的承传》，《郑州大学学报》2006年第1期。

陈伯海：《"体"与"式"中国诗学的文本范型论》，《南京师范大学文学院学报》2006年第1期。

程国赋：《从小说作品考察中晚唐士子的文化心态》，《河南师范大学学报》2006年第1期。

于雪棠：《〈尚书〉文体分类及行为与文本的关系》，《北方论丛》2006年第2期。

龙利群：《简论中国古代文学退化观》，《贵州文史丛刊》2006年第2期。

唐辉：《论文史关系与史学文体——〈文心雕龙·史传〉的文化诠释》，《船山学刊》2006年第2期。

黄卓越：《明中期吴中派的诗文体统观》，《文学评论》2006年第3期。

侯迎华：《以韩愈为例论我国古代论辩文的几种文体》，《河南师范大学学报》2006年第4期。

何诗海：《汉代经学中的文体学研究》，《学术研究》2006年第4期。

袁平夫：《辞约旨丰：〈文心雕龙〉的一个重要的文学观念》，《甘肃社会科学》2006年第4期。

卢盛江：《"雅体、野体、鄙体、俗体"新释——唐诗文术论札记》，《江西师范大学学报》2006年第4期。

程芸：《"道学"与汤显祖的文体选择》，《武汉大学学报》2006年第5期。

郝润华：《韩愈以文为诗与唐代古文运动》，《首都师范大学学报》2006年第5期。

李乃龙：《"上书"的文体特征与〈文选〉"上书"的劝谏模式——兼论上书体兴衰的政治土壤》，《湖南文理学院学报》2006年第6期。

童庆炳：《〈文心雕龙〉"会通适变"说新解》，《河北学刊》2006年第6期。

姚爱斌：《论中国古代文体论研究范式的转换》，《文学评论》2006年第6期。

王婵：《真德秀评点中的公文本体论与文体论》，《河南师范大学学报》2006年第6期。

郗文倩：《中国古代文体的价值序列及其影响》，《河北学刊》2007年第1期。

邓新华：《"论诗诗"：中国古代一种独特的诗性批评文体》，《武汉大学学报》2007年第1期。

陈伟文：《汉赋"劝百讽一"成因新探》，《济南大学学报》2007年第1期。

张利群:《刘勰“辨体”的文体论意蕴及批评学意义》,《广西师范学院学报》2007 年第 2 期。

李建中:《破体:中国文学批评的文体传统及演变规律》,《襄樊学院学报》2007 年第 3 期。

赵厚均:《汉魏六朝文体辨析观念的产生与发展》,《兰州学刊》2007 年第 3 期。

姚爱斌:《中国古代文体观念与文章分类思想的关系——兼与西方文类思想比较》,《海南大学学报》2007 年第 3 期。

郗文倩:《汉代图像人物风尚与赞体的生成、流变》,《文史哲》2007 年第 3 期。

尚学锋:《汉代经学与文体嬗变》,《长江学术》2007 年第 3 期。

臧克和:《书体发展与文体自觉——魏晋南北朝书体发展的社会因素及社会功能》,《学术月刊》2007 年第 3 期。

吴承学:《〈文体通释〉的文体学思想》,《古典文学知识》2007 年第 5 期。

潘慧琼:《南朝文体分类的思维特点》,《南京理工大学学报》2007 年第 5 期。

赵敏俐:《歌诗与诵诗:汉代诗歌的文体流变及功能分化清代的赋学批评》,《首都师范大学学报》2007 年第 6 期。

李小兰:《〈庄子〉文体特征与古代文论的批评文体》,《江汉论坛》2007 年第 7 期。

何诗海:《经史一体与文体谱系——郝经文体学思想初探》,《学术研究》2007 年第 8 期。

熊伟业:《汉代社会环境与贵族文士生活方式——汉大赋体制形成过程中的时代因素》,《求索》2007 年第 12 期。

闵丰:《诗学模范与词格重建——清初当代词选中的辨体与尊体》,《南京大学学报》2008 年第 1 期。

刘方:《“闲话”与“独语”:宋代诗话的两种叙述话语类型——以

《六一诗话〉和《沧浪诗话〉为例》,《文艺理论研究》2008 年第 1 期。

李小兰:《论批评功能与批评文体》,《宁夏社会科学》2008 年第 1 期。

李小兰:《文学与批评——“怎么说”比“说什么”更重要》,《文艺争鸣》2008 年第 1 期。

漆子扬,马智全:《从〈文章正宗〉的编选体例看真德秀的选学观》,《湖南大学学报》2008 年第 2 期。

李旭:《论明代复古主义的诗歌文体学 》,《学术界》2008 年第 3 期。

王少良,李珂伟 :《〈文心雕龙〉文体论的文学理论意义》,《辽宁师范大学学报》2008 年第 3 期。

韩晖:《从〈文选〉分类看萧统对赋体的体认 》,《广西师范大学党报》2008 年第 4 期。

王刚:《山水诗肇始的美学动因考察》,《福建论坛》2008 年第 4 期。

郭竞芳:《诗体之辨——兼论〈沧浪诗话〉中初唐诸诗体》,《殷都学刊》2008 年第 4 期。

吴承学,何诗海:《明代诗话中的文体史料与文体批评 》,《文艺理论研究》2008 年第 4 期。

蒋寅:《中国古代文体互参中“以高行卑”的体位定势》,《中国社会科学》2008 年第 5 期。

张仲谋:《论徐师曾〈词体明辨〉的词谱性质——兼论〈啸馀谱〉与〈词体明辨〉之关系》,《西北大学学报》2008 年第 5 期。

杨东林:《从文体学角度考察魏晋时期的赋论 》,《济南大学学报》2008 年第 6 期。

褚燕:《中国文论的诗性言说》,《社会科学论坛》(学术评论卷)2008 年第 7 期。

李建中:《尊体　破体　原体——重开古代文论现代转换的理路和

诗径》，《文艺研究》2009年第1期。

曾枣庄：《中国古典文学的尊体与破体》，《清华大学学报》2009年第1期。

姚爱斌：《文学的自觉抑或文体的自觉——文体论视野中的汉末魏晋文学观》，《文化与诗学》2009年第1期。

李中华：《楚辞的文体界定与文体渗透》，《中国楚辞学》2009年第1期。

唐明生：《试论元代儒士的心理结构对元曲批评文体的影响》，《社会科学论坛》2009年第1期。

李建中：《论古代文论批评文体的无体之体》，《文学评论》2009年第2期。

李树军：《论李梦阳、何景明论争的文体学意义》，《辽宁大学学报》2009年第2期。

郭万金：《明诗文学生态述议》，《山西大学学报》2009年第2期。

谷曙光：《论宋代文体学的研究路径与学术空间》，《中国文学研究》2009年第2期。

张高评：《破体与创造性思维——宋代文体学之新诠释》，《中山大学学报》2009年第3期。

林英德：《钟嵘〈诗品〉体论探析》，《江汉大学学报》2009年第4期。

李小兰：《论批评文体与文学文体的合而不同》，《中国文化研究》2009年第4期。

余恕诚：《中国古代文体的异体交融与维护本色》，《文艺理论研究》2009年第5期。

袁济喜：《建安文学：从思想对话到文学批评》，《江海学刊》2009年第5期。

钱志熙：《〈文选〉"次文之体"杂议——〈文选〉在文体学与文学史学上的贡献与局限》，《文艺理论研究》2009年第6期。

郗文倩:《文体功能——中国古代文体分类的基本参照标准》,《福建师范大学学报》2009年第6期。

程华平:《试论推尊曲体与古代戏曲的文体建构》,《文艺理论研究》2009年第6期。

陈碧娥:《〈典论·论文〉的文学批评及其文学价值》,《求索》2009年第7期。

吴晟:《中国古代诗歌为用的文体意义》,《浙江社会科学》2009年第7期。

李建中:《汉语批评的文体自由》,《江汉论坛》2009年第8期。

贾奋然:《论〈文心雕龙〉文体论中的"文德"思想》,《文艺研究》2009年第11期。

陶俊:《"诗史"意识于明清文学之特质》,《求索》2010年第1期。

任竞泽:《宋人总集编纂的文体学贡献和文学史意义》,《学术探索》2010年第2期。

孙少华:《汉初骈散之分途及其政治与文学功能》,《文史哲》2010年第2期。

刘慧晏:《汉赋文化特质简论》,《文史哲》2010年第2期。

陈迪泳:《宗经的生命意识创造风骨的审美意象——〈文心雕龙〉文体论的美学生命探微》,《广西大学学报》2010年第2期。

周建渝:《从〈史记评林〉看明代文人的叙事观》,《复旦学报》2010年第3期。

曹明升:《论清人的宋词史研究》,《浙江社会科学》2010年第3期。

任竞泽:《论中国古代辨体发生的文化哲学渊源》,《江西师范大学学报》2010年第3期。

孙克强,刘军政:《沈雄〈古今词话〉的文体特点、文献价值及其意义》,《南开学报》2010年第3期。

蔡彦峰:《论古代文体学的内涵、方法及其实践意义》,《宁波大学学报》2010年第3期。

何志军：《刘熙〈释名〉与汉代文体形态研究》，《学术研究》2010年第5期。

唐明生：《试论戏曲目录体批评以人类书的体制特点》，《小说评论》2010年第5期。

蔡彦峰：《论古代文体学的内涵、分类方法及实践意义》，《宁波大学学报》2010年第5期。

欧明俊：《古代诗体界说之清理与反思》，《兰州大学学报》2010年第5期。

何诗海：《"文体备于战国"说平议》，《文学评论》2010年第6期。

郗文倩：《中国古代文体功能研究论纲》，《福建师范大学学报》2010年第6期。

何诗海：《"文体备于战国"说平议》，《文学评论》2010年第6期。

任竞泽：《论宋代文体学承前启后的地位和意义》，《西南交通大学学报》2010年第6期。

宋展云，柳宏：《汉魏六朝地域文化与文学研究述评》，《黑龙江社会科学》2010年第6期。

杨新平：《从〈国朝文录〉看姚椿的选本批评及学术思想》，《安徽大学学报》2010年第6期。

李炳海：《关于中国古代文体的思考》，《学术交流》2010年第7期。

吴晟：《中国古代诗歌为用的文体意义》，《浙江社会科学》2010年第7期。

欧明俊：《古代文体学的学理构成》，《学术研究》2010年第9期。

李建中：《文体学研究的路径与前景》，《江海学刊》2011年第1期。

徐燕琳：《论〈四库全书总目〉的戏曲文体批评》，《中山大学学报》2011年第1期。

任竞泽：《王应麟的文体学思想》，《济南大学学报》2011年第

1 期。

任竞泽:《真德秀的文体学思想》,《兰州学刊》2011 年第 2 期。

解玉峰, 何萃:《“诗变为词”说辨证》,《学术研究》2011 年第 2 期。

于景祥:《论徐师曾的骈文批评》,《广西师范大学学报》2011 年第 3 期。

张宏生:《辨体与合体——李渔的词曲渗透之论及其时代》,《中国韵文学刊》2011 年第 3 期。

何诗海:《明清文体学研究的学术空间》,《文学遗产》2011 年第 3 期。

胡建次, 周永忠:《清代词学视野中的诗词差异论》,《山西师大学报》2011 年第 4 期。

崔瑞萍:《试论汉代碑铭序文中的变体、破体现象》,《晋阳学刊》2011 年第 4 期。

欧明俊:《文学文体, 还是文化文体? ——古代散文界说之总检讨》,《文史哲》2011 年第 4 期。

李军均, 曾垂超:《论宋代小说的雅俗之变及其文化精神》,《福建师范大学学报》2011 年第 4 期。

李建中:《中国古代文体学的本体论价值》,《中南民族大学学报》2011 年第 5 期。

李小兰, 李建中:《批评文体的“第二形式”》,《文学评论》2011 年第 5 期。

鞠岩:《唐代制诰文改革与古文运动之关系》,《文艺研究》2011 年第 5 期。

李建中:《中国古代文体学范畴的理论谱系》,《北京大学学报》2011 年第 6 期。

高林广:《“立体”和“删范”:〈文心雕龙〉“三礼”批评的意义旨归》,《华中师范大学学报》2011 年第 6 期。

袁志成:《论词学批评中的唐诗话语》,《青海社会科学》2011 年第 6 期。

任竞泽:《〈文章正宗〉“四分法”的文体分类史地位》,《北方论丛》2011 年第 7 期。

张金梅:《“简言达旨”:“〈春秋〉笔法”与中国文论话语的会通》,《兰州学刊》2011 年第 10 期。

后 记

这本书是根据我的博士毕业论文改写的。书稿从主题的确立、资料的搜集再到完成，前后进行了整整三年时间，这其间在李老师的指导下，对书稿的大纲进行了多次修改，在将近一年的写作过程中，也是边写边改，甚至有些章节经过了两三次的重写。李善说扬雄为写《甘泉赋》殚精竭虑，竟至于“梦肠出”，李贺之母论其作诗有“呕出心肝”之评，我的写作过程虽不至如此，但也深切体味到写作之苦。另一方面经过了艰难反复的思与写的过程，我接触的资料也逐渐增多，对于相关问题的认识也逐渐清晰、深化，因此每当在阅读资料有所收获，或者是写作进行顺利之时，又深深地体味到写作之乐。伴随着这样一个“苦并快乐”的过程，这份书稿终于有了今天的“模样”。

坦白地讲，在恩师李建中教授的博士生中，无论是学术水平还是学术成果，我都是“后进分子”，李老师对我的指导可谓不厌其烦，这份书稿就是典型例证。在进入正式写作之前，李老师对于如何抓论题的创新点、关键点等的指导意见，以及对论文大纲的修改次数都已不胜计算，光是论文写成以后，李老师前前后后看了就不下六遍，大到立意、结构，小到措辞、标点，都一一指出问题所在，并提出修改意见。如果说这篇论文还有一点点价值的话，那也是李老师指导有方。除了李老师之外，还要感谢张荣翼老师、冯黎明老师、唐铁惠老师、陈水云老师、高文强老师等对我的帮助，他们在课堂内外对于相关问题的讨论，对于我也启发良多。